品牌管理

Brand Management

主　编／陈　锋　袁玉玲

副主编／刘雪瑜　武　翠

中国人民大学出版社

·北京·

前言

人们通过市场上琳琅满目的品牌来识别不同的产品和服务，对某种品牌产生兴趣和爱好，进而形成忠诚，企业也由此赢得稳定而持久的市场。好的品牌创造了企业的知名度，为企业产品营销、市场份额扩大提供了保障。

品牌有着重要的意义，品牌弘扬精神，品牌凝聚信仰，品牌肩负承诺，品牌塑造形象，品牌张扬个性，品牌维系情感，品牌创造价值。可是市场上知名度高的好品牌实在太少，稳定、持续、长久的品牌也为数不多。

回顾国内外品牌发展数百年的历史，我们可以看到，无数的品牌曾经声名显赫，却昙花一现；也有许多品牌，几经生死却能浴火重生，百炼成钢铸就辉煌；有的品牌甚至历时百年，风采依旧。那些伟大的品牌究竟是如何炼成的？又如何能够得以长存？中国企业能否走出低档品牌同质化的困境，创造更多的高价值品牌，甚至创造出不朽的品牌？

本书对此给出了答案。在本书的编写过程中，我们融入了十余载教学实践中的成功经验和失败教训，不仅参阅了大量的文献，还对各类行业、企业品牌进行了广泛而深入的调研，汲取了大量理论和实践的精华，用严谨的态度，立足于中国文化的根基，吸取中外成功品牌成长经验，梳理出一系列很有价值的思路，在反复推敲的基础上定稿。本书以“品牌概述→品牌元素设计→品牌形象塑造→品牌战略→品牌传播与扩张→品牌维护与危机管理”为逻辑路径，将碎片化的知识点和技能点进行系统化的设计，构建了项目化的内容体系，共涵盖六大项目、二十个具体任务。每个项目层层递进，直至升华。

本书具有以下特点：

1. 理论体系完整且层次清晰。本书以品牌管理的发展过程为线索，从品牌概述到品牌元素设计，然后讨论品牌形象塑造、品牌战略以及品牌传播与扩张，最后关注品牌维护与危机管理。内容安排循序渐进、由浅入深、重点突出，保证了理论体系的完整性。

2. 突出了操作性和应用性。本书讲求教学互动，将“讲、学、演、练”融于一体，设计了知识目标、能力目标、案例导入、训练营、项目小结、相关概念、课后习题等板块，让学习者既能掌握基本理论知识，又能培养实践能力。

3. 模式新颖，趣味性强。本书精选了大量品牌案例，并在内容中穿插了许多品牌小故事。同时，每个任务都是从品牌故事导入，每个任务完成后，都安排了训练营，用于知识点的实践训练，这在很大程度上增强了知识学习的趣味性。本书中也有部分内容是通过图、表的方式表达的，可以使学习更加直观、简洁。

本书由无锡商业职业技术学院的陈锋、袁玉玲担任主编，刘雪瑜、武翠担任副主编。其中，武翠负责编写项目一的全部内容；刘雪瑜负责编写项目二的全部内容；袁玉玲负责编写项目三的全部内容；陈锋负责总体策划、统稿定稿并编写项目四、项目五、项目六以及前言的全部内容。

同时，本书配有 PPT、模拟试卷和参考答案等教学资源，选用本书的教师、学生可向出版社索取。

在本书的编写过程中，我们博采众长，参考和借鉴了国内外许多专家的教材、网站。本书也得到了一些企业的大力支持和帮助，在此向江苏红豆杉生物科技股份有限公司、深圳爱迪尔珠宝股份有限公司等一并表示诚挚的谢意。

由于水平有限，书中不足之处在所难免，敬请读者批评指正。

陈　锋

2019 年 10 月

目录

项目一 品牌概述

知识目标

1. 掌握品牌的由来。
2. 熟悉品牌的魅力。
3. 掌握品牌识别的定义。
4. 掌握品牌识别六要素。
5. 掌握品牌分类。

能力目标

1. 能够举例说明品牌的由来。
2. 能够进行品牌识别和分类。

任务一 品牌认知

济南刘家功夫针铺

济南刘家功夫针铺的商标图样如图 1-1 所示，整个上部最值得着墨一书的，是白兔捣药商标。它并未局限在静态的白兔形象上，而是将白兔拟人化、动态化、寓意化。当年，刘家针铺选择白兔捣药作为店铺的标记是颇有深意的。

这只白兔是在月宫陪伴嫦娥的玉兔，它捣药使用铁杵（或玉杵）可谓家喻户晓。这个商标图片还会让人联想当年李白受“只要功夫深，铁杵磨成针”启发而发奋苦读成为

图 1-1　济南刘家功夫针铺商标

诗仙的故事，使得这一标志更加寓意深刻、情趣盎然，受到顾客的喜爱。从更深的社会背景看，旧时，女红的好坏可以说是考量一个女子贤惠与否的重要指标，因此针这一工具的最终消费者几乎全部是女性，但她们之中识字者寥寥。如果没有图，不仅广告单调，而且可能商家的任何信息也无法传递给主要的目标顾客。而此广告不需看文字部分，只一幅美图就可引起顾客注意，让人产生兴趣，印象深刻。在这个意义上，这只兔子算是中国历史上第一位广告代言明星。

资料来源：根据互联网公开信息改编。

一、品牌的由来

“此物有主、请勿乱动”“本品最妙、敬请惠顾!”……早在 300 多年前，英国的农场主们就给自家的牛马打上烙印，以标示财产权和所有权。19 世纪初，法国出现了世界上最早的有关商标的法律条文。随后，英同、美国、德国、日本相继颁布各自的商标法。1883 年签订的《保护工业产权巴黎公约》和 1891 年签订的《商标国际注册马德里协定》使商标制度步入国际化轨道。

（一）大师观点

大卫·奥格威（David Ogilvy）：品牌是一种错综复杂的象征，它是品牌的属性、名称、包装、价格、历史、声誉、广告风格的无形组合。品牌同时因消费者对其使用的印象及自身的经验而有所界定。

菲利普·科特勒（Philip Kotler）：一个品牌就是一个名字、术语、标记、符号或图案，或者这些的综合，目的就是识别一个卖方集团所提供的产品和服务，并且将它们与竞争对手所提供的产品区分开来。

戴维·A. 阿克（David A. Aaker）：品牌就是产品、符号、企业与消费者之间的联结和沟通，品牌是一个全方位的架构，牵涉消费者与品牌沟通的方方面面，并且品牌更多地被视为一种“体验”，一种消费者能亲身参与的、更深层次的关系，一种与消费者进行理性和感性互动的总和；若不能与消费者结成亲密关系，产品就从根本上失去了被称为品牌的资格。

（二）品牌的概念

广义的品牌是指具有经济价值的无形资产，用抽象化的、特有的、能识别的心智概念来表现其差异性，从而在人们的意识当中占据一定位置的综合反映。品牌建设具有长期性、延续性。

狭义的品牌是指一种拥有对内对外两面性的“标准”或“规则”，是通过对理念、行为、视觉、听觉四方面进行标准化、规则化，使之具备特有性、价值性、长期性、认知性的一种识别系统总称。这套系统也被称为 CIS（Corporate Identity System）。

品牌是给拥有者带来溢价、产生增值的一种无形的资产，它的载体是与其他竞争者的产品或劳务相区分的名称、术语、象征、记号、设计及其组合，其增值的源泉是消费者心智中形成的关于其载体的印象。

品牌是一种识别标志、精神象征和价值理念，是品质优异的核心体现。培育和创造品牌的过程也是不断创新的过程，品牌自身有了创新的力量，才能在激烈的竞争中立于不败之地，继而巩固原有品牌资产，多层次、多角度、多领域地参与竞争。

2019 年，《福布斯》所评出的全球最具价值的 100 大品牌来自 16 个国家和地区。其中，来自美国的公司占据榜单的半壁江山，达到了 56 家，其次是德国（11 家）、法国（7 家）以及日本（6 家）。华为排名第 97 位。

（三）品牌的意义

1. 企业视角

企业是品牌的供给侧，从企业的视角来看，品牌的意义如图 1-2 所示。

（1）品牌是企业的无形资产，它能给企业带来利益。

（2）品牌可以通过溢价赚取附加利益，提高利润率。

（3）品牌生命周期越长，企业的核心竞争力越强。

2. 消费者视角

消费者是品牌的需求侧。产品是企业生产的，品牌是消费者选择的。品牌对于消费者来说，主要有以下意义：

（1）识别产品的来源。

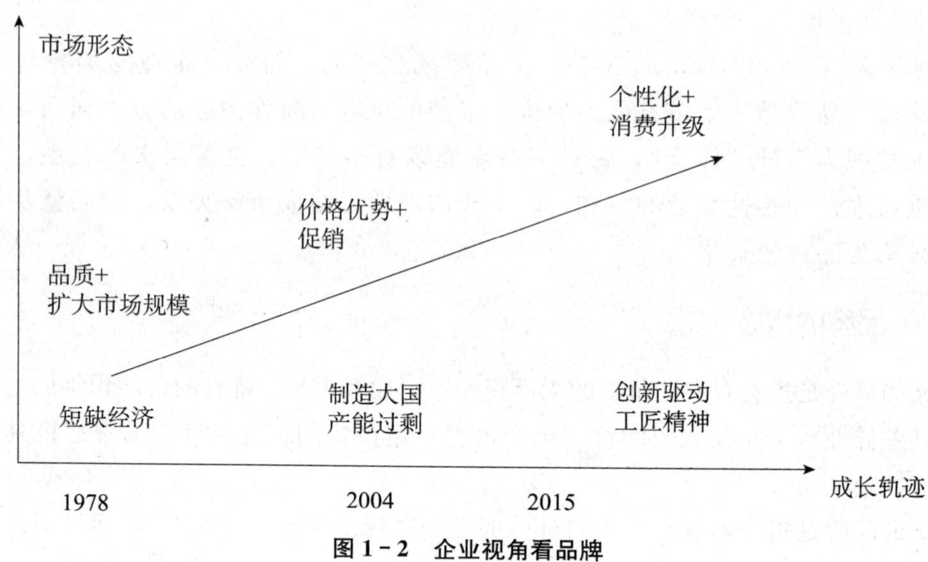

图 1-2 企业视角看品牌

（2）追溯制造商责任的依据。

（3）减少风险。

（4）降低搜寻成本。

（5）产品质量的承诺、契约。

（6）象征意义。

（7）质量信号。

3. 市场视角

从市场的角度看，品牌的意义在于为消费者创造差异化价值。

品牌故事分享

Innocent 的 “萌货们” 又开始戴帽子了

每年秋冬季，Innocent 果汁的小瓶子都会戴上小毛线帽，如图 1-3 所示。

仔细看来，每个果汁瓶的毛线帽都不一样，找不到两个完全相同的。这是 Innocent 果汁和专门为老人服务的慈善机构 Age UK 联合举办的活动——Big Knit。所有的毛线帽都是手工织成，每卖出一个，Innocent 就会捐给 Age UK 25 便士。

这是一个温暖的故事。因为英国冬季寒冷又漫长，很多老年人住家都比较简陋，没有供暖，导致入冬之后老爷爷、老奶奶们的各类疾病进入高发期，每年 NHS（英国国家医疗服务体系）要花很多钱作为老年人的治疗费用。所以，Innocent 饮料品牌就想出了一个办法来募捐。老年人和志愿者可以织帽子，放在饮料瓶上，每卖出一瓶饮料，就有 25 便士捐给 Age UK，这样就会帮助更多的老人暖暖地过冬。

图 1-3　Innocent 果汁的小瓶子戴上小毛线帽

资料来源：根据互联网公开信息改编。

二、品牌的魅力

(一) 品牌形象差异化

品牌形象差异化是品牌魅力的重心所在。

1. 品牌形象差异化的硬性条件

建立差异化的品牌形象需要一些硬性条件，例如：强大的科研投入、强大的产品研发支撑、强大的经济基础等，大多数商家对提高产品的质量或性能望而却步，使得大多数产品同质化的程度越来越高。同时，随着现代科技的高速发展以及网络时代的来临，产品在技术、功能、工艺、价格、促销、服务等方面的竞争加剧，如何制造差异是对企业生存能力的挑战。而品牌形象差异化是以知识为基础的，这就决定了它可以比那些依赖于科技的产品更具有个性。所以，品牌形象差异化是企业在面对价格竞争和产品同质化竞争时的主要策略。

2. 品牌形象差异化的意义

由于现实的消费市场存在信息不对称现象，品牌形象差异化可以最大限度地减少信息不对称，赢得消费者信赖，最终增强品牌竞争力。很多国际品牌正是充分利用了这一点，建立了差异化的品牌形象。例如：一提到耐克，大家就会想到它不同于其他运动鞋的各种信息，如它的优良品质、独特款式等，总之，耐克就是运动鞋的代名词。

3. 广告公关在品牌形象差异化中的作用

说到品牌形象差异化，广告与公关自然会在其中占据重要地位。除了通过广告与公关等传播手段来实现品牌形象差异化，品牌的命名、定位、包装设计等也不容忽视。由于品牌形象差异化具有一定的“形而上”性质，因此它可以避免科技化带来的同质化，而转向知识力的竞争，知识力是品牌形象差异化最为关键的变量。知识力低的企业更多的是模仿，品牌形象提升也难，唯有高知识力的企业才能在差异化、形象化方面做出实质性突破。而品牌形象差异化一旦形成，就会确立一种消费观念，甚至塑造一种消费行为模式。

毫无疑问，品牌形象差异化会给企业更大的竞争空间。但是，有空间也就意味着有风险，一不小心，企业就会陷入广告公关投资过大、收效甚微的尴尬境地。所以品牌形象差异化战略能否成功，关键在于选择的差异化的内容能否与自身相协调，关键在于能否最终有效地实施所选择的战略。

曾经有人对喜欢可口可乐（Coca-Cola）与百事可乐（Pepsi-Cola）的人群进行了测试，在有品牌标志的时候，喜欢可口可乐的人占了65%，而喜欢百事可乐的人占了23%，从这个数字看，消费者明显更喜欢可口可乐的口味。但是当去掉品牌标志后，相同的人群、相同的可口可乐与百事可乐，结果却发生了很大的变化，喜欢可口可乐与百事可乐的人数相差不大，甚至喜欢百事可乐的人还略多于百事可乐，如表1-1所示。

表1-1 两种饮料消费者选择偏好测试

类型	无品牌标志	有品牌标志
喜欢百事可乐	51%	23%
喜欢可口可乐	44%	65%
相同或说不清楚	5%	12%

（二）品牌与客户生命周期

客户生命周期是指从一个客户开始对企业进行了解或企业欲对某一客户进行开发开始，直到客户与企业的业务关系完全终止且与之相关的事宜完全处理完毕的整个周期。客户的生命周期是企业产品生命周期的演变，但对企业来讲，客户的生命周期比企业某个产品的生命周期重要得多。客户生命周期描述的是客户关系从一种状态（一个阶段）向另一种状态（另一个阶段）运动的总体特征。

在生命周期上，客户关系的发展是分阶段的，客户关系的阶段划分是研究客户生命周期的基础。目前这方面已有较多的研究，有的学者提出了买卖关系发展的五阶段模型，也有的学者将客户生命周期划分为四阶段，而笔者则认为将客户生命周期划分为五个阶段比较符合企业的实际情况。

阶段1：客户获取。发现和获取潜在客户，并通过有效渠道提供合适的价值定位以获取客户。

阶段 2：客户提升。通过刺激需求的产品组合或服务组合把客户培养成高价值客户。

阶段 3：客户成熟。让客户使用新产品，培养客户的忠诚度。

阶段 4：客户衰退。建立高危客户预警机制，延长客户的生命周期。

阶段 5：客户离网。该阶段主要是赢回客户。

在营销学中，客户关系管理（CRM）是非常重要的。根据 CRM，可以采取科学的方法计算客户生命周期价值，进而进行企业经营决策和品牌发展规划的分析。

品牌故事分享

麦当劳（McDonald's）的产品管理

麦当劳有着严格的产品管理制度：对牛肉食品的品质检查有 40 多项内容；肉饼必须由 83%的肩肉与 17%的五花肉混制而成；面包的规格统一在 17 厘米（指直径）以保证进入人口味道最美；面包中的气泡全部为 0.5 厘米以达到味道最佳；一个汉堡包净重 1.8 盎司，其中洋葱的重量为 0.25 盎司；产品制作超过一定的期限（其中汉堡包出炉后的时限为 10 分钟，薯条炸好后是 7 分钟），一律不准再卖给顾客；汉堡包饼面上若有人工手压的轻微凹痕，必须丢弃；与汉堡包一起卖出的可口可乐的温度必须是 4℃，以保证味道最佳。

资料来源：根据互联网公开信息改编。

训练营

【训练任务】

品牌认知训练。

【训练目标】

帮助学生在实践中对品牌有初步的认知。

【任务要求】

1. 由授课老师主持训练。
2. 如全班 48 人，自由分组，形成 6 组。
3. 小组成员讨论品牌的由来、品牌的魅力。
4. 每组安排一名同学负责记录、汇总。
5. 活动结束后，要求每组选出一名代表在课堂上汇报讨论的心得。
6. 准备时间为 10 分钟。

【任务组织】

任务组织如表 1－2 所示。

表 1－2

品牌认知训练任务组织表

活动项目	具体实施	时间	备注
品牌认知训练	1. 如全班48人，自由分组，形成6组。 2. 小组成员讨论品牌的由来、品牌的魅力。 3. 6个小组在教师的指导下，同时进行讨论。 4. 组织学生讨论品牌认知训练过程中遇到的问题。	30分钟	教室中每组一桌八椅

【任务评价】

任务评价如表1－3所示。

表 1－3

品牌认知训练任务评价表

评价指标	评价标准	分值	评估成绩	权重
品牌认知训练效果	1. 理解品牌的由来、品牌的魅力。	20		70%
	2. 能识别品牌认知训练易犯错误。	20		
	3. 能灵活运用品牌认知训练的应对策略。	20		
	4. 遵守活动时间。	10		
	5. 讨论积极。	10		
	6. 效果明显。	10		
	7. 汇报得当。	10		
教学过程	出勤、态度和热情	100		30%
小组综合得分				

超链接

哈根达斯（Häagen-Dazs）的品牌体验

一、品牌理念

“尽情尽享，尽善尽美”的品牌理念，使许多顾客对哈根达斯留下了深刻印象。纽约《时代》杂志曾赋予哈根达斯“冰激凌中的劳斯莱斯”的美名，就体现了哈根达斯的体贴、尊贵、亲和和对高品质的坚持。

二、产品体验

1. 产品的目标顾客

哈根达斯的目标顾客是注重感官享受、讲究品位、浪漫而富有的成年人，孤芳自赏的男女小资，情窦初开的少男少女，以及热恋中的檀郎谢女。

2. 产品的原料

哈根达斯的宗旨是不吝成本制造出口感一流的冰激凌。因此，它严格选用纯净、天然的原料：新鲜脱脂牛奶、鲜奶油、蛋黄、糖和水是全部的基本原料；其他品牌常用的黄油、食用香精、乳化剂、水果糖浆、增稠剂等材料根本进不了哈根达斯配料表。

另外，哈根达斯还严格控制冰激凌原产地。向中国市场出口原装哈根达斯冰激凌的法国阿拉斯（Arras）工厂所在地，就是以最适宜的阳光、土壤和优质水源而闻名于世的极品牛奶原产地。

3. 产品的情感内涵

哈根达斯深知蕴涵在冰激凌中的情感意味，便赋予了其产品罗曼蒂克的情感元素：来自马达加斯加的香草代表着无尽的思念和爱慕；比利时纯正香浓的巧克力象征热恋中的甜蜜和力量；波兰亮红色的草莓代表着嫉妒与考验；巴西的咖啡则是幽默与宠爱的化身。

这些取自世界各地的顶级原料，寄托了哈根达斯近百年来忠贞不渝的热爱，结合卓越的工艺和不朽的情感，独创出各种别具风情的浪漫甜品，为顾客营造出恒久爱恋的回味。

三、浪漫的情感营销体验塑造

1. 情感化产品制造与命名

哈根达斯时尚且富于变化，常以非凡创意调制出口味绝佳的精品：冰激凌火锅带来绝妙的“冰火奇缘”；“伯爵茶宴”洋溢着英伦风情的悠然一刻；“心花怒放”结合八款不同冰激凌口味；“黑色迷情”“爱琴海之舟”“蒙地卡罗”“巴厘烈焰”……令人念念不忘。

2. 雅致的专卖店环境

当其他品牌让客人坐着快餐椅，吃着纸杯装冰激凌时，哈根达斯客人正围着浪漫红烛，伴着若隐若现的爵士音乐，在精致杯盘叉碟轻轻碰撞的优雅氛围中，品味着各色情韵的冰激凌。自 1996 年入中国市场，哈根达斯已在北京、大连、上海、杭州、广州和深圳等城市开设了 200 多家门店，成为一个家喻户晓的品牌。

资料来源：根据互联网公开信息改编。

品牌识别

《中国好声音》的品牌战略解码

2012 年 7 月 13 日，浙江卫视重磅推出一档大型励志音乐评论节目《中国好声音》，该节目一经播出，首期收视率就达到了 1.477%，同年 9 月 30 日《中国好声音》播出的“巅峰之夜”创下了高达 5.23%的收视成绩，这不仅刷新了 2012 年中国省级卫视的收视纪录，也一举拿下了当年同时段收视率冠军的头衔。

《中国好声音》热播之后，网络上涌现出《中国好味道》《中国职场好榜样》等网络自制节目，“中国”“好”等字眼成为继“舌尖上的”“咆哮体”之后的新的潮流词汇。这种简明扼要又朗朗上口的节目名称，在各大渠道传播的过程中又进一步提升了《中国好声音》的影响力。另外，节目名称中“中国”两字的运用也在无形中提升了节目的品牌气质，塑造了品牌个性，不仅符合节目的“电视大片”定位，而且吸引了更多的优秀学员参与到这个大型节目中来，更吸引了众多观众的注意力。

《中国好声音》的热播，让我们记住了“会转的椅子”“一个拿着麦克风摆出V姿势的雕塑”和朗朗上口的节目口号。这三个元素在每期节目中不断出现，使得《中国好声音》的节目品牌个性突出，辨识度高。尤其是“转椅盲选”这一符号元素的设置，巧妙地让悬念贯穿节目始终。每位导师按下按钮后，“I WANT YOU”的灯亮起，椅子转过去，并配以相应的音效，由此营造出来的视觉震撼力与观众期待相结合，再加上“盲听”这一独特、新颖方式的融入，使得《中国好声音》具有了其他各类电视节目没有的独特标志。这种极具鲜明个性的品牌形象辨识和贯穿始终的“好声音是唯一通行证”这一专业指标，使得观众从短期的被独特的品牌个性吸引，到逐渐地形成一种长期的品牌认知，培养了观众的品牌忠诚度，使得一个电视节目品牌真真正正地发挥了其品牌效应。

资料来源：朱一超．《中国好声音》的品牌战略解码［J］．美与时代：上，2013（04）：73-75.

一、品牌识别的定义

品牌识别是指品牌所希望创造和保持的、能够引起人们对品牌美好印象的联想物。这些联想物表达了品牌所代表的理念，也暗示着企业对消费者的承诺。

品牌识别从产品、企业、人、符号等层面定义出能打动消费者且区别于竞争者的品牌联想，并与品牌核心价值相结合，是品牌期待留在消费者心目中的印象。一个强势品牌必然有丰满、鲜明的品牌识别力。科学完整地规划品牌识别体系后，品牌核心价值就能有效落地，并与日常的营销传播活动实现对接，企业的营销传播活动就有了标准与方向。品牌识别的来源如表1-4所示。

表1-4　品牌识别来源与说明

编号	品牌识别来源	说　明
1	产品	品牌价值根植于产品
	一产品类别	提及冰激凌，想到哈根达斯（Häagen-Dazs）
	一产品属性	提及更方便的服务，想到7-11（7-ELEVEN）
	一高品质，即高价值感	提及高品质咖啡，想到星巴克（Starbucks）
	一产品用途	提及运动补充体力，想到红牛（RedBull）
	一生产地	提及法国，想到香奈儿（CHANEL）

续前表

编号	品牌识别来源	说 明
2	企业	戴尔（Dell）电脑让消费者觉得其是能帮自己完成困难任务的好帮手
3	人	苹果（Apple）电脑反映创始者的价值
4	符号	耐克（NIKE）的符号是“勾勾”；阿迪达斯（adidas）则是“三线”
5	个性	万宝路（Marlboro）香烟代表男子气概，粗犷
6	文化	可口可乐（Coca-Cola）、麦当劳（McDonald's）、IBM 代表美国文化
7	关系	圣罗兰（YSL）传递爱
8	自我形象	路易威登（LV）体现社会地位

品牌故事分享

香奈儿（CHANEL）的故事

1883 年 8 月 19 日，可可·香奈儿（Coco Chanel）出生在法国卢瓦尔河畔的索米尔镇。其父出身贫苦，是个市场推销员，长期不在家，其母承担全部家务。在香奈儿 12 岁时，其母去世，香奈儿只好住进孤儿院，生活清苦。之后，香奈儿转到修道院里学习社交礼仪、家计管理，而且大概是由于幼时的贫穷，她对金钱特别注重。香奈儿在孤儿院里学到了一手扎实的缝纫技术，18 岁时到镇上的服饰店当助理缝纫师。悲惨的生活背景和艰辛的童年经历，深深地影响了香奈儿对流行的看法。她早期设计的服饰一反当时的时尚，看起来简单、利落、前卫，却不怪异。由于工作勤奋，她制作的流行服饰也不断涌现。香奈儿称自己活泼优雅的服饰风格来自朴实纯真的自然色调。1924 年，她设立了一家专门制作装饰品的作坊。1929 年，她创造的香奈儿 5 号香水成为当时销量最高的香水。1954 年 2 月 5 日，香奈儿在第二次世界大战后以盛大的服装发布会的形式向世人宣告回归。从 20 世纪 20 年代到 20 世纪 70 年代，香奈儿服饰都是站在时代的前沿，反映社会潮流，特别是日益清晰的女性独立、自立意识。她抓住了大众的心理，另辟蹊径，开创了“香奈儿风格”，一直流行到今天。1971 年，香奈儿逝世。

资料来源：根据互联网公开信息改编。

二、品牌识别六要素

品牌识别是品牌打造最重要的一环，有了鲜明的定位，才能让消费者迅速产生品牌联想，进而成为品牌的粉丝。

以奔驰汽车（Mercedes-Benz）为例，品牌识别六要素如表 1－5 所示。

表 1-5　品牌识别六要素

要素	描述
属性	奔驰汽车意味着昂贵、做工精湛、马力强大、高贵等
利益	奔驰汽车让人感到受尊重
价值	奔驰汽车代表着安全、声望等
文化	奔驰汽车代表德国文化——高度组织化、高效率与高品质
个性	奔驰汽车可能让人想到一个严谨的老板、一只狮子或壮阔的建筑
群体	奔驰汽车可能让人想到高收入群体

奔驰汽车的品牌识别六要素中，属性要素是昂贵、精良，利益要素是受人尊重，价值要素是安全、声望，文化要素是效率、品质，个性要素是严谨或权势，群体要素是代表高收入群体，如图 1-4 所示。

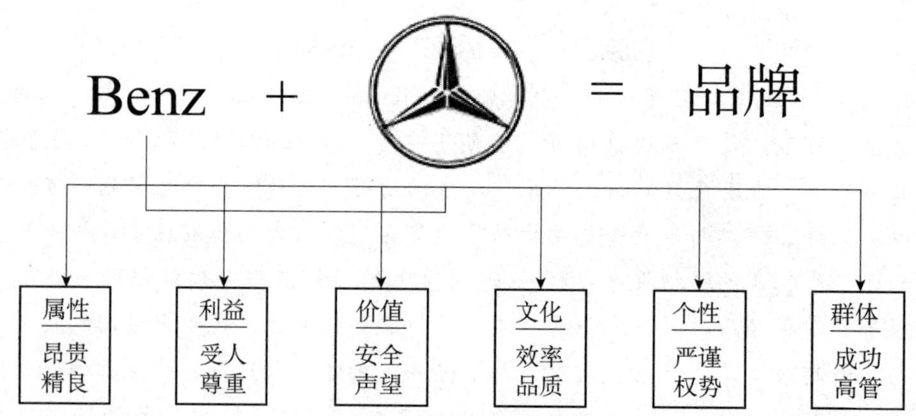

图 1-4　奔驰品牌属性六要素分析

三、品牌分类

品牌可以依据不同的标准划分为不同的类型，常见的划分方法有：

（1）按品牌归属划分：制造商品牌、中间商品牌。

（2）按品牌影响力划分：地方品牌、民族或国家品牌、国际品牌及全球品牌。

（3）按目标群体划分：特殊人士专用品牌、大众品牌、高端品牌及定制品牌。

（4）按品牌的成长周期划分：新品牌、发展品牌、成熟品牌、领导品牌、衰退或消亡品牌、老字号品牌。

（5）按品牌的属性划分：产品品牌、服务品牌、企业品牌、组织或机构品牌。

（6）按品牌发源地划分：国外品牌、合资品牌、国内自主品牌。

（7）综合性分类。

【训练任务】

品牌识别训练。

【训练目标】

帮助学生在实践中识别品牌。

【任务要求】

1. 由授课老师主持训练。
2. 如全班48人，自由分组，形成6组。
3. 小组成员讨论品牌识别的定义、品牌识别六要素、品牌分类。
4. 每组安排一名同学负责记录、汇总。
5. 活动结束后，要求每组选出一名代表在课堂上汇报讨论的心得。
6. 准备时间为10分钟。

【任务组织】

任务组织如表1-6所示。

表1-6　　品牌识别训练任务组织表

活动项目	具体实施	时间	备注
品牌识别训练	1. 如全班48人，自由分组，形成6组。 2. 小组成员讨论品牌识别的定义、品牌识别六要素、品牌分类。 3. 6个小组在教师的指导下，同时进行讨论。 4. 组织学生讨论品牌识别训练过程中遇到的问题。	30分钟	教室中每组一桌八椅

【任务评价】

任务评价如表1-7所示。

表1-7　　品牌识别训练任务评价表

评价指标	评价标准	分值	评估成绩	权重
品牌识别训练效果	1. 理解品牌识别的定义、品牌识别六要素、品牌分类。	20		70%
	2. 能识别品牌识别训练易犯错误。	20		
	3. 能灵活运用品牌识别训练的应对策略。	20		
	4. 遵守活动时间。	10		
	5. 讨论积极。	10		
	6. 效果明显。	10		
	7. 汇报得当。	10		
教学过程	出勤、态度和热情	100		30%
小组综合得分				

超链接

索尼（SONY）的品牌代言人策略

品牌代言人，是指品牌在一定时期内，以契约的形式指定一个或几个能够代表品牌形象并展示、宣传品牌形象的人或物。在现代社会，品牌最好的载体就是人，特别是耀眼的名人，他们浑身都是“星闻”，所以名人代言不仅“音调高”而且反响大。

此外，很多传播机会就来自有影响力的用户，以用户为资源进行传播，同样可以建立有价值的品牌联想。英国威尔士亲王成为索尼的用户便是一个成功的案例。在威尔士亲王1970年到访日本之际，索尼公司在英国大使馆威尔士亲王的下榻处安装了索尼电视。这样，索尼便与威尔士亲王建立了关系。后来，亲王在一次招待酒会的致词中还特意向索尼表示了感谢，并邀请索尼公司去英国投资建厂。从那以后，威尔士亲王与索尼的合作一直很愉快。

资料来源：根据互联网公开信息改编。

项目小结

19世纪初，法国出现了世界上最早的有关商标的法律条文。随后，英同、美国、德国、日本相继颁布各自的商标法。1883年签订的《保护工业产权巴黎公约》和1891年签订的《商标国际注册马德里协定》使商标制度步入国际化轨道。品牌是一种识别标志、精神象征和价值理念，是品质优异的核心体现。培育和创造品牌的过程也是不断创新的过程，品牌自身有了创新的力量，才能在激烈的竞争中立于不败之地，继而巩固原有品牌资产，多层次、多角度、多领域地参与竞争。品牌对于企业、消费者和市场都有重要的意义。品牌形象差异化则是品牌魅力的重心所在。

品牌识别是指品牌希望创造和保持的、能够引起人们对品牌美好印象的联想物。这些联想物表达了品牌所代表的理念，也暗示着企业对消费者的承诺。品牌识别来自品牌的产品、企业、人、符号、个性、文化、关系和自我形象。品牌识别六要素包括：属性、利益、价值、文化、个性、群体。品牌分类可以按照品牌的归属、影响力、目标群体、成长周期、属性以及发源地等来划分。

相关概念

品牌　　信息不对称　　客户生命周期　　品牌识别

课后习题

一、单项选择题

1. 济南刘家功夫针铺的商标是（　　）捣药，让人联想当年李白受“只要功夫深，铁杵磨成针”启发而发奋苦读成为诗仙的故事。

A. 猎犬　B. 白兔　C. 野狼　D. 梅花鹿

2. 19 世纪初，(　　)出现了世界上最早的有关商标的法律条文。

A. 美国　B. 德国　C. 中国　D. 法国

3. (　　)提出：品牌是一种错综复杂的象征，它是品牌的属性、名称、包装、价格、历史、声誉、广告风格的无形组合。品牌同时因消费者对其使用的印象及自身的经验而有所界定。

A. 大卫·奥格威　B. 菲利普·科特勒　C. 戴维·A. 艾克　D. 泰勒

4. 一个品牌就是一个名字、术语、标记、符号或图案，或者这些的综合，目的就是识别一个卖方集团所提供的产品和服务，并且将它们与竞争对手所提供的产品区分开来，这是(　　)的观点。

A. 大卫·奥格威　B. 菲利普·科特勒　C. 戴维·A. 艾克　D. 泰勒

5. (　　)指出：品牌就是产品、符号、企业与消费者之间的联结和沟通，品牌是一个全方位的架构，牵涉消费者与品牌沟通的方方面面，并且品牌更多地被视为一种“体验”，一种消费者能亲身参与的、更深层次的关系，一种与消费者进行理性和感性互动的总和；若不能与消费者结成亲密关系，产品就从根本上失去了被称为品牌的资格。

A. 大卫·奥格威　B. 菲利普·科特勒　C. 戴维·A. 艾克　D. 泰勒

6. (　　)是一种识别标志、精神象征和价值理念，是品质优异的核心体现。培育和创造品牌的过程也是不断创新的过程，品牌自身有了创新的力量，才能在激烈的竞争中立于不败之地，继而巩固原有品牌资产，多层次、多角度、多领域地参与竞争。

A. 商标　B. 品牌　C. 产品　D. 服务

7. 从品牌存在的意义来说，品牌是企业的无形资产，它能给企业带来的利益。这是基于(　　)来看待的。

A. 企业视角　B. 消费者视角　C. 市场视角　D. 社会视角

8. 产品是企业生产的，品牌是消费者选择的。这是基于(　　)，也就是需求侧来看待品牌的意义。

A. 企业视角　B. 消费者视角　C. 市场视角　D. 社会视角

9. 从(　　)来说，品牌可以通过溢价赚取附加利益，提高利润率。

A. 企业视角　B. 消费者视角　C. 市场视角　D. 社会视角

10. 品牌生命周期越长，企业的核心竞争力越强。这是从(　　)看待品牌的意义。

A. 企业视角　B. 消费者视角　C. 市场视角　D. 社会视角

11. 从(　　)来说，为消费者创造差异化价值，才是品牌的意义。

A. 企业视角　B. 消费者视角　C. 市场视角　D. 社会视角

12. 建立差异化的品牌形象需要有一些硬性条件做后盾，下面(　　)不属于硬性条件之一。

A. 强大的科研投入　　B. 强大的产品研发的支撑

C. 强大的经济基础　　D. 强大的人脉

13. 品牌形象差异化战略能否成功，关键在于选择的差异化的（　　）能否与自身相协调，关键在于能否最终有效地实施所选择的战略。

A. 品牌　　B. 服务　　C. 内容　　D. 质量

14.（　　）生命周期是指从一个客户开始对企业进行了解或企业欲对某一客户进行开发开始，直到客户与企业的业务关系完全终止且与之相关的事宜完全处理完毕的整个周期。

A. 顾客　　B. 商家　　C. 店长　　D. 客户

15. 发现和获取潜在客户，并通过有效渠道提供合适的价值定位以获取客户。这是客户生命周期的（　　）。

A. 阶段1：客户获取　　B. 阶段2：客户提升

C. 阶段3：客户成熟　　D. 阶段4：客户衰退

16. 通过刺激需求的产品组合或服务组合把客户培养成高价值客户。这是客户生命周期的（　　）。

A. 阶段1：客户获取　　B. 阶段2：客户提升

C. 阶段3：客户成熟　　D. 阶段4：客户衰退

17. 让客户使用新产品，培养客户的忠诚度。这是客户生命周期的（　　）。

A. 阶段1：客户获取　　B. 阶段2：客户提升

C. 阶段3：客户成熟　　D. 阶段4：客户衰退

18. 客户生命周期的（　　）是建立高危客户预警机制，延长客户的生命周期。

A. 阶段1：客户获取　　B. 阶段2：客户提升

C. 阶段3：客户成熟　　D. 阶段4：客户衰退

19. 客户生命周期的（　　）主要是赢回客户。

A. 阶段1：客户获取　　B. 阶段2：客户提升

C. 阶段3：客户成熟　　D. 阶段5：客户离网

20.（　　）是品牌战略实施的核心，品牌战略的实施都是基于消费者展开的。

A. 消费者　　B. 商家　　C. 服务商　　D. 厂商

21. 品牌（　　）是指品牌所希望创造和保持的、能够引起人们对品牌美好印象的联想物。这些联想物表达了品牌所代表的理念，也暗示着企业对消费者的承诺。

A. 认识　　B. 识别　　C. 知识　　D. 辨别

22. 从品牌识别来源于产品的角度来说，提到冰激凌，就想到哈根达斯是指品牌识别来源于（　　）。

A. 产品类别　　B. 产品属性

C. 高品质，即高价值感　　D. 产品用途

23. 从品牌识别来源于产品的角度来说，7-ELEVEN 提供更方便的服务是指(　　)。

A. 产品类别　　B. 产品属性

C. 高品质，即高价值感　　D. 产品用途

24. 从品牌识别来源于产品的角度来说，星巴克高品质咖啡的品牌识别是指(　　)。

A. 产品类别　　B. 产品属性

C. 高品质，即高价值感　　D. 产品用途

25. 从品牌识别来源于产品的角度来说，运动补充体力，想到红牛是指(　　)。

A. 产品类别　　B. 产品属性

C. 高品质，即高价值感　　D. 产品用途

26. 从品牌识别来源于产品的角度来说，提及法国，想到香奈儿是指(　　)。

A. 产品类别　　B. 产品属性

C. 高品质，即高价值感　　D. 生产地

27. 品牌价值根植于产品，说明品牌识别来源于(　　)。

A. 产品　　B. 企业　　C. 人　　D. 符号

28. 苹果电脑反映创始者的价值，说明品牌识别来源于(　　)。

A. 产品　　B. 企业　　C. 人　　D. 符号

29. 戴尔电脑让消费者觉得它是能帮助完成困难任务的好帮手，说明品牌识别来源于(　　)。

A. 产品　　B. 企业　　C. 人　　D. 符号

30. 耐克是“勾勾”，阿迪达斯是“三线”，说明品牌识别来源于(　　)。

A. 产品　　B. 企业　　C. 人　　D. 符号

31. 万宝路香烟代表男子气概，粗犷，说明品牌识别来源于(　　)。

A. 个性　　B. 文化　　C. 关系　　D. 自我形象

32. 可口可乐、麦当劳、IBM 代表美国文化，说明品牌识别来源于(　　)。

A. 个性　　B. 文化　　C. 关系　　D. 自我形象

33. 圣罗兰传递爱，说明品牌识别来源于(　　)。

A. 个性　　B. 文化　　C. 关系　　D. 自我形象

34. 购买路易威登来体现自己的社会地位，说明品牌识别来源于(　　)。

A. 个性　　B. 文化　　C. 关系　　D. 自我形象

35. 奔驰汽车意味着昂贵、做工精湛、马力强大、高贵等，这是品牌识别的(　　)要素。

A. 属性　　B. 利益　　C. 价值　　D. 文化

36. 奔驰汽车让人感到受尊重，这是品牌识别的(　　)要素。

A. 属性　　B. 利益　　C. 价值　　D. 文化

37. 奔驰汽车代表着安全、声望等，这是品牌识别的(　　)要素。

A. 属性　　B. 利益　　C. 价值　　D. 文化

38. 奔驰汽车代表德国文化——高度组织化、高效率与高品质，这是品牌识别的(　　)要素。

A. 属性　　B. 利益　　C. 价值　　D. 文化

39. 奔驰汽车可能让人想到一个严谨的老板、一只狮子或壮阔的建筑，这是品牌识别的(　　)要素。

A. 属性　　B. 利益　　C. 个性　　D. 群体

40. 奔驰汽车可能让人想到代表高收入群体，这是品牌识别的(　　)要素。

A. 属性　　B. 利益　　C. 个性　　D. 群体

41. 制造商品牌、中间商品牌，是按(　　)划分的品牌类型。

A. 品牌归属　　B. 品牌影响力

C. 目标群体　　D. 品牌的成长周期

42. 地方品牌、民族或国家品牌、国际品牌及全球品牌，是按(　　)划分的品牌类型。

A. 品牌归属　　B. 品牌影响力

C. 目标群体　　D. 品牌的成长周期

43. 特殊人士专用品牌、大众品牌、高端品牌及定制品牌，是按(　　)划分的品牌类型。

A. 品牌归属　　B. 品牌影响力

C. 目标群体　　D. 品牌的成长周期

44. 新品牌、发展品牌、成熟品牌、领导品牌、衰退或消亡品牌、老字号品牌，是按(　　)划分的品牌类型。

A. 品牌归属　　B. 品牌影响力

C. 目标群体　　D. 品牌的成长周期

45. 产品品牌、服务品牌、企业品牌、组织或机构品牌，是按(　　)划分的品牌类型。

A. 品牌归属　　B. 品牌影响力

C. 品牌的属性　　D. 品牌发源地

46. 国外品牌、合资品牌、国内自主品牌，是按(　　)划分的品牌类型。

A. 品牌归属　　B. 品牌影响力

C. 品牌的属性　　D. 品牌发源地

二、思考题

1. 品牌形象差异化的硬性条件有哪些？其意义体现在何处？广告公关在品牌形象差异化中发挥了什么作用？

2. 客户生命周期有几个阶段？

3. 品牌对于消费者的意义是什么？

4. 品牌识别是什么？

5. 品牌有哪些分类？

三、案例分析题

维珍的故事

1970年，理查德·布兰森（Richard Branson）和几位朋友在伦敦成立了一家小型邮购公司，次年又在牛津大街开了一家中型零售店。当年，几位合伙人以“维珍”（Virgin）命名零售店是因为他们自己正值青春年少，商业经验稚嫩。然而，13年后，“维珍”成为英国著名的唱片连锁店和最大的独立商号，网罗了菲尔·科林斯（Phil Colins）、滚石乐队（The Rolling Stones）等知名艺人。1990年，维珍在全球就已发展了几百家大型零售店。

1984年，一位年轻的律师向布兰森递交了一份开设航空公司的计划。董事会觉得这个主意实在荒唐，但布兰森却认为，在娱乐业的成功经验可以运用到航空业。布兰森觉得当时的空中旅行十分无聊，他梦想让飞行充满乐趣，因此提出“让各阶层的旅客花最少的钱，享受最高档的服务”。3个月后，维珍大西洋航空公司的首次航班从伦敦盖特威克机场起飞了。面对英国航空公司（British Airways）的竞争压力，维珍稳步发展，1997年销售额超过35亿美元，并开始享有国际大型航空公司的声望。

（一）维珍品牌的核心要素

维珍的成功归功于很多因素，包括布兰森对开拓新商机的敏感性、战略眼光、管理层的素质和创业精神，以及维珍合作伙伴的胆识，还有少不了的运气。但是这个正在开拓疆土的商业帝国是如何通过“维珍”这个品牌将各个事业领域凝聚在一起的呢？其实，维珍品牌的核心部分是四种清晰的价值观。

1. 创新

维珍的创新哲学很简单——“为顾客做得最早，做得最妙”。维珍1986年起就在机舱内安排了睡椅（英国航空公司直到9年后才有摇篮席），提供飞行信息、设置儿童安全带以及为商务舱乘客提供独立的录像屏幕，所有服务内容和等级都超过其他航空公司的标准。总之，维珍在推动创新方面无人能及。维珍公司收入的3%用于服务质量改进，这个数目差不多是一般美国航空公司的两倍。

2. 乐趣

维珍的候机室内设有高尔夫练习场、按摩室、美容室和可以淋浴、小憩的场所。航班为头等舱乘客在终点准备了手工缝制的衬衫。乘客甚至可以选择一个方便的、像汽车开进麦当劳餐厅那样的特别窗口登机。这些都是维珍航空公司在符合标准的基础上增加的一些改进措施，类似的还有供应一份全素食餐或者一杯咖啡，目的是让乘客的飞行令人难忘、充满情趣。

3. 服务品质

航空业的乘客有许多时刻能直接感受和体会服务质量。在服务品质方面，维珍获得了多个奖项。1997年，维珍连续第七次被评为“最佳跨大西洋运输公司”，第九次获选“最佳经营者”。维珍获得的其他奖项还有“最佳娱乐服务”“最佳地面和登机服务”等。维珍的服务比起一向以服务著称的英国航空公司和新加坡航空公司（Singapore Airlines）毫不逊色。

4. 物超所值

维珍的高级服务是面向商务舱乘客的，这种服务相当于许多其他航空公司头等舱的标准。它的中级服务则以十分经济的价格提供商务舱等级服务，而大部分维珍经济舱机票都能折价购到。这种较低的价格也许能作为一个卖点，但维珍从不强调它的价格优势。廉价本身不是维珍想传递的信息。

这四个品牌识别的核心内容是维珍品牌的主要竞争力。此外，维珍品牌的识别还包括三项延伸内容：品牌个性、品牌符号和身处劣势的经营模式。

（二）维珍的个性特点

1. 维珍的个性

维珍的个性强烈，甚至还有些另类，充分体现了它生机勃勃的创新意识，及其创始人布兰森的价值观和行为作风。如果维珍是一个人，那么它是这样的个性：游离于规则之外，富有幽默感，有时有些出格，敢于挑战权威，能力过人，自我要求很高，事情也办得很漂亮。维珍成功的关键在于布兰森本人将自己的个性都变成了维珍的个性，而且彰显无余。

例如：维珍航空在撤销头等舱、扩充经济舱位后，在其平面广告中以一双硕大无比的、穿着印有维珍标记的红袜子的脚促使旅客联想到在机上脱了鞋子、伸展双腿享受服务的随意舒适。

2. 维珍的符号

维珍的符号说到底是布兰森本人，他身上体现了大部分维珍的特征。还有其他符号，如维珍小飞艇、维珍岛。维珍的商标采用有棱有角的手写体，与那些传统的、四平八稳的铅字形成鲜明对比，这个手写字体让人觉得这就是布兰森的手笔，它的尖角也似乎在告诉人们：这不是你们司空见惯的大公司。

3. 变劣势为优势

维珍的经营模式直截了当，其特点不同于行业和市场的高手（如航空业的英航，可乐业的可口可乐），这些企业给人的感觉是有些志得意满和官僚作风，对消费者反应迟钝。相反，维珍给人的印象是处在这些高手夹击之下的后起之秀，维珍关心消费者的感受，不断地创新并让消费者觉得购买的东西富有魅力。正如布兰森本人所言，维珍是现代的“罗宾汉”，“小人物们”的好朋友。

4. 出色的品牌延伸

维珍的例子向人们展示了一个品牌竟可以如此成功地延伸到人们用常理难以想象的范围。从音像店起家，维珍经营的业务已经延伸到航空、可乐、快运、零售、传播业、服饰、婚庆等几十个门类。事实上，将当时在摇滚和年轻人当中享有盛名的维珍扩展到航空领域的决策也有失败的可能。但是，这个决策巧妙地将品质、创新和别具一格融入维珍的价值观，从而使品牌管理者看到，品牌的联想不必拘泥于某种狭隘的产品。可以说，维珍已经成为代表某些生活态度和生活方式的品牌。

5. 善用公关的力量

当然，塑造品牌也要依靠传播的力量，布兰森十分清楚，维珍无法在广告投放方面与英航相比，于是他采用一系列的宣传技巧来创造知名度和联想度。1984 年维珍首航时，布兰森和他的朋友、各界知名人士、记者是首批乘客。布兰森当天在机舱里戴着一顶第一次世界大战时期的飞行帽，并且向乘客们问好。主营婚庆服务的“维珍新娘”开业时，布兰森则穿上了结婚礼服。1996 年维珍在美国时代广场的首家商场揭幕时，布兰森则驾驶热气球从商场上空徐徐降落。

花样百出的技巧为维珍品牌带来了意想不到的宣传效果。尽管这些技巧有些比较出格，却没有越轨。维珍令人感到刺激、惊讶甚至震惊，却不会愤怒。布兰森善于运用英国式的幽默，赢得消费者的信任，而维珍的坚持创新、乐趣、服务和物超所值等品牌核心价值，更使其获得了消费者的忠诚。

资料来源：根据互联网公开信息改编。

要求：根据案例，总结维珍的品牌识别要素。

项目一　品牌概述

课后习题参考答案

项目二 品牌元素设计

知识目标

1. 掌握品牌命名的原则。
2. 熟悉品牌常用的命名方法。
3. 掌握品牌命名的步骤。
4. 熟悉品牌命名的策略。
5. 掌握品牌标志的内涵及作用。
6. 掌握品牌标志的设计原则。

能力目标

1. 能够运用所学知识给品牌命名。
2. 能够对品牌命名进行决策。
3. 能够运用所学知识设计品牌标志。

任务一 品牌名称设计

案例导入

金利来（Goldlion）的品牌名称故事

一次，一位公司董事长把自己公司生产的两条上等“金狮”领带送给他的一个亲戚，结果人家不高兴地说：“我才不戴你的领带呢，尽输，尽输，什么都输掉了。”原来，香港话里“狮”与“输”读音相同。于是，这位董事长绞尽脑汁，想出一个万全之策，用意译与音译相结合的方法，把“Goldlion”译为“金利来”，结果使该公司生产的领带大为畅销，成为知名品牌。

资料来源：根据互联网公开信息改编。

一、品牌命名的原则

品牌名称是品牌构成中可以用文字表达，并能用语言进行传播与交流的部分。好的品牌名称提供了品牌联想，最大限度地激发了消费者的“直接联想力”，是成功品牌的基本特征之一。品牌名称对产品的销售同样有着直接的影响。

品牌故事分享

阿里巴巴（Alibaba）名称的由来你知道吗?

马云在创建阿里巴巴（如图2－1所示）之初，就为公司的命名征求了社会各界人士的意见。在一家美国餐厅就餐时，马云问服务员：“你知不知道阿里巴巴这个名字?”服务员回答说知道，并且还对马云说，阿里巴巴打开宝藏的咒语是“芝麻开门”。之后，马云又在各地反复询问其他人同样的问题。经过这个测试，马云发现，阿里巴巴的故事被全世界的人熟知，并且不论语种，发音也近乎一致。

图2－1　阿里巴巴网站标志

马云认为，将公司取名为阿里巴巴，是为了公司长久的发展。他从创办公司的一开始就不仅为了赚钱，而是为了创建一家全球化的优秀公司。不过，“阿里巴巴”域名在当时已经被一个加拿大人买下。马云拿出了1万美元，买下了这一域名。

资料来源：根据互联网公开信息改编。

企业要确定一个有利于消费者认知、能传达品牌发展方向和价值意义的名称，就需从市场营销、法律及语言三个层面综合考量品牌命名。

（一）市场营销层面

1. 兼顾各国文化

世界各国、各地区的历史文化、风俗习惯、价值观念等存在一定差异，其消费者对同一品牌的看法也会有所不同。有些词语在这一个国家是非常美好的意思，可是到了另一个国家其含义可能完全相反。例如："蝙蝠"在我国，因"蝠"与"福"同音，被认为有美好的联想，因此在我国有"蝙蝠"电扇；而在英语里，"蝙蝠（bat)"却是"吸血鬼"的意思。

我国的绝大多数品牌，由于只以汉字命名，在走出国门时，便让外国人莫名所以。有一些品牌采用汉语拼音作为变通措施，被证明也是行不通的，因为外国人并不懂拼音所代表的含义。例如：长虹以其汉语拼音"CHANGHONG"作为附注商标，但"CHANGHONG"在外国人眼里却没有任何含义。而海信则具备了全球战略眼光，注册了"HiSense"的英文商标，它来自"high sense"，是"高灵敏、高清晰"的意思，这非常符合其产品特性。同时，"high sense"又可译为"高远的见识"，体现了品牌的远大理想。

可以说，品牌名已成为国内品牌全球化的一道门槛，在我国品牌的国际化命名中，由于对国外文化的不了解，一些品牌出了洋相。芳芳牌化妆品在国外的商标被翻译为"FangFang"，而"fang"在英文中是指"有毒的蛇牙"，如此一来，还有谁敢把有毒的东西往身上抹，芳芳化妆品的受挫也就是情理之中的事情了。当然，除了国内品牌，国际品牌在进入不同的国家和地区时，也有犯错的时候。Whisky是世界知名的酒类品牌，进入我国时译成了"威士忌"，被认为"威严的绅士忌讳喝它"，所以绅士们自然对它有所顾忌。而Brandy译成"白兰地"，被认为是"洁白如雪的兰花盛开在大地上"，意境优美之极，绅士们自然更愿意喝它。

2. 考虑发展管线

品牌在命名时就要考虑未来的延展，即无论品牌发展到任何阶段，其名称也要能够适应。对于一个多元化的品牌，如果品牌名称和某类产品联系太紧，就不利于品牌今后扩展到其他产品类型。通常，一个既无具体意义又不带任何负面效应的品牌名，比较适合品牌延伸。

例如：索尼（SONY)，不论是中文名还是英文名，都没有具体的内涵，仅从名称上，不会让人联想到任何类型的产品，这样，品牌可以扩展到任何产品领域而不至受限制。

3. 暗示产品利益

有些品牌名称从字面上就可以了解到产品的功能，并暗示产品利益。例如：汰渍洗衣粉的品牌“汰渍”，就是“淘汰污渍”的意思，消费者很容易就能联想到洗衣粉。金嗓子喉宝，一看名字，就可以知道是用来保护喉咙的，让人拥有金嗓子。奔驰汽车，一下子就可以让人联想到速度与激情。

4. 促销和说服

有些品牌名称设计比较讨巧，具有促销和说服的作用，在不知不觉中提高了产品的销量。夏日炎炎，雪糕主要用来消暑，然而雪糕品牌众多，消费者一般不会花很多时间精力去研究不同品牌之间的差异。当被询问想吃哪个品牌的雪糕时，人们往往脱口而出“随便吧”。在这一背景下，蒙牛“随变”雪糕应运而生，由于“随变”与“随便”谐音，因此蒙牛“随变”雪糕从众多品牌中脱颖而出，销量大增。

品牌故事分享

兰博基尼（Lamborghini）名字的由来

老兰博基尼是一个忠实的法拉利车迷，他拥有4辆法拉利跑车，但当他向恩佐·法拉利（Enzo Ferrai，法拉利创始人）建议改进变速器的时候却受到了嘲笑（老兰博基尼以前是卖拖拉机的）。血气方刚的老兰博基尼一气之下另起炉灶，创立了兰博基尼公司。然而，老兰博基尼在有生之年没有看到自己品牌的成功，兰博基尼是在被大众集团收购后才成为法拉利最大的对手。

兰博基尼车的标志是一头愤怒的公牛，完美阐释了老兰博基尼本人以及整个公司孜孜不倦、执着追求梦想的精神。同时，它也代表了兰博基尼跑车“挑战极限，高傲不凡，豪放不羁”的品牌特点。恰好，老兰博基尼的星座又是金牛座，用“奔牛”作为该品牌的标志再恰当不过，寓意着该公司生产的汽车马力大、速度快、战无不胜。不仅如此，兰博基尼的车型名字也都与牛有着深厚的渊源，例如：Miura是过去斗牛场里的一位养牛人，Espada是斗牛士用的匕首等。

资料来源：根据互联网公开信息改编。

（二）法律层面

合法是指能够在法律上得到保护，这是品牌命名的前提，再好的名字，如果不能注册，得不到法律保护，就不是真正属于自己的品牌名。在2000年的保暖内衣大战中，“南极人”品牌就是由于缺乏保护，被数十个厂家共用。大量厂家对同一个品牌进行掠夺性的开发使用，使得消费者不明就里、难分彼此，面对同一个品牌，却是完全不同的价格、完全不同的品质，最后消费者把账都算到了“南极人”这个品牌上，逐渐对其失去了信任。

美乐（Miller）公司曾经推出一种淡啤酒，取名为“Lite”，即“淡”字的英文“light”的变异。由于生意兴旺，其他啤酒厂纷纷仿效，也推出以“Lite”命名的淡啤酒。因为“Lite”是直接描绘某类特定产品的普通词汇，法院判决不予保护，因此，美乐公司失去了对“Lite”的商标专用权。由此可见，一个品牌是否能够在法律上受到保护是多么重要。

除此之外，品牌命名的纠纷还有大唐电信与大唐足浴的“大唐”、新东方培训与新东方厨师的“新东方”、镇江的百年企业恒顺醋业的“恒顺”被人抢先注册、“小南京”和“小蓝鲸”的谐音纠纷等，这些都是企业对品牌的法律保护不够重视造成的。

（三）语言层面

1. 好说、易传播

品牌名的发音要铿锵有力，干脆，有韵律，朗朗上口，不含糊。例如：关于吉普（Jeep）汽车品牌名的来源，一种说法是吉普汽车的车身都带有 GP 标志，并标明是通用型越野车，Jeep 即通用型的英文 General Purpose 首字缩写 GP 的发音。但有另一种说法，称“吉普”来源于一部连环画中的一个怪物，这个怪物总是发出“吉——普，吉——普”的声音。所以，这个名称非常容易发音，且易于传播。这方面做得好的品牌还有曹操（Cao Cao）、米老鼠（Mickey Mouse）、唐老鸭（Donald Duck）、海尔（Haier）等。江苏有个企业名称为“江苏苏变变压器有限公司”，显然不易传播，需要改进。

2. 好写、不生僻

可口可乐（Coca-Cola）公司大家都很熟悉，无论中文还是英文，其简单的笔画让人很容易写下来。IBM 是全球十大品牌之一，曾身为世界上最大的电脑制造商，被誉为“蓝色巨人”。它的全称是“国际商用机器公司”（International Business Machines），这样的名称不但难记忆，而且不易读写，在传播上首先就形成了一些障碍，于是，国际商用机器公司设计出了简单的 IBM 的字体造型，对外传播，也塑造了其高科技领域的领导者形象。

3. 易记忆

为品牌取名，也要遵循简洁的原则，要含义清晰、容易记忆和传播。今天，我们耳熟能详的一些品牌莫不如此，青岛、999、燕京、白沙、小天鹅、方太、圣象、吉普、吉利、美的、肯德基、QQ 等，都非常简单好记。

4. 体现产品属性

有一些品牌，人们可以从名字一眼就看出它是什么类型的产品，例如：脑白金、五粮液、雪碧、高露洁、创可贴等。又如：“劲量”用于电池，恰当地表达了产品持久强劲的特点；“固特异”用于轮胎，准确地展现了产品坚固耐用的属性。它们中的一些品牌，甚至已经成为同类产品的代名词，让后来者难以超越。曾几何时，“商务通”的命名，使得它几乎成为掌上电脑的代名词，消费者去购买掌上电脑时，大多数人会直接指名购买商务通，甚至很多消费者以为商务通即掌上电脑，掌上电脑即商务通。此方面做得好的品牌还有标致、波音、佳能、捷豹、汰渍、飘柔、海飞丝等。

需要指出的是，与产品属性联系比较紧密的这类品牌名，大多实施专业化策略。如果一个品牌需要多元化发展，那么其品牌名与产品属性联系越紧，对其今后的发展越不利。

5. 语义启发积极联想

这方面做得好的国内品牌有春兰空调、孔府家酒、杏花村、美加净等，国外品牌有 Coca-Cola—可口可乐、Benz—奔驰、Nestlé—雀巢、Santana—桑塔纳、AVON—雅芳等。

品牌故事分享

红豆集团名字的由来

《相思》

红豆生南国，
春来发几枝。
愿君多采撷，
此物最相思。

红豆集团从初创起，其领导者就对品牌有着极强的敏感性。在 20 世纪 70 年代港下针织厂时期，就因电影《山花》风靡全国而将产品取名为“山花”牌，这是红豆集团品牌意识最初觉醒的象征和标志。

1983 年，周耀庭临危受命，接手港下针织厂，当时厂里内外交困，资不抵债。面对困境，周耀庭大胆改革、果断决策，实现了当年上任、当年扭亏为盈的奇迹。做出业绩的同时，周耀庭认为“山花”已不是理想的品牌名，不具备更深层次的文化内涵。他坚信，要想把厂办好，必须有好产品，好产品则需要一个好名字。周耀庭苦思冥想，决心将产品名称与民族文化结合，又因地处无锡，由临近的顾山千年红豆树想到了王维的《相思》，他坚定了用“红豆”为企业命名的想法。

1984 年，一个蕴含中国传统文化，充满诗意的服装品牌——“红豆”正式注册；1989 年，红豆集团在中央电视台投资 160 万元做广告，在 20 世纪 80 年代，百万广告费可谓天价，但周耀庭的品牌营销决断力令人钦佩，红豆因此成为全国首家在央视做广告的服装企业；1992 年，红豆护士衫风靡全国，连《新闻联播》主持人也穿上走进演播厅，各地供货都卖断……就这样，红豆走进了千家万户。

资料来源：根据互联网公开信息改编。

二、品牌常用命名方法

（一）按品牌名称的文字类型划分

按品牌名称的文字类型，品牌名称可分为文字品牌名和数字品牌名。

1. 文字品牌名

文字品牌名如表 2-1 所示。

表 2-1　以文字命名的品牌

主要类别	内容描述
中文	如家乐福、奔驰、可口可乐等。
外文	如 ONLY、ESPRIT、Intel、Dell、Dove 等。国内品牌进入国际市场，通常也会选择一个外文名，如 Maxim（美心）、Youngor（雅戈尔）、KELON（科龙）等。
拼音	如 Haier（海尔）、TAHAN（太和）、CHANGHONG（长虹）等，拼音品牌名称一般与汉字品牌名称组合使用。

2. 数字品牌名

数字品牌名容易为全球消费者接受，但也要考虑各国对不同数字含义的理解。如 999 胃泰、555 香烟等。

（二）按品牌名称的字意来源划分

按品牌名称的字意来源，品牌名称可分为：企业名称品牌名、人物名称品牌名、地方名称品牌名、动物名称品牌名及植物名称品牌名。如表 2-2 所示。

表 2-2　按字意来源命名的品牌

主要类别	内容描述
企业名称	全称式：摩托罗拉、索尼、东芝；缩写式：IBM、GE、TCL、LG、NEC 等。
人物名称	如东坡肉、张小泉、HP（创始人为 William Hewlett 与 David Packard）等。
地方名称	如青岛啤酒、西湖醋鱼、洋河股份等。
动物名称	如凤凰、小天鹅、鳄鱼、金丝猴、七匹狼、雕牌等。
植物名称	如苹果（Apple）、草珊瑚、牡丹、田七、红豆等。

三、品牌命名的步骤

（一）前期调查

在命名之前，应该先对目前的市场情况、未来国内市场及国际市场的发展趋势、企业的战略思路、产品的成分与功效以及人们使用后的感觉、竞争者的命名等情况进行调查，并且以消费者的身份去使用这种产品，获得切身感受，这非常有助于获得灵感。

（二）命名策略

前期调查工作结束后，便要针对品牌的具体情况，选择适合自己的命名策略。一般情况下，功效性的命名适合于具体的产品名；情感性的命名适合于包括多个产品的品牌名；无意义的命名适合于产品众多的家族式企业名；人名适合于传统行业，有历史感；地名适合于以产地闻名的品牌；动植物名适合于给人以亲切感的产品；新创名则适合于各类时尚、科技品牌……当然，在未正式定名之前，也可以运用各种策略进行尝试。

（三）头脑风暴会议

在确定策略后，可以召开头脑风暴会议，碰撞火花。在头脑风暴会议上，任何怪异的名称都不应受到责难，而应该记下来。一次头脑风暴会议也许得不到一个满意的结果，但可以帮助我们寻找到一些关键的词根，这些词根是命名的大致方向。

（四）名称发散

由一个字联想到100个词语，由一个词语发展出无数个新的词语，这个阶段是名称大爆发的阶段，可以发动公司所有的人，甚至向社会征集，名称越多越好。

（五）法律审查

由法律顾问对所有名称从法律的角度进行审查，去掉不合法的名称，对无法确定而又非常好的名称，应先予以保留。

（六）语言审查

由文字高手对所有名称进行审核，去除有语言障碍的名称。

（七）内部筛选

在公司内部，对剩下的名称进行投票，筛选出其中较好的10～20个名称。

（八）测试

把筛选出的名称呈现给目标人群进行测试，根据测试结果，选择出比较受欢迎的2～5个名称。

（九）确定名称

从最后的几个名称中决定出最终的命名。

品牌故事分享

力士（Lux）品牌名称的诞生过程

1899年，联合利华公司向市场推出香皂，命名为Monkey（“猴牌”）。香皂商标用“猴牌”，不仅与产品没有任何联系，还会让人有不洁的感觉；之后，联合利华改用Sunlight（“阳光牌”），仍落俗套。

第二年，利物浦区域专利代理人汤普生向公司提议采用Lux（力士）作为品牌名称。Lux作为香皂商标，令人耳目一新，立即得到董事会同意。商标更换之后，香皂销路大开，很快成为世界名牌。虽然香皂品质并无多大提高，但其名称革新作用巨大。

首先，Lux只有三个字母，简洁明晰，易读易记，在所有国家语言中发音一致，具有国际品牌特性；其次，这一名称来源古拉丁语Lux，但比英文Sunlight更富典雅、高贵的气质；最后，其拼写和读音令人联想到Luxury（豪华）和Lucks（幸运）。

Lux至今堪称品牌命名的经典之作。

资料来源：根据互联网公开信息改编。

四、品牌命名的策略

（一）目标市场策略

该策略以目标消费者为对象，根据目标市场的特征进行命名，如太太口服液、富康汽车。

（二）产品定位策略

该策略以产品特征为焦点，让品牌名称立足于产品本身的功能、效应、利益、使用场合、档次和其所属类型，其好处是使消费者从中领会到该产品的功效，如海飞丝、舒肤佳。

（三）描述性与独立性策略

该策略取用一些独立的、带有描述性的字或词来随意地拼凑品牌名称，以达到意想不到的效果，如Coca-Cola。

（四）本地化与全球化的选择策略

在执行上，品牌命名更多采用的是“全球思考、本土执行”和“全球兼顾当地”的做法。全球品牌命名策略首先应考虑如何使品牌名称适合当地，在全球推广时，可采用另起名或翻译原有名称的方法。如Coca-Cola从“科科啃蜡”改为“可口可乐”；Benz从“本茨”改为“奔驰”；“厦新”改为“夏新”。

当然，也可以从一开始就选择一个全球通用的名称，如宏碁（Acer）、索尼（SONY）。

品牌故事分享

索尼（SONY）的命名

索尼（SONY）最初有一个不太吸引人的名称——“东京通信工业”，创办者盛田昭夫与井深大认为，RCA与AT&T这样的名字简短有力，决定将公司名字改成由四五个英文字母拼成的名字。由于这个名字要用作公司名称与产品名称，因此一定要令人印象深刻。

经过长期的研究，盛田与井深觉得拉丁文SOUNDS（表示“声音”之意）还不错，与公司产品性质相符合。他们将它英语化，受到盛田先生最喜欢的歌《阳光男孩（Sunny Boy）》影响，改成Sonny，其中也有可爱之意。但是日文发音的Sonny意思是“赔钱”，为了要适合日本文化，两人决定把第二个“n”去掉，SONY的大名终于诞生。它念起来像英文又不是英文。

选用从字典里找不到的名字，后来被证实是先见之明。一来其他厂商绝对不会使用，二来在全世界都不会有商标重复的问题。

资料来源：根据互联网公开信息改编。

五、品牌命名的注意点

（一）传播力要强

在品牌的经营上，一个成功的品牌之所以区别于普通的品牌，其中一个很重要的原因就是：成功的品牌拥有家喻户晓、妇孺皆知的知名度，消费者在消费时能够第一时间回忆起品牌的名称。因此，对于品牌的命名来说，首要就要解决品牌名的传播力问题。也就是说，不管给产品取一个什么样的名字，最重要的还是要能最大限度地让品牌传播出去，能够使消费者，尤其是目标消费者记得住、想得起来。只有这样，品牌的命名才算得上是成功的；否则，就算给产品取一个再好听的名字，但传播力不强、不能在目标消费者的头脑中占据一席之地，消费者记不住、想不起来，也只能算是“白费心机”。

品牌的传播力强不强，取决于品牌名词语的组成和含义两个因素，两者相辅相成、缺一不可。在保健品领域，脑白金就是一个传播力非常强的品牌名。脑白金这三个字朗朗上口、通俗易记，而且这三个字在传播的同时，将产品的信息传递给了消费者，使人们在听到或者看到脑白金这个品牌名时，就自然而然联想到品牌的两个属性：产品作用的部位和产品的价值。正因为如此，这个传播力极强的品牌名促使脑白金在一个月里创造出 2 亿元的销售额。当然，脑白金的成功还有很多因素，但假如把脑白金命名为：××牌复方褪黑素，又或者叫脑×健、×××青春口服液等诸如此类的名字，那结果当然是不言而喻了。所以说，给品牌命名，传播力是一个核心要素。只有传播力强的品牌名才能为品牌的成功奠定坚实的基础。

（二）亲和力要浓

是不是只要品牌名有了较好的传播力，就能很好地传播出去呢？同样是国际知名香皂品牌，同样是传播力很强的品牌名，舒肤佳的品牌知名度和市场占有率与力士就有差异；同样是缓解更年期综合征，太太静心口服液却异军突起、后来者居上，赢得了更多的市场份额。这是为什么呢？

其实，除了品牌名的传播力因素之外，这里面还有一个品牌名亲和力的问题。品牌名的亲和力取决于品牌名用词的风格、特征、倾向等因素。力士这个品牌名虽然传播力强，但在亲和力上却远不如舒肤佳来得直接。力士给人的感觉生硬、男性化，但我们知道，一般情况下，在家庭中采购香皂的大多数是家庭主妇，因此力士这一名称和目标消费者的喜好显然是格格不入的。而舒肤佳首先给人的感觉是倾向于中性化，它不但更广泛贴合了目标消费者的偏好，而且通过强调“舒”和“佳”两大焦点，给人以使用后会全身舒爽的联想，因此其亲和力更强。所以，在给品牌命名时，不但要注意品牌名的传播力因素，而且要注意把握品牌名的亲和力因素，只有这样才能使品牌的传播达到最佳效果。

（三）保护要好

在谈品牌名的保护之前，先让我们来看一个例子。这是 2001 年发生在广州的一桩鲜为人知的营销事件：2001 年年初，吉林九鑫集团代理了济南东风制药厂的扬帆牌新肤螨灵霜之后，决定进军广州市场，并投入了几百万元的资金进行市场运作。由于扬帆牌新肤螨灵霜是国内第一个提出“杀螨益肤”概念的产品，加之其广告宣传到位，因此进入市场之后，很快在广州走俏，甚至一度出现断货现象。

然而，好景不长，在看到扬帆牌新肤螨灵霜热销的市场现象之后，广州的部分化妆品厂打起了歪主意。他们相继向市场推出了与扬帆牌新肤螨灵霜外包装相似，价格却便宜得多的妆字号新肤螨灵霜，进行终端拦截。在针对消费者的低价和针对药店的高扣率的双重作用下，消费者和终端药店纷纷弃扬帆牌新肤螨灵霜而走。一时间，扬帆牌新肤螨灵霜受到了巨大冲击，销量一路下滑。由于长时间滞销，一些终端药店纷纷要求退货。因为济南东风制药厂在给产品命名时采用的是“注册商标＋通用名”的方式，所以从法律意义上来讲，受保护的只有注册商标“扬帆牌”，而通用名“新肤螨灵霜”不受保护。因此，眼看着张三牌新肤螨灵霜、李四牌新肤螨灵霜在市场上肆虐，吉林九鑫集团和济南东风制药厂也只能哑巴吃黄连——有苦说不出了。最后，扬帆牌新肤螨灵霜只好落得个收缩市场的苦果。

从这个例子，我们可以看出，企业在为产品命名时由于缺乏对品牌名的保护意识，酿成了严重的后果。一直以来，我们的市场中不乏处心积虑的市场追随者，“螳螂捕蝉，黄雀在后”就是追随者的竞争策略。他们有着敏锐的商业嗅觉，时时都在打探着钻营的机会，而如果企业不注意保护自己的品牌名，就给他们提供了这样的机会。因此，在给品牌命名时，企业有必要考虑品牌名的保护，最好采用注册商品名来给产品命名。脑白金、泰诺、曲美这些成功的品牌，都是以注册商品名来给产品命名的。消炎药利君沙不但用注册商品名给产品命名，而且为了防止相似品牌的出现，还进行了与注册商品名的近似注册，以全面保护品牌不受侵犯。所以，给品牌命名不能只讲传播力、亲和力，能否不被仿效、侵犯也是品牌命名的重中之重。

训练营

【训练任务】

品牌名称设计训练。

【训练目标】

帮助学生进行品牌名称设计。

【任务要求】

1. 由授课老师主持训练。
2. 如全班48人，自由分组，形成6组。
3. 小组成员讨论品牌命名的原则、品牌常用命名方法、品牌命名的步骤、品牌命名的策略、品牌命名的注意点。
4. 每一组组建一家模拟公司，创建模拟品牌，根据品牌常用命名方法为模拟品牌命名。
5. 每组安排一名同学负责记录、汇总。
6. 活动结束后，要求每组选出一名代表在课堂上汇报讨论的心得。
7. 准备时间为10分钟。

【任务组织】

任务组织如表2-3所示。

表2-3　　品牌名称设计训练任务组织表

活动项目	具体实施	时间	备注
品牌名称设计训练	1. 如全班48人，自由分组，形成6组。 2. 小组成员讨论品牌命名的原则、品牌常用命名方法、品牌命名的步骤、品牌命名的策略、品牌命名的注意点。 3. 每一组组建一家模拟公司，创建模拟品牌，根据品牌常用命名方法为模拟品牌命名。 4. 组织学生讨论品牌名称设计训练过程中遇到的问题。	30分钟	教室中每组一桌八椅

【任务评价】

任务评价如表 2－4 所示。

表 2－4　品牌名称设计训练任务评价表

评价指标	评价标准	分值	评估成绩	权重
品牌名称设计训练效果	1. 理解品牌命名的原则、品牌常用命名方法、品牌命名的步骤、品牌命名的策略、品牌命名的注意点。	20		70%
	2. 能识别品牌名称设计训练易犯错误。	20		
	3. 能灵活运用品牌名称设计训练的应对策略。	20		
	4. 遵守活动时间。	10		
	5. 讨论积极。	10		
	6. 效果明显。	10		
	7. 汇报得当。	10		
教学过程	出勤、态度和热情	100		30%
小组综合得分				

超链接

奥迪（Audi）名字的由来

奥迪的创始人奥古斯特·霍希（Auguse Horch），31 岁时离开奔驰汽车公司，建立了自己的公司——奥古斯特·霍希汽车公司。那一年是 1899 年。

很快，霍希就用产品和发明展现出他的天才，霍希作为汽车品牌也逐渐有了知名度。霍希本人还曾在若干项汽车比赛中亲自上阵，获得荣誉。但 1906 年 6 月，一次发动机试验的失败，导致了霍希和霍希汽车公司其他投资者的激烈争吵，生性桀骜的霍希一怒之下离开了以他的名字命名的公司。

不到一个月，又一家霍希汽车公司在原来的霍希汽车公司马路对面开张了。这当然是霍希本人另起的炉灶。两家同名公司很快对簿公堂，互相告对方侵权。尽管那时没有“无形资产”这个名词，但双方都明白，霍希作为品牌是值钱的。大半年官司打下来，霍希本人败诉。

当霍希得知自己的公司必须改名时，懊恼至极，急忙找他的铁杆追随者们商量。但讨论了很久，霍希仍没有找到公司能用的名字。这时，一直在角落里写拉丁文作业的霍希的儿子突然喊出来：“爸爸，奥迪！为什么不叫‘霍希·奥迪’呢？”在座诸人茅塞顿开。原来，霍希（Horch）德文本身的意思是“听”，而拉丁文的“听”则念作“奥迪（Audi）”，实际意思是一样的，但奥迪更干脆、更响亮。

鼎鼎大名的奥迪就这样从孩子的嘴里喊出来了。从此，霍希汽车公司和奥迪汽车公司走上了各自的路，但在 1932 年，两家公司最终还是走到了一起。

资料来源：根据互联网公开信息改编。

任务二 品牌标志设计

永久自行车的标志设计

对60后而言，永久自行车可以说是家喻户晓。“永久”牌诞生于1949年年底。1957年，著名画家、工艺美术大师张雪父设计了家喻户晓的“永久”牌标志，构思精准巧妙，将“永久”两个汉字变化组合成自行车的形态，形神具备，直观明了，对“永久”牌的传播推广起了很大的作用，堪称标志设计的经典，如图2-2所示。

随着时代的变迁，自行车日渐势弱，永久自行车于2010年推出全新品牌“永久C”，“C”的含义包括China、Classic、City、Colorful、Cycle和Culture，目标消费群体定位为自由、独立、环保、热爱生活、百无禁忌的“轻客”，如图2-3所示。

图2-2 永久自行车标志设计

图2-3 永久自行车新标志

资料来源：根据互联网公开信息改编。

一、品牌标志的内涵及作用

（一）品牌标志的内涵

品牌标志是指品牌中可以被识别、但不能用语言表达的部分，即运用特定的造型、图案、文字、色彩等视觉语言来表达或象征某一产品的形象。品牌标志分为标志物、标志色、标志字和标志性包装，它们同品牌名称等都是构成完整品牌概念的基本要素。

品牌故事分享

宝马（BMW）标志解读

宝马来自德国，宝马标志中间的蓝白相间图案，代表蓝天、白云和旋转不停的螺旋桨，喻示宝马公司渊源悠久的历史，象征该公司过去在航空发动机技术方面的领先地位，又象征公司一贯的宗旨和目标：在广阔的时空中，以精湛的技术、先进的观念，满足消费者的最大愿望。同时，这一标志也反映了公司蓬勃向上的气势和日新月异的新面貌。如图 2－4 所示。

图 2－4　宝马标志

资料来源：根据互联网公开信息改编。

（二）品牌标志的作用

品牌标志的作用主要表现在以下三个方面。

1. 引发联想

引发消费者的品牌联想，尤其是让消费者产生有关产品属性的联想。例如：兰博基尼的公牛会让人联想到运动车大马力、高速度的特性；康师傅方便面的胖厨师使人联想到厨房里的煎炒烹炸，增进食欲。

2. 引起兴趣

引起消费者的兴趣，使消费者产生喜爱的感觉。例如：Hello Kitty 歪带蝴蝶结的无嘴猫、骆驼牌香烟的骆驼、卡帕（Kappa）背靠背的男孩女孩等，这些标志形象可爱、线条简单、易读易记、容易引起消费者的兴趣，并对其产生好感。消费者都倾向于将自己喜爱或者厌恶的感情从一种事物上传递到与之相联系的另一种事物上，所以，如果品牌的标志设计使消费者产生好感，在某种意义上可以转化为积极的品牌联想，有利于企业开展品牌文化营销活动。

3. 识别品牌

帮助公众识别品牌。在历史上，标志往往比名称更能发挥识别作用。据考古发现，早在公元前，在古罗马的庞贝古城，如果外墙上画着一只壶把，就表示是茶馆；画牛的地方则表示牛奶店或牛奶厂等。当然，这些标志还是比较具象的，现代的品牌标志更为简约和抽象。

二、品牌标志的设计原则

如果我们将世界众多知名品牌的标志放在一起，便能找到一些共同的特点，这些特点正是它们成功的因素。

（一）简洁明了

物质丰富的社会，品牌多如牛毛，人们不会特意去记忆某一个品牌，只有那些简单的标志才会留在人们的脑海中。

苹果（Apple）电脑是全球五十大驰名商标之一，其“被咬了一口的苹果”标志非常简单，却让人过目不忘。创业者当时以苹果为标志，是为纪念自己在大学读书时，一边研究电脑技术，一边在苹果园打工的生活，但这个偶然得来的标志非常有趣，让人一见钟情。苹果电脑作为最早进入个人电脑市场的品牌之一，一经面市便大获成功，这与其简洁明了、过目不忘的标志设计密不可分。

耐克（NIKE）品牌的红色一勾，可以说是最简单的标志了，但它无处不在，给人以丰富的联想。小时候，我们做完作业，等着的就是老师那红色的一勾，它代表着正确、表扬和父母的笑脸；长大了，这一勾仍然如影相随，开会签到、中奖了领奖，甚至在我们小小的记事本上，都要在已经来过的人或已经完成的事前打上一个勾，它代表着顺利、圆满。当年设计出这个标志的一名大学生只得到了 35 美元的报酬，但今天，这一勾已经价值上百亿美元。

（二）表达准确

品牌的标志归根到底是为品牌服务，标志要让人们感知到这个品牌是干什么的，它有哪些特征。例如：食品行业的特征是干净、亲切、美味等，房地产的特征是温馨、人文、环保等，药品行业的特征是健康、安全等，品牌标志要很好地体现这些特征，才能给人以正确的联想。

“M”只是个非常普通的字母，但是在许多小孩子的眼里，它不只是一个字母，它代表着麦当劳（McDonald’s），代表着美味、干净、舒适。同样是以“M”为标志，与麦当劳圆润的棱角、柔和的色调不一样，摩托罗拉（Motorola）的“M”标志棱角分明、双峰突出，充分表达出品牌的高科技属性。

品牌故事分享

中国农业银行标志设计

中国农业银行标志为圆形，由中国古钱和麦穗构成。古钱寓意货币、银行；麦穗寓意农业，它们构成中国农业银行的名称要素。整个图案成外圆内方，象征中国农业银行作为国有商业银行经营的规范化。麦穗中部构成一个“田”字，阴纹又明显地形成“¥”形，直截了当地表达出中国农业银行的特征。麦穗芒刺指向上方，使外圆开口，给人以突破感，象征中国农业银行事业不断开拓前进。行徽标准色为绿色。绿色的心理特性是：自然、新鲜、平静、安逸、有保障、有安全感、信任、可靠、公平、理智、理想、纯朴，让人联想到自然、生命、生长。绿色是生命的本原色，象征生机、发展、永恒、稳健，表示中国农业银行诚信高效，寓意中国农业银行事业蓬勃发展。如图 2－5 所示。

图 2－5 中国农业银行标志

资料来源：根据互联网公开信息改编。

（三）具有美感

标志造型要优美流畅、富有感染力，保持视觉平衡，兼具静态和动态之美。

百事可乐（Pepsi-Cola）的圆球标志，是成功的设计典范。圆球上半部分是红色，下半部分是蓝色，中间是一根白色的飘带，视觉效果极为舒服顺畅，白色的飘带好像一直在流动，使人产生一种欲飞欲飘的感觉，这与喝了百事可乐后舒畅、飞扬的感官享受相一致。如图 2－6 所示。

图 2－6 百事可乐标志

（四）兼具时代性与持久性

标志的设计要兼具时代性与持久性，如果不能顺应时代，就难以产生共鸣；如果不能持久，经常变脸，就会给人混乱的感觉，也浪费了传播费用。

杀虫剂品牌——枪手，其最初的品牌标志是“青蛙+手枪”。青蛙是专吃害虫的，用作杀虫剂产品的标志非常贴切。但考虑到枪手品牌要向非杀虫剂产品延伸，品牌标志就会造成一些束缚，所以其新的标志使用了一个枪手的人物形象，很好地解决了这一问题，而这一新的标志也成了品牌的象征符号。

（五）讲究策略

标志的字体首先要体现产品特征，例如：食品品牌字体多以明快流畅的字体表现食品带给人的美味与快乐；化妆品品牌字体多纤细秀丽，以体现女性的秀美；高科技品牌字体多锐利、庄重，以体现其技术与实力；男性用品字体多粗犷、雄厚，以表达男性特征。

其次，字体要容易辨认，不能让消费者猜测，否则不利于传播。

再次，字体要体现个性，与同类品牌形成区别。

另外，在标志的色彩运用上，不同的色彩会有不同的含义，给人不同的联想，适用于不同的产品。当然，作为个体的人，对于色彩的感觉有时会差异很大。例如：由于人们的生活经历不同，红色既可以让人联想到庄重和喜庆，也可以让人联想到暴力和恐怖；白色既可以让人联想到洁净、神圣，也可以让人联想到生病、死亡等。相同的颜色也会因为地区、文化、风俗习惯的差异而让人产生不同的联想。因此，品牌进入不同的国家和地区，有时需要对色彩因地制宜，进行调整。

三、品牌标志设计的注意事项

按照上面所学知识，我们就可以设计品牌标志了。但是在设计过程中，也有一些值得注意的地方。

（一）防止雷同

品牌标志主要的功能之一，就是区别于其他产品或服务品牌。如果标志设计同其他企业出现雷同，将会大大减弱品牌标志的识别功能。所以品牌标志设计既要与企业的形象、产品的特征联系起来，又要体现构思新颖、别出心裁的风格。

（二）修正大小

有些标志图案可以完美地用在名片或图章上，但放大运用在广告牌上时容易失真；有的则正好相反，大的标志压缩变形后，原来的设计精神和形象变得荡然无存。因而在标志设计中，要注意这种放大或缩小引起的变形。

（三）改正错觉

在设计时，要对可能引起公众和消费者视觉偏差或心理错觉的地方做修正。例如：设计的是垂直线，由于其他部分斜角的影响，使它看起来歪了，要纠正这种错觉，就得把线条略向相反一方微斜，使之平衡。标志设计还应注意实际使用问题，例如：品牌可能在很小的空间使用，要求标志实际尺寸很小，应能用通用的工艺制作。

（四）规避禁忌

跨国公司在设计品牌标志时，必须考虑各国对色彩的偏好和禁忌。品牌标志的设计受到营销原则、创意原则、设计原则等各方面的规范，以前随便画一个飞禽走兽、花草树木的图案已远不能满足品牌发展的需要了。激烈的品牌竞争对品牌标志的设计提出了更高的要求，把设计的程序推上了更专业化的道路。普通的企业内部很少具备专业的设计能力，所以最好还是请优秀的设计公司，把标志的设计与企业的理念、产品的特征等多方面综合起来进行构思策划。

【训练任务】

品牌标志设计训练。

【训练目标】

帮助学生在实践中对品牌标志进行设计。

【任务要求】

1. 由授课老师主持训练。
2. 如全班48人，自由分组，形成6组。
3. 小组成员讨论品牌标志的内涵及作用、品牌标志的设计原则、品牌标志设计的注意事项。
4. 小组成员根据所学知识对创建的模拟品牌进行标志设计。
5. 每组安排一名同学负责记录、汇总。
6. 活动结束后，要求每组选出一名代表在课堂上汇报讨论的心得。
7. 准备时间为10分钟。

【任务组织】

任务组织如表2-5所示。

表2-5 品牌标志设计训练任务组织表

活动项目	具体实施	时间	备注
品牌标志设计训练	1. 如全班48人，自由分组，形成6组。 2. 小组成员讨论品牌标志的内涵及作用、品牌标志的设计原则、品牌标志设计的注意事项。 3. 小组成员根据所学知识对创建的模拟品牌进行标志设计。 4. 组织学生讨论品牌标志设计训练过程中遇到的问题。	30分钟	教室中每组一桌八椅

【任务评价】

任务评价如表 2－6 所示。

表 2－6　　品牌标志设计训练任务评价表

评价指标	评价标准	分值	评估成绩	权重
品牌标志设计训练效果	1. 理解品牌标志的内涵及作用、品牌标志的设计原则、品牌标志设计的注意事项。	20		70%
	2. 能识别品牌标志设计训练易犯错误。	20		
	3. 能灵活运用品牌标志设计训练的应对策略。	20		
	4. 遵守活动时间。	10		
	5. 设计简洁、美观。	10		
	6. 设计符合品牌气质。	10		
	7. 设计兼具时代性与持久性。	10		
教学过程	出勤、态度和热情	100		30%
小组综合得分				

超链接

IBM 标志设计

保罗・兰德（Paul Rand）于 1956 年设计出了 IBM 蓝色标志，采用的是一种通常很少采用的、20 世纪 30 年代的打印机字体，这种几何图案式的、一板一眼的、带衬线的粗重字形，稳健而又平静地传达着 IBM 希望展现的值得消费者信任和不可动摇的力量。1972 年，保罗・兰德对标志进行了最后一次大的更新，也就是我们今天看到的条纹型标志，三个大写字母，每个都由 8 根平行的蓝条拼成，用来表示“速度和活力”。IBM 标志的演变年代以及标志变化，如图 2－7 所示。

1888年

1891年

1911年

1924年

1946年

1956年

1972年

图 2－7　IBM 标志演变

资料来源：根据互联网公开信息改编。

项目小结

品牌名称是品牌构成中可以用文字表达并能用语言进行传播与交流的部分。品牌命名原则包括：在市场营销层面兼顾各国文化、考虑发展管线、暗示产品利益、促销和说服；在法律层面可以受到保护；在语言层面好说、易传播，好写、不生僻，易记忆，体现产品属性，语义启发积极联想。品牌常用命名方法有：按品牌名称的文字类型划分为文字品牌名和数字品牌名；按品牌名称的字意来源划分为企业名称品牌名、人物名称品牌名、地方名称品牌名、动物名称品牌名及植物名称品牌名。品牌命名的步骤包括：前期调查、命名策略、头脑风暴会议、名称发散、法律审查、语言审查、内部筛选、测试和确定名称。品牌命名的策略有：目标市场策略、产品定位策略、描述性与独立性策略、本地化与全球化的选择策略。品牌命名的注意点有：传播力要强、亲和力要浓、保护要好。

品牌标志是指品牌中可以被识别、但不能用语言表达的部分，即运用特定的造型、图案、文字、色彩等视觉语言来表达或象征某一产品的形象。品牌标志分为标志物、标志色、标志字和标志性包装，它们同品牌名称等都是构成完整品牌概念的基本要素。品牌标志要能引发消费者的品牌联想，引起消费者的兴趣，帮助公众识别品牌。品牌标志的设计原则包括：简洁明了、表达准确、具有美感、兼具时代性与持久性以及讲究策略。品牌标志设计的注意事项有：防止雷同、修正大小、改正错觉、规避禁忌。

相关概念

品牌名称	合法	企业名称	人物名称
地方名称	动物名称	植物名称	目标市场策略
产品定位策略	描述性与独立性策略	本地化与全球化的选择策略	
品牌的传播力	品牌名亲和力	品牌标志	

课后习题

一、单项选择题

1. 品牌名称提供了品牌联想，最大限度地激发了消费者的“(　　)联想力”，这是成功品牌的基本特征之一。

A. 直接　　B. 间接　　C. 上接　　D. 下接

2. 蝙蝠在我国，因“蝠”与“福”同音，被认为有美好的联想，因此在我国有“蝙蝠”电扇，而在英语里，“蝙蝠（bat)”却是“吸血鬼”的意思。这是(　　)对品牌命名的影响。

A. 兼顾各国文化　　B. 考虑发展管线

C. 暗示产品利益　　D. 促销和说服

3. (　　)是指品牌在命名时就要考虑，即使品牌发展到一定阶段时也要能够适应，对于一个多元化的品牌，如果品牌名称和某类产品联系太紧，就不利于品牌今后扩展到其他产品类型。

A. 兼顾各国文化　　B. 考虑发展管线

C. 暗示产品利益　　D. 促销和说服

4. 汰渍洗衣粉、健力宝、奔驰、金嗓子喉宝等品牌命名，遵循了(　　)的原则。

A. 兼顾各国文化　　B. 考虑发展管线

C. 暗示产品利益　　D. 促销和说服

5. 蒙牛“随便”雪糕的命名，遵循了(　　)的原则。

A. 兼顾各国文化　　B. 考虑发展管线

C. 暗示产品利益　　D. 促销和说服

6. (　　)是指品牌名发音铿锵有力，干脆，有韵律，朗朗上口，不含糊。

A. 好说、易传播　　B. 好写、不生僻

C. 易记忆　　D. 体现产品属性

7. (　　)是说品牌名笔画简单、不生僻，例如：可口可乐(Coca-Cola)。

A. 好说、易传播　　B. 好写、不生僻

C. 易记忆　　D. 体现产品属性

8. (　　)是说为品牌取名，也要遵循简洁的原则，要含义清晰、容易记忆和传播。今天，我们耳熟能详的一些品牌，莫不如此，青岛、999、燕京、白沙、小天鹅、方太、圣象、吉普、吉利、美的、肯德基、QQ等，都非常简单好记。

A. 好说、易传播　　B. 好写、不生僻

C. 易记忆　　D. 体现产品属性

9. (　　)是指有一些品牌，人们可以从它的名字一眼就看出它是什么类型的产品，例如脑白金、五粮液、雪碧、高露洁、创可贴等。

A. 好说、易传播　　B. 好写、不生僻

C. 易记忆　　D. 体现产品属性

10. 春兰空调、孔府家酒、杏花村、美加净符合(　　)的命名原则。

A. 好说、易传播　　B. 好写、不生僻

C. 易记忆　　D. 语义启发积极联想

11. Maxim(美心)、Youngor(雅戈尔)、KELON(科龙)属于(　　)。

A. 文字品牌名　　B. 数字品牌名

C. 企业名称品牌名　　D. 人物名称品牌名

12. 999胃泰、555香烟属于(　　)。

A. 文字品牌名　　B. 数字品牌名

C. 企业名称品牌名　　D. 人物名称品牌名

13. 摩托罗拉、索尼、东芝属于(　　)。

A. 文字品牌名　　B. 数字品牌名

C. 企业名称品牌名　　D. 人物名称品牌名

14. 东坡肉、张小泉属于(　　)。

A. 文字品牌名　　B. 数字品牌名

C. 企业名称品牌名　　D. 人物名称品牌名

15. 青岛啤酒、西湖醋鱼、洋河股份属于（　　）。

A. 文字品牌名　　B. 地方名称品牌名

C. 动物名称品牌名　　D. 植物名称品牌名

16. 凤凰、小天鹅、鳄鱼、金丝猴、七匹狼、雕牌属于（　　）。

A. 文字品牌名　　B. 地方名称品牌名

C. 动物名称品牌名　　D. 植物名称品牌名

17. 苹果（Apple）、草珊瑚、牡丹、田七、红豆属于（　　）。

A. 文字品牌名　　B. 地方名称品牌名

C. 动物名称品牌名　　D. 植物名称品牌名

18. (　　)是说在命名之前，应该先对目前的市场情况、未来国内市场及国际市场的发展趋势、企业的战略思路、产品的成分与功效以及人们使用后的感觉、竞争者的命名等情况进行摸底。

A. 前期调查　　B. 命名策略　　C. 头脑风暴会议　　D. 名称发散

19. 前期调查工作结束后，便要针对品牌的具体情况，选择适合自己的(　　)。

A. 前期调查　　B. 命名策略　　C. 头脑风暴会议　　D. 名称发散

20. 在确定策略后，可以召开(　　)，碰撞火花。

A. 前期调查　　B. 命名策略　　C. 头脑风暴会议　　D. 名称发散

21. 由一个字联想到 100 个词语，由一个词语发展出无数个新的词语，是(　　)。

A. 前期调查　　B. 命名策略　　C. 头脑风暴会议　　D. 名称发散

22. (　　)指由法律顾问对所有名称从法律的角度进行审查，去掉不合法的名称，对无法确定而又非常好的名称，应先予以保留。

A. 法律审查　　B. 语言审查　　C. 内部筛选　　D. 测试

23. (　　)是由文字高手对所有名称进行审核，去除有语言障碍的名称。

A. 法律审查　　B. 语言审查　　C. 内部筛选　　D. 测试

24. (　　)是在公司内部，对剩下的名称进行投票，筛选出其中较好的 10～20 个名称。

A. 法律审查　　B. 语言审查　　C. 内部筛选　　D. 测试

25. （　　）是把筛选出的名称呈现给目标人群进行测试，根据测试结果，选择出比较受欢迎的 2～5 个名称。

A. 法律审查　　B. 语言审查　　C. 内部筛选　　D. 测试

26.（　　）以目标消费者为对象，根据目标市场的特征进行命名。

A. 目标市场策略　　B. 产品定位策略

C. 描述性与独立性策略　　D. 本地化与全球化的选择策略

27.（　　）以产品特征为焦点，让品牌名称立足于产品本身的功能、效应、利益、使用场合、档次和其所属类型，其好处是使消费者从中领会到该产品的功效。

A. 目标市场策略　　B. 产品定位策略

C. 描述性与独立性策略　　D. 本地化与全球化的选择策略

28.（　　）取用一些独立的带有描述性的字或词来随意地拼凑品牌名称，以达到意想不到的效果。

A. 目标市场策略　　B. 产品定位策略

C. 描述性与独立性策略　　D. 本地化与全球化的选择策略

29.（　　）在执行上，更多采用的是“全球思考、本土执行”和“全球兼顾当地”的做法。

A. 目标市场策略　　B. 产品定位策略

C. 描述性与独立性策略　　D. 本地化与全球化的选择策略

30.（　　）是指在品牌的经营上，一个成功的品牌之所以区别于普通的品牌，其中一个很重要的原因就是：成功的品牌拥有家喻户晓、妇孺皆知的知名度，消费者在消费时能够第一时间回忆起品牌的名称。

A. 传播力要强　　B. 亲和力要浓

C. 保护要好　　D. 体力要强

31.（　　）是指在给品牌命名时，不但要注意品牌名的传播力因素，而且同时要注意把握品牌名的亲和力因素，只有这样才能使品牌的传播达到最佳效果。

A. 传播力要强　　B. 亲和力要浓

C. 保护要好　　D. 体力要强

32.（　　）是指在给品牌命名时，企业有必要考虑品牌名的保护性，最好采用注册商品名来给产品命名。

A. 传播力要强　　B. 亲和力要浓

C. 保护要好　　D. 体力要强

33. 品牌（　　）是指品牌中可以被识别、但不能用语言表达的部分，即运用特定的造型、图案、文字、色彩等视觉语言来表达或象征某一产品的形象。

A. 标志　　B. 标识　　C. 认知　　D. 形象

34.（　　）标志中间的蓝白相间图案，代表蓝天、白云和旋转不停的螺旋桨。

A. 宝马　　B. 奔驰　　C. 玛莎拉蒂　　D. 大众

35. 兰博基尼的公牛会让我们联想到运动车大马力、高速度的特性；康师傅方便面的胖厨师使人联想到厨房里的煎炒烹炸，增进食欲。这是指品牌标志可以（　　）。

A. 引发消费者的品牌联想　　B. 引起消费者的兴趣

C. 帮助公众识别品牌　　D. 提升品牌形象

36. Hello Kitty 歪带蝴蝶结的无嘴猫、骆驼牌香烟的骆驼、卡帕（Kappa）背靠背的男孩女孩等，这些标志形象可爱、线条简单、易读易记、容易(　　)，并对其产生好感。

A. 引发消费者的品牌联想　　B. 引起消费者的兴趣

C. 帮助公众识别品牌　　D. 提升品牌形象

37. 在古罗马的庞贝古城，如果外墙上画着一只壶把，就表示是茶馆；画牛的地方表示牛奶店或牛奶厂，是指品牌标志能够(　　)。

A. 引发消费者的品牌联想　　B. 引起消费者的兴趣

C. 帮助公众识别品牌　　D. 提升品牌形象

38. 苹果（Apple）电脑是全球五十大驰名商标之一，其“被咬了一口的苹果”标志非常简单，却让人过目不忘。这体现了品牌标志的(　　)设计原则。

A. 简洁明了　　B. 表达准确　　C. 具有美感　　D. 讲究策略

39. “M”只是个非常普通的字母，但是在许多小孩子的眼里，它不只是一个字母，它代表着麦当劳，代表着美味、干净、舒适。这体现了品牌标志的(　　)设计原则。

A. 简洁明了　　B. 表达准确　　C. 具有美感　　D. 讲究策略

40. 百事可乐的圆球标志，是成功的设计典范。圆球上半部分是红色，下半部分是蓝色，中间是一根白色的飘带，视觉效果极为舒服顺畅，白色的飘带好像一直在流动着，使人产生一种欲飞欲飘的感觉，这与喝了百事可乐后舒畅、飞扬的感官享受相一致。这体现了品牌标志的(　　)设计原则。

A. 简洁明了　　B. 表达准确　　C. 具有美感　　D. 讲究策略

41. 食品品牌字体多以明快流畅的字体表现食品带给人的美味与快乐；化妆品品牌字体多纤细秀丽，以体现女性的秀美；高科技品牌字体多锐利、庄重，以体现其技术与实力；男性用品字体多粗犷、雄厚，以表达男性特征。这体现了品牌标志的(　　)设计原则。

A. 简洁明了　　B. 表达准确　　C. 具有美感　　D. 讲究策略

42. 杀虫剂品牌——枪手，其最初的品牌标志是“青蛙＋手枪”，青蛙是专吃害虫的，用作杀虫剂产品的标志非常贴切。但考虑枪手品牌要向非杀虫剂产品延伸，品牌标志就会造成一些束缚，所以其新的标志使用了一个枪手人物的形象，很好地解决了这一问题，并有可能使这一新的标志成为品牌的象征符号。这体现了品牌标志的(　　)设计原则。

A. 简洁明了　　B. 表达准确

C. 具有美感　　D. 兼具时代性与持久性

43. 品牌标志主要的功能之一，就是区别于其他产品或服务品牌。如果在设计标志时同其他企业出现雷同，那将会大大减弱品牌标志的识别功能。这体现了(　　)的设计注意事项。

A. 防止雷同　　B. 修正大小　　C. 改正错觉　　D. 规避禁忌

44. 有些标志图案可以完美地用在名片或图章上，但是放大运用在广告牌上时容易失真，因此要(　　)。

A. 防止雷同　　B. 修正大小　　C. 改正错觉　　D. 规避禁忌

45. 设计的是垂直线，由于其他部分斜角的影响，使它看起来歪了，要纠正这种错觉，就得把线条略向相反一方微斜，使之平衡。我们称之为(　　)。

A. 防止雷同　　B. 修正大小　　C. 改正错觉　　D. 规避禁忌

46. 跨国公司在设计品牌标志时必须考虑各国对色彩的偏好和禁忌。品牌标志的设计受到营销原则、创意原则、设计原则等各方面的规范，此时需考虑(　　)。

A. 防止雷同　　B. 修正大小　　C. 改正错觉　　D. 规避禁忌

47. “被咬了一口的苹果”是(　　)公司的标志。

A. 苹果　　B. 三星　　C. 华为　　D. 联想

48. “M”标志棱角分明、双峰突出，以充分表达品牌的高科技属性。这是指(　　)。

A. 麦当劳　　B. 摩托罗拉　　C. 诺基亚　　D. 华为

49. (　　)标志图为圆形，由中国古钱和麦穗构成。

A. 中国农业银行　　B. 中国建设银行

C. 中国工商银行　　D. 中国交通银行

50. (　　)品牌字体多以明快流畅的字体表现其带给人的美味与快乐。

A. 食品　　B. 化妆品　　C. 高科技　　D. 男性用品

51. (　　)品牌字体多纤细秀丽，以体现女性的秀美。

A. 食品　　B. 化妆品　　C. 高科技　　D. 男性用品

52. (　　) 品牌字体多锐利、庄重，以体现其技术与实力。

A. 食品　　B. 化妆品　　C. 高科技　　D. 男性用品

53. (　　) 品牌字体多粗犷、雄厚，以表达男性特征。

A. 食品　　B. 化妆品　　C. 高科技　　D. 男性用品

二、思考题

1. 企业要确定一个有利于消费者认知、能传达品牌发展方向和价值意义的名称，需从市场营销层面遵循哪几个原则?

2. 从语言层面来说，品牌命名需要遵循哪几个原则?

3. 品牌常用命名方法有哪些?

4. 品牌命名的步骤有哪些?

5. 品牌命名的策略有哪些?

6. 品牌标志的作用有哪些?

7. 品牌标志的设计原则有哪些?

8. 品牌标志设计的注意事项有哪些?

三、案例分析题

中华人民共和国商务部标志设计

作为国家的主要职能部门，商务部负责拟订国内外贸易和国际经济合作的发展战略、方针、政策，其标志在国际贸易中代表着中国的形象，具有极其重要的作用。因此，此标志设计应凸显中外经贸交流合作、国内市场建设和流通的主旋律，紧扣商务部职能和业务范围，体现国内外经济、贸易合作有机统一和谐发展的潮流；在视觉上应当美观大方，简洁明快。如图 2-8 和图 2-9 所示。

图 2-8　中华人民共和国商务部标志图

图 2-9　中华人民共和国商务部旗帜

资料来源：根据互联网公开信息改编。

要求：总结中华人民共和国商务部标志的设计理念。

项目二　品牌元素设计

课后习题参考答案

项目三 品牌形象塑造

知识目标

1. 掌握品牌定位的内涵、原则和策略。
2. 熟悉品牌文化的内涵、作用。
3. 熟悉品牌文化的塑造。
4. 熟悉品牌个性的概念。
5. 熟悉品牌个性的维度。
6. 熟悉品牌个性的要素。

能力目标

1. 能够运用所学知识对品牌进行定位。
2. 能够运用所学知识进行品牌文化塑造。
3. 能够运用所学知识进行品牌个性塑造。

任务一 品牌定位

案例导入

首席定位

首席定位是追求成为行业或某领域“第一”的市场定位。“第一”的位置是令人羡慕的，因为它说明这个品牌领导着整个市场。品牌一旦占据领导地位，被冠上“第一”的头衔，便会产生聚焦作用、光环作用、磁场作用和“核裂变”作用，具备追随型品牌所没有的竞争优势。施乐是复印机品牌的第一，IBM的总体实力比施乐公司要雄厚得多，但IBM公司生产的复印机总是无法与施乐竞争；柯达进军立即显像市场，与拍立得竞争，结果也只是占领了很小的市场份额。首席定位的依据是人们往往只注意"第一"、对"第一"的印象最为深刻的心理规律。

然而，并不是所有企业都有实力运用首席定位策略，只有那些规模巨大、实力雄厚的企业才有能力运作。对大多数企业而言，可以开发品牌在细分领域的竞争优势，并取得首席定位。例如：迪阿牌（Dial）香皂是除臭香皂的第一，福耀玻璃是汽车玻璃的第一等。

资料来源：根据互联网公开信息改编。

一、品牌定位的内涵

品牌定位是企业在市场定位和产品定位的基础上，对特定的品牌在文化取向及个性差异上的商业性决策，它是建立一个与目标市场有关的品牌形象的过程和结果。换言之，即指为某个特定品牌确定一个适当的市场位置，使商品在消费者的心中占领一个特殊的位置，当某种需要突然产生时，如在炎热的夏天突然口渴时，人们会立刻想到可口可乐（Coca-Cola）的清凉爽口（如图3-1所示）。品牌定位的理论来源于"定位之父"、全球顶级营销大师杰克·特劳特（Jack Trout）首创的战略定位的概念。

图3-1 "可口可乐"红白相间的标志

品牌定位是市场定位的核心和集中表现。企业一旦选定了目标市场，就要设计并塑造相应的产品、品牌及企业形象，以争取目标消费者的认同。由于市场定位的最终目标是实现产品销售，而品牌既是企业传播产品相关信息的基础，也是消费者选购产品的主要依据，因此，品牌成为产品与消费者连接的桥梁，品牌定位也就成为市场定位的核心和集中表现。

二、品牌定位的原则

（一）不轻易改变品牌定位

对于一个企业来讲，品牌定位是最核心的，千万不能受外界环境的影响而轻易做出改变。

很多企业在非常时期做出了关于定位的致命调整。任何时候，品牌所树立的形象是消费者愿意购买和信任某个品牌产品的重要前提。定位改变了，就意味着消费者的消费认知和信任将会产生不利于品牌形象的改变。

（二）不轻易触碰价格战

企业应对竞争最典型的行为就是频繁降价。但很多时候，价格降低的是很多人对品牌的期待，让消费者丧失了对品牌本身的兴趣。很多企业为了拉动消费，让自己的商品显得更好卖，会选择降价销售或进行更大的让利活动。

从本质上看，这是很愚蠢的行为。经济危机不是长期性的，只是一个周期；而且，通过降价降低了品牌的认知后，企业再想通过涨价恢复原来的价格，消费者是不会买账的。

（三）渠道深入

渠道对于品牌的战略作用是非常明显的，甚至可以这样理解：没有渠道就没有品牌。渠道始终是品牌得以接触消费者的关键。全面来看，渠道主要指产品的销售途径、覆盖率、分配、地点、库存和交通运输等方面。

其中，供应商是这个环节最重要的体现者之一。经济回暖时期，企业可以重新考虑和评估自己的供应商、合作伙伴和分销商，整理自己的营销渠道，为经济好转时更好的合作打好基础。

三、品牌定位的策略

品牌定位策略是进行品牌定位点开发的策略，品牌定位点的开发是从经营者角度挖掘品牌产品特色的工作。必须强调的是，品牌定位点不是产品定位点，品牌定位点可以高于产品定位点，也可以与产品定位点一致。品牌定位点的开发不局限于产品本身，它源于产品，但可以超越产品。

品牌定位策略主要有以下几种：

（一）产品定位策略

1. 以产品功能为基点的定位

功能是产品的核心部分。事实上，产品之所以能被消费者接受，主要是因为它具有一定的功能，能够给消费者带来利益，满足消费者需求。例如：某品牌复印机在进行品牌定位时，强调操作简便，复印件与原件几乎一样，其表现方式是让一个五岁的小女孩操作复印机，当她把原件与复印件交到她父亲手里时，父亲还会问“究竟哪一个是原件”。这样的例子还有很多，例如：“高露洁，没有蛀牙”“佳洁士，坚固牙齿”等，都是以功能为基点的成功品牌定位。

2. 以产品外观为基点的定位

产品的外观是消费者最易辨识的产品特征，也是消费者是否认可、接受某品牌产品的重要依据，产品形状本身就可形成一种市场优势。由此，如果选择产品的外观这个消费者最易辨识的产品特征作为品牌定位基点，则会使品牌更具鲜活性。例如：白加黑感冒药将感冒药的颜色分为白、黑两种形式（如图 3-2 所示），并以此外在形式为基础改革了传统感冒药的服用方式。这种全新形式本身就是该产品的一种定位策略，同时将其命名为“白加黑”，使名称本身就表达出品牌的形式特性及诉求点。

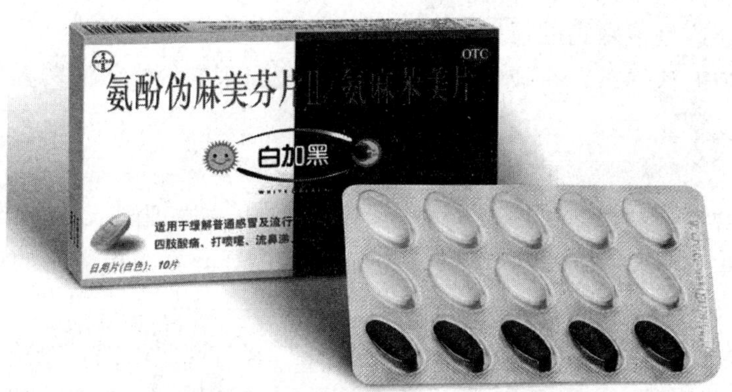

图 3-2 “白加黑”感冒药

再例如：“Think small（想想还是小的好）”，这是世界广告发展史上的经典之作。这一广告的主题、宣传定位，使德国大众集团生产的金龟车（俗称“甲壳虫”，如图 3-3 所示）顺利进入美国这个汽车王国，并塑造了独特可信的品牌形象。众所周知，在 1973 年发生世界性的石油危机之前，底特律的汽车制造商们一直都强调汽车要更长、更大、更豪华、更美观，因为自从人类进入汽车时代以来，轿车作为代步工具在很大程度上一直是身份、地位和财富的象征。相比之下，既小又短，还很丑陋的“甲壳虫”有悖常态。但是，这只“丑小鸭”把工薪阶层作为自己的目标市场，针对普通工薪阶层的购车欲望，推出了“小的更好、更实惠”的宣传广告，十分明确、清晰地表达了“甲壳虫”的市场位置，消除了消费者的疑虑，坚定了消费者购买实惠车的决心，因为“想想还是小的好”。可以说，金龟车正是凭借其科学而准确的品牌定位，才成功地打入美国市场。

图 3-3　大众金龟车

3. 以产品价格为基点的定位

价格是企业与消费者之间分割利益最直接、最显见的指标，也是许多竞争对手在市场竞争中乐于采用的竞争手段。因此，价格亦可作为品牌定位的有效工具。以价格为基点进行品牌定位，就是借价格高低给消费者留下一个产品高价或低价的形象。一般而言，高价显示消费者事业成功、有较高的社会地位与较强的经济实力，比较容易得到上层消费者的青睐；低价则易赢得大众的芳心。美国西南航空公司（Southwest Airlines）就是以价格为基点定位的成功者，如图 3-4 所示。

图 3-4　西南航空公司的标志

进入 20 世纪 90 年代，美国航空业很不景气，1992 年全行业亏损 20 亿美元。与之形成较大反差的是，美国西南航空公司却连创佳绩，1992 年营业收入增长了 25%。西南航空公司的成功主要归功于消费者对其低价的认同。为了宣传自己的低价形象及给消费者带来的利益，西南航空公司前总裁赫布·凯莱赫（Herb Kelleher）曾亲自参与电视台热点新闻节目。在节目中，凯莱赫头顶一只公文包说，如果哪位乘客为乘坐西南航空公司的航班而感到寒碜的话，公司就送给他（她）一个这样的包。当主持人问为什么时，凯莱赫说："装钱呀！乘坐西南航空的航班所省下的钱可以装满整整一包。"在美国航空业，西南航空公司的成本是最低的。支持其低价位的正是公司的低成本运营。以1991年第一季度为例，西南航空公司的运营成本比美国西北航空公司、达美航空公司、联合航空公司、美国航空公司分别低15%、29%、32%和39%。当然，也有某些品牌以高价作为其全部产品信息的基础。如"世界上最贵的香水只有快乐牌（Joy）"，"为什么你应投资于伯爵表（Piaget），它是世界上最贵的表"。

（二）市场定位策略

1. 从使用者角度定位

这种定位点的开发，是把产品和一位使用者或一类使用者联系起来，直接表达出品牌产品的目标消费群体，并排除其他消费群体。事实上，这种定位往往与品牌产品的利益点相关，暗示着品牌产品能给消费者解决某个问题并带来一定的利益。如太太口服液定位于已婚女士，其口号是"太太口服液，十足女人味"。这一定位既表达了产品的使用者——太太，也表达了产品的功能性利益点——让太太有十足的女人味。

国外有一种减肥药，定位于已婚或有男朋友的女士，其诉求点是"这就是你情敌今年夏天的服装"，边上配了一幅画：一位女士身穿比基尼泳装在海边沙滩上走路。消费者一看即知品牌定位的使用者。又如："吉列牌（Gillette）——男士们所能得到的最好的"，定位于使用高质量剃须刀的男士；雕牌洗衣粉，定位于中低收入者，用下岗工人来展示消费者形象。事实上，使用者定位是十分普遍的定位点开发来源，在表意性品牌中更为普遍，如劳力士（ROLEX）、斯沃琪（Swatch）、欧米茄（OMEGA）等手表品牌，通常选用使用者作为形象代言人，展现品牌定位和象征。

2. 从使用场合和时间定位

来自泰国的红牛（RedBull）饮料是这一策略最典型的代表，其定位是"累了困了喝红牛"，强调其功能是迅速补充能量，消除疲劳。又如致中和五加皮定位于"回家每天喝一点"、青酒定位于朋友来了喝的酒——"喝杯青酒交个朋友"、8点以后马克力薄饼声称是"适合8点以后吃的甜点"、米开威（Milky Way）则自称为"可在两餐之间吃的甜点"等，它们在使用场合和时段上建立了区分。8点以后想吃甜点的消费者会自然而然会想到"8点以后"这个品牌；而在两餐之间的时间，首先会想到"米开威"。

3. 从消费者购买目的定位

在世界各地，尤其在我国，请客送礼是一种普遍的现象。但在送礼的方式上，中外有一个区别：在国外，送礼的人把礼物送给对方后鼓励对方打开来看看，并询问对方是否喜欢，送礼人还会说明为什么选了这个礼品，想表达什么意思；在我国则有所不同，送的礼品往往是包起来的，主人当场不予打开，送礼之人也不鼓励当场打开，也不说为什么送礼。基于这一特殊国情，对我国的企业而言，就有一种品牌定位的新开发点，即“让礼品的品牌开口代送礼人说话”。例如：心源素代表子女说“爸爸，我爱你”，保龄参代表女婿的“一心一意”，椰岛鹿龟酒代表“子女对父母的孝顺”等。这些品牌的意义，正是品牌定位的结果。许多儿童用品亦然，如“好吃又好玩”“吃了还好玩”“有趣”等。从消费者的购买目的寻找定位点，无疑是一种可取的途径。

4. 从消费者生活方式定位

市场研究表明，仅从消费者的自然属性来划分会越来越难以准确把握目标市场。当前，消费者的生活方式、生活态度、心理特性和价值观念变得越来越重要，已成为市场细分的重要变量。因此，从生活方式角度寻找品牌的定位点，成为越来越多企业的选择，如针对职业女性的定位、针对喜欢户外活动人群的定位、针对关爱家庭的定位等。针对现代社会消费者追求个性、展现自我的需要，品牌可以通过定位赋予产品相应的意义，让消费者在选购和享用的过程中展示自我、表达个性。如贝克啤酒（BECK'S）的广告语“喝贝克，听自己的”，强调独立自主、不随大流的个性。

（三）竞争者定位策略

品牌定位本身就隐含着竞争性。上文提到的定位方法在选择定位时并不直接考虑竞争者，而是综合考虑产品性能、功能性利益、使用场合等因素，然后确立本品牌的定位。从品牌的竞争角度定位，就是把竞争者作为定位的坐标或基准点，再确定本品牌的定位点。

1. 首次或第一定位

首次或第一定位，就是要寻找没有竞争者的消费者品牌知觉图，并在这张图上打上唯一的品牌。定位论的两位先驱杰克·特劳特和艾·里斯（Al Ries）特别看重这种“第一”，并将其列为定位方法之首。他们强调，消费者往往只记住第一，这犹如体育比赛中，大家都知道冠军，但第二名、第三名几乎无人能记住。这种首次或第一定位，就是要寻找消费者的空白心智，甚至创造性地发现或制造这种空白点。例如：七喜（7-Up）的非可乐定位，第一个叫出了“非可乐”饮料这个名称；娃哈哈把纯净水的情感演绎得非常彻底，是第一个把水与美、情、清纯关系表达透彻的纯净水品牌，以至于无人能出其右，这就是第一的功效。

2. 比附定位

这类定位点挖掘是以竞争者为参考点，在其周边寻找突破口，同时与竞争者相联系，尤其是当竞争者是市场领导者时，这种定位能突出相对弱小品牌的地位。具体操作上，首先要肯定竞争者的位置，再用“但……”来强调本品牌的特色。例如：美国安飞士（Avis）汽车租赁公司以“我们是第二，但我们更努力”的定位而大获成功。

另外，品牌可从竞争对手的多元化入手另辟蹊径，强调其精益求精、集中精力做好一类产品的专业化特点，如“格力空调专家”。当然，真正的专家，不仅专注于一件事，而且要做得比别人精、比别人好、比别人更令人满意，这样才能名副其实。

3. 进攻或防御式定位

比附定位的原则不是进攻或排挤已有品牌的位置，而是遵守现有秩序和消费者的认知模式，在现有框架中选择一个相安无事的位置，服务于某个目标市场。但进攻或防御式定位是为了侵占其他品牌地位，或防止其他品牌进攻而采取的定位。这个定位也称为竞争性定位。例如：飘柔的主定位是“使头发飘逸顺滑”，但也把“去屑”作为副定位，对海飞丝而言就是一种带有攻击性的定位。

（四）品牌识别策略

品牌识别是比品牌定位更本质、更内在的东西。品牌定位只是品牌的丰富含义及其潜在价值的一部分，只是品牌识别的一个方面。因此，可以从品牌识别的多个角度去选择定位点，具体来说，可从以下几个角度考虑。

1. 从品牌识别的个性角度定位

品牌的个性可能在品牌设计阶段就已确立，也可能是在运作下自然形成。但一旦形成了品牌个性，就可以作为品牌的定位，如舒肤佳（Safeguard）代表“妈妈的爱心”，万宝路（Marlboro）代表“强壮、冒险、勇敢”等。品牌个性可以通过广告宣传逐渐得以强化。

2. 从品牌识别的文化特征定位

品牌有自身特有的历史文化，也有品牌来源地的地域文化。品牌的文化定位也可以从几个不同的角度去考虑。

例如：香水可以定位为“真正来自法国的浪漫气息”。又如：德国是汽车工业的发祥地之一，奔驰（Mercedes-Benz）在一百多年的汽车制造历史上已形成了独特的品牌价值观，那就是“质量、可靠性、安全、技术超前”等，其推出的每款新车都不断地证实这样的价值。奔驰公司的基本定位是“通过设计和技术的完美组合，创造质量和性能极优的轿车”，表现在其SL级汽车上，便是将古典的优雅、令人振奋的感觉及动力融合在一起。对奔驰这样的老牌公司，标志和名称已浓缩了企业的文化和价值理念，其标志本身就是一种无声的定位。

3. 从品牌与消费者的关系定位

品牌与消费者的结合点是寻找品牌定位点的又一条途径。品牌与消费者的关系反映了品牌对消费者的态度：是友好、乐意帮助，是关心爱护、体贴入微，或是其他。例如：海尔冰箱每推出一个新产品总有一个诉求点，但“真诚到永远”表达了其不断帮助消费者解决问题的态度。所以，海尔从与消费者的关系角度出发，把品牌定位为“真诚、友好、关心”。

【训练任务】

品牌定位训练。

【训练目标】

帮助学生在实践中对品牌进行定位。

【任务要求】

1. 由授课老师主持训练。
2. 如全班48人，自由分组，形成6组。
3. 小组成员讨论品牌定位的内涵、品牌定位的原则、品牌定位的策略。
4. 每组安排一名同学负责记录、汇总。
5. 活动结束后，要求每组选出一名代表在课堂上汇报讨论的心得。
6. 准备时间为10分钟。

【任务组织】

任务组织如表3-1所示。

表3-1 品牌定位训练任务组织表

活动项目	具体实施	时间	备注
品牌定位训练	1. 如全班48人，自由分组，形成6组。 2. 小组成员讨论品牌定位的内涵、品牌定位的原则、品牌定位的策略。 3. 6个小组在教师的指导下，同时进行讨论。 4. 组织学生讨论品牌定位训练过程中遇到的问题。	30分钟	教室中每组一桌八椅

【任务评价】

任务评价如表3-2所示。

表3-2 品牌定位训练任务评价表

评价指标	评价标准	分值（100分）	评估成绩	权重
品牌定位训练效果	1. 理解品牌定位的内涵、品牌定位的原则、品牌定位的策略。	20		70%
	2. 能识别品牌定位训练易犯错误。	20		
	3. 能灵活运用品牌定位训练的应对策略。	20		
	4. 遵守活动时间。	10		
	5. 讨论积极。	10		
	6. 效果明显。	10		
	7. 汇报得当。	10		
教学过程	出勤、态度和热情	100		30%
小组综合得分				

超链接

品牌定位——抓住消费者的心

品牌必须将自己置于满足消费者需求的立场上，并借助传播在消费者心中获得一个有利的位置。要达到这一目的，首先必须考虑目标消费者的需要。借助消费者行为调查，品牌可以了解目标对象的生活形态或心理层面的情况。这一切，都是为了找到切中消费者需要的品牌利益点，因此，品牌定位思考的焦点要从产品属性转向消费者利益。消费者利益的定位是站在消费者的立场上来看的，它是消费者期望从品牌中得到什么样的价值满足。所以用于定位的利益点选择除了产品利益外，还有心理、象征意义上的利益等，这是产品转化为品牌的基础。可以说，定位与品牌化是一体两面，如果说品牌就是消费者认知，那么定位就是公司将品牌提供给消费者的过程。

消费者有不同类型，不同消费层次，不同消费习惯和偏好，企业的品牌定位要从主客观条件和因素出发，寻找适合竞争目标要求的目标消费者。要根据市场细分中的特定细分市场，满足特定消费者的特定需要，找准市场空隙，细化品牌定位。消费者的需求是不断变化的，企业还可以根据时代的进步和新产品发展的趋势，引导目标消费者产生新的需求，形成新的品牌定位。品牌定位一定要摸准消费者的心，唤起他们内心的需要，这是品牌定位的重点。所以说，品牌定位的关键是要抓住消费者的心。

如何做到这一点呢？自然是必须带给消费者实际的利益，满足他们某种切实的需要。但做到这一点并不意味着品牌就能受到青睐，因为市场上还有许多企业在生产同样的产品，也能给消费者带来同样的利益。市场上已经找不到可以独步天下的产品，企业品牌要脱颖而出，还必须尽力塑造差异，只有与众不同的特点才容易吸引人的注意力。所以说，企业品牌要想取得强有力的市场地位，应该具有一个或几个特征，看上去好像是市场上“唯一”的。这种差异可以表现在许多方面，如质量、价格、技术、包装、售后服务等，甚至还可以是脱离产品本身的某种想象出来的概念。如万宝路（Marlboro）所体现出来的自由、奔放、豪爽、原野、力量的男子汉形象，与香烟本身没有任何关系，而是人为渲染出来的一种抽象概念。因此，一个品牌要让消费者接受，完全不必把它塑造成全能形象，只要有一方面胜出就已具有优势。国外许多知名品牌往往也只靠某一方面的优势而成为名牌。例如：手机市场上，华为 nova 系列宣传的是“自拍，大不一样”的特点，小米手机则着重其“网速快，性能快，充电快”的特点；在汽车市场上，沃尔沃（VOLVO）强调“安全与耐用”，菲亚特（FIAT）宣传“精力充沛”，奔驰（Mercedes-Benz）宣称“高贵、王者、显赫、至尊”，绅宝着重“飞行科技”，宝马（BMW）津津乐道其“驾驶乐趣”。这些品牌都拥有了自己的一方沃土，不断成长。因此，想要尽可能满足消费者的所有愿望是愚蠢的，每一个品牌必须挖掘消费者感兴趣的某一点，一旦消费者产生这一方面的需求，就会首先想到它。

市场实践证明，任何一个品牌都不可能为全体消费者服务，细分市场并正确定位，是品牌赢得竞争的必然选择。只有品牌定位明确，个性鲜明，才会有明确的目标消费层。唯有明确定位，消费者才会感到商品有特色，有别于同类产品，形成稳定的消费群。而且，唯有定位明确的品牌，才会形成一定的品位，成为某一层次消费者文化品位的象征，从而得到消费者的认可，让消费者得到情感和理性的满足感。要想在竞争中脱颖而出，唯一的选择就是差异化，而定位正是达到差异化最有效的手段之一。企业如不懂得定位，必将湮没在茫茫的市场中。

长期以来，可口可乐（Coca-Cola）和百事可乐（Pepsi-Cola）是饮料市场的顶尖品牌，在消费者心中的地位不可动摇，许多新品牌无数次进攻，均以失败而告终。然而，七喜（7-Up）却以“非可乐”的定位，成为可乐饮料之外的另一种选择，不仅避免了与两种可乐的正面竞争，还巧妙地从另一个角度与两种品牌挂上了钩，使自己提升至与之并列的地位。由此可以看出，品牌定位对于一个品牌的成功十分重要。

资料来源：根据互联网公开信息改编。

品牌文化塑造

万宝路（Marlboro）塑造品牌形象的策略

万宝路一直都积极赞助各项国际体育事业，尤以世界一级方程式锦标赛最为著名，这是万宝路最有影响、最重要的赞助活动之一。在大众心目中，一级方程式锦标赛被视为自由、奔放、竞争、极具挑战性的运动。一级方程式赛车手的形象正符合万宝路要塑造的“男子汉形象”，而一级方程式赛车所体现的精神正符合万宝路的“牛仔文化”。万宝路已连续多年赞助一级方程式锦标赛，以支持这项体育运动为己任，在公众心中树立了美好形象。另外，关心比赛的各种安全措施的举措，也树立了万宝路关心他人生命与健康的形象。这一举措显然博得了公众对品牌的好感。

资料来源：根据互联网公开信息改编。

一、品牌文化的内涵

拥有品牌文化就可以赢得消费者忠诚，赢得稳定的市场，大大增强企业的竞争能力，为品牌战略的成功实施提供强有力的保障。

品牌力依托于品牌的文化内涵，是品牌在经营中逐步形成的文化积淀，代表了企业和消费者的利益认知、情感归属，是品牌与传统文化、企业个性形象的总和。与企业文化的内部凝聚作用不同，品牌文化突出了企业的外在宣传、整合优势，将企业品牌理念有效地传递给了消费者，进而获得了消费者的信任。品牌文化是凝结在品牌上的企业精华。

品牌文化是指品牌在经营中逐渐形成的文化积淀，它代表品牌自身的价值观、世界观。形象地说，就是把品牌人格化后，它所持有的主流观点。再说得直白一些，它是消费者对品牌在精神上产生的认同、共鸣，并持久信仰该品牌的理念追求。通俗一点儿说，品牌文化就好比民间神话人物的雕塑，实体商品是雕塑本身，品牌文化则是神话故事中那些被人津津乐道的性格。

二、品牌文化的作用

（一）体现了社会的长期整体利益

在市场细分基础上确立目标市场之后，有必要对目标市场消费者的文化心态进行深入调研，并将它与商品的效用联系起来，为品牌塑造典型的文化个性，达到促销的目的。

社会营销观念认为，企业在满足消费者需求、取得企业利润的同时，也需要考虑社会的长期整体利益。这要求企业在宣传自己产品的功效、品质的同时，也要弘扬优秀文化，倡导正确的价值观，推动社会进步。因此，企业所面临的社会挑战就是要寻找一条使经济与道德相统一的途径。通过塑造优秀的品牌文化，来表明企业坚持积极的文化理念，也是体现社会共同利益的一种方式。

（二）满足了目标消费者物质之外的文化需求

行为科学的代表人物乔治·埃尔顿·梅奥（George Elton Mayo）和弗里茨·朱利斯·罗特利斯伯格（Fritz J. Roethlisberger）提出了“社会人”的概念，认为人除了追求物质之外，还有社会各方面的需求。品牌文化的建立，能让消费者在享用产品所带来的物质利益之外，获得一种文化上的满足。因此，有时市场细分的标准就是以文化需求为依据。“在这个世界上，我找我自己的味道，口味很多，品味却很少，我的摩卡咖啡。”这是摩卡咖啡的一则电台广告（如图 3－5 所示），它就有基于文化细分上的鲜明的目标市场：不追随时尚、有自己品位的少部分人，同时暗示消费者选择摩卡咖啡就是坚持这样生活方式的体现。

（三）培养了品牌忠诚度，是重要的品牌壁垒

按消费者的忠诚程度，一个市场可分为坚定型、不坚定型、转移型和多变型。对企业而言，最理想的是培养一个品牌的坚定购买者在买主中占很高比例的市场，但事实不会如此完美。由于市场竞争十分激烈，往往会有大量的消费者从坚定者成为不坚定者和转移

图 3-5　摩卡咖啡的广告

者，因此维护、壮大品牌的忠诚群体至关重要。品牌树立、壮大过程中，在满足商品效用诉求的同时，也应该持续向目标消费者灌输一种与品牌联想相吻合的、积极向上的生活理念，使消费者通过使用该品牌产品，达到物质和精神两方面的满足。

在竞争激烈的今天，不同品牌的同类产品之间差异缩小，要让消费者在众多的品牌中能鲜明地识别一个品牌，有效的方法是让品牌具有独特的文化，这就是品牌的文化差异战略。贝纳通（Benetton）是世界著名的服装品牌。为了树立自己的特色，经营者为贝纳通塑造了“爱自然、爱人、关怀社会”的品牌文化。贝纳通的广告（如图 3-6 所示）都以环境污染、种族歧视、战争灾难等为题材，远远超越一般广告的理念，进而成为时代特征，具有强大的冲击力，使贝纳通的品牌形象脱颖而出、独树一帜。

图 3-6　贝纳通的广告

这种文化差异一旦让目标消费者接受，对提高品牌力是十分有利的。因为消费者对文化的认同是不会轻易改变的，所以品牌文化就成了对抗竞争品牌和阻止新品牌进入的重要手段。这种竞争壁垒存在时间长，且不易被突破。

三、品牌文化的塑造

塑造品牌文化，其行为根本上是受商业动机支配的：通过品牌文化来强化品牌力，从而谋求更多的商业利润。之所以强调要塑造一种品牌文化，是因为消费者是社会人，具有复杂的个性特征，但由于同一经济、文化背景的影响，其价值取向、生活方式等又有一致性。这种文化上的一致性为塑造品牌文化提供了客观基础。

（一）为品牌塑造一种恰当的文化

评判为品牌塑造的文化是否合适的标准就是看这种文化是否符合产品特征。产品都有自己的特性，适合在一定的场合使用，能给消费者带来相关利益。例如：百贝佳（牙膏品牌）宣传“世界的早晨从百贝佳开始”；雀巢（Nestlé）则时刻传递给人一份温暖和关爱。品牌文化只有与产品特征相匹配，才能让消费者觉得自然、可接受。有的时候，品牌经营者采用的是品牌延伸策略，即一个品牌下有许多品种的产品，这时就要抓住产品的共性。

（二）兼顾品牌文化与时尚文化

某些产品十分适合在品牌文化中引入时尚的内容，如服饰、运动产品等。时尚指的是一个时期内相当多的人对特定的趣味、语言、思想以及行为等各种模式的随从或追求。如何倡导一种品牌时尚，简言之，就是要分析消费者的现时心态，并通过商品将消费者的情绪释放出来，并激励大众的参与。倡导品牌时尚一个重要的途径是利用名人、权威的效应。由于名人和权威是大众注意和模仿的焦点，因此有利于迅速提高大众对品牌的信心。如力士香皂（Lux）就一贯坚持让著名影星为其推介代言的策略，成功地使力士的品牌文化与时尚联系在了一起。当然，选用名人来做广告需要谨慎和恰如其分，一般要考虑名人、权威与品牌之间的联系。

另外，还要努力将时尚转化为人们稳定生活方式的一部分。由于时尚是一个特定时期内的社会文化现象，随着时间推移，时尚的内容将发生改变，因此在借助和创造时尚的同时，也应考虑时尚的消退。一个有效的措施是：在时尚逐步为大众所接受时，就有意识地转换营销策略，引导消费者将这种时尚转化为日常生活的一部分。以雀巢咖啡（Nestlé）为例，其最初进入中国，掀起了喝咖啡的时尚。品牌发展到今天，喝咖啡已成了众多人的生活习惯了。

（三）兼顾品牌文化与民族传统文化

品牌文化是与民族传统文化紧紧联系在一起的。将优秀的民族传统文化融入品牌文化，更易让大众产生共鸣。

我国的民族传统文化包括：注重家庭观念；讲究尊师敬老、抚幼孝亲；强调礼义道德、伦理等级、中庸仁爱；追求圆满完美；崇尚含蓄、温和和秩序等。例如：台湾的北方牌水饺（如图 3－7 所示）就从品牌名上做文章，将民族传统文化融入其独特的品牌文化中，打动了消费者的心。它的广告文案是："古都北京，最为人所称道、怀念的，除了天坛、圆明园外，就该是那京片子的人情味和那热腾腾、皮薄馅多汁鲜、象征团圆的水饺。今天，在宝岛台湾，怀念北京，憧憬老风味，只有北方水饺最能令你回味十足，十足回味。"这个品牌的文化就十分自然地将其与传统文化中注重祖国统一、亲人团聚等情结连在了一起。

图 3－7 北方牌水饺广告

在品牌文化中，继承民族传统文化既要符合民族的审美情趣，也要考虑民族的接受心理，同时要重实质。如果过分追求缺乏内涵的形式只会适得其反。一般而言，一种品牌文化应被绝大多数目标消费者认同，应尽可能与其生活相接近，乃至成为其生活的某一部分。

四、品牌文化的功能

品牌文化一旦形成，就会对品牌的经营管理产生巨大影响和能动作用。它有利于各种资源要素的优化组合，提高品牌的管理效能，增强品牌的竞争力，使品牌充满生机与活力。具体来讲，品牌文化有如下功能。

（一）导向功能

品牌文化的导向功能体现在两个方面。一方面，在企业内部，品牌文化集中反映了员工的共同价值观，规定了企业所追求的目标，因而具有强大的感召力，能够引导员工始终不渝地为实现企业目标而努力奋斗，使企业健康发展；另一方面，在企业外部，品牌文化所倡导的价值观、审美观、消费观，可以对消费者起到引导作用，把消费者引导到和自己的主张一致的轨道上来，从而提高消费者对品牌的忠诚度。

（二）凝聚功能

品牌文化的凝聚功能体现在两个方面。一方面，在企业内部，品牌文化像一种强力黏合剂，从各个方面、各个层次把全体员工紧密地联系在一起，使他们同心协力，为实现企业的目标和理想而奋力进取。这样，品牌文化就成为团队精神建设的凝聚力。另一方面，在企业外部，品牌所代表的功能属性、利益认知、价值主张和审美特征会对广大消费者产生磁场作用，使品牌像磁石一样吸引消费者，从而极大地提高消费者对品牌的忠诚度。同时，其他品牌的使用者也有可能被吸引过来。

（三）激励功能

物质激励到了一定程度，会出现边际效益递减现象，相较而言，精神激励的作用更强大、更持久。优秀的品牌文化一旦形成，在企业内部就会形成良好的工作氛围，它可以激发员工的荣誉感、责任感、进取心，使员工与企业同呼吸、共命运，为企业的发展尽心尽力。对消费者而言，品牌的价值观念、利益属性、情感属性等可以创造消费感知、丰富消费联想，激发消费者的消费欲望。因此，品牌文化可以将精神财富转化为物质财富，为企业带来高额利润。

（四）约束功能

品牌文化的约束功能是通过规章制度和道德规范发生作用的。一方面，企业在生产经营过程中，必须通过严格的规章制度对所有员工进行规范，使之按照一定的程序和规则办事，以实现企业目标。这种约束是硬性的，属于外在约束。另一方面，企业文化的约束作用更多是通过道德规范、精神、理念和传统等无形因素对员工的言行进行约束，将个体行为从众化。这种约束是软性的，属于内在约束。和规章制度相比，这种软约束具有更持久的效果。

（五）辐射功能

品牌文化不能复制，但一旦形成，不仅会在企业内部发挥作用，还可以通过形象塑造、整合传播、产品销售等各种途径影响消费群体和社会风尚。大体上说，品牌辐射主要有以下四种方式：（1）软件辐射。即通过企业精神、价值观、伦理道德、审美属性等向社会扩散，为社会文明进步做出贡献。（2）产品辐射。即通过产品这种物质载体向社会辐射。例如：我们可以通过劳斯莱斯去感受一种卓越的汽车文化，因为劳斯莱斯的员工不是在制造冷冰冰的机器，而是以人类高尚的道德情操和艺术家的热情去雕琢每一个零件，每一环工序制作出来的东西都是有血有肉的艺术极品。（3）人员辐射。即通过员工的言行举止和精神风貌向社会传播企业的价值观念。（4）宣传辐射。即通过媒体等多种宣传工具传播品牌文化。

【训练任务】

品牌文化塑造训练。

【训练目标】

帮助学生在实践中对品牌文化进行塑造。

【任务要求】

1. 由授课老师主持训练。
2. 如全班 48 人，自由分组，形成 6 组。
3. 小组成员讨论品牌文化的内涵、品牌文化的作用、品牌文化的塑造、品牌文化的功能。
4. 每组安排一名同学负责记录、汇总。
5. 活动结束后，要求每组选出一名代表在课堂上汇报讨论的心得。
6. 准备时间为 10 分钟。

【任务组织】

任务组织如表 3－3 所示。

表 3－3　　品牌文化塑造训练任务组织表

活动项目	具体实施	时间	备注
品牌文化塑造训练	1. 如全班 48 人，自由分组，形成 6 组。 2. 小组成员讨论品牌文化的内涵、品牌文化的作用、品牌文化的塑造、品牌文化的功能。 3. 6 个小组在教师的指导下，同时进行讨论。 4. 组织学生讨论品牌文化塑造训练过程中遇到的问题。	30 分钟	教室中每组一桌八椅

【任务评价】

任务评价如表 3－4 所示。

表 3-4　品牌文化塑造训练任务评价表

评价指标	评价标准	分值（100 分）	评估成绩	权重
品牌文化塑造训练效果	1. 理解品牌文化的内涵、品牌文化的作用、品牌文化的塑造、品牌文化的功能。	20		70%
	2. 能识别品牌文化塑造训练易犯错误。	20		
	3. 能灵活运用品牌文化塑造训练的应对策略。	20		
	4. 遵守活动时间。	10		
	5. 讨论积极。	10		
	6. 效果明显。	10		
	7. 汇报得当。	10		
教学过程	出勤、态度和热情	100		30%
小组综合得分				

超链接

打造企业品牌文化的重要性

21 世纪的企业竞争，一定程度上是企业品牌文化的较量。那些有着强大文化基础支撑的企业之所以能获得更多的成功和机会，主要是因为品牌文化起到了推波助澜的作用。企业要想在市场上立于不败之地，必须重视自身品牌文化的宣传和推广，让消费者有一定的认知，通过品牌文化效应来扩大企业和产品的知名度。

企业品牌文化的作用是为了打造企业的品牌，从某种意义上来说，文化本身就是打造品牌的一种方式。也就是说，品牌文化正是品牌的头脑。社会在不断进步，在与世界强国斗智斗勇的征途上，我们必须以新的眼光接收新的讯息，品牌文化就是企业走向世界必不可少的条件。一个成功的品牌文化一旦在消费者心目中存在，它所代表的功能和利益与消费者认同的价值有了交集，就会将无形的文化价值转化为有形的品牌价值，把文化财富转化成差异性的竞争优势，使产品屹立在激烈的市场竞争中。

作为消费者，一旦对一种品牌产生认同，就不会轻易改变。这就等于，品牌文化在带来高额利润的同时，起到了阻碍或者减少竞争对手进入市场的作用。为什么有些品牌的产品售价比其他同类产品更高，而消费者却愿意支付？这就是品牌文化所起到的重要作用。品牌与产品的区别在于：品牌满足人的精神需求，产品满足人的物质需求。而品牌文化是一种营销理念，打造一种精神力量。消费者在消费中因为认可其品牌文化，所以产生了对产品的信任，即精神文化带动物质消费，最后产生了经济价值，这就是是品牌文化的魅力所在。

近年来，烟草企业在品牌文化的塑造上赋予了品牌更多的精神文化内涵，不但积极推进品牌文化服务战略创新，寻找产品文化与服务文化的有效结合点，还通过不断挖掘服务内涵和创新服务方式，开拓了其他行业没有想到或没有做到的服务，以独特的服务吸引人，塑造了独具特色的服务品牌文化。例如：中华提出了“爱我中华”的文化理念；双喜以喜文化为核心理念，品牌传播语由“双喜双喜，人人欢喜”升级为“喜传天下，人人欢喜”；白沙提出了“鹤舞白沙，我心飞翔”的口号；芙蓉王提出了“传递价值，成就你我”的口号；玉溪提出了“上善若水，德行天下”的口号；红塔山提出了“享受不断挑战的乐趣”；利群提出了“让心灵去旅行”；红河提出了“万流奔腾，红河雄风”；黄鹤楼提出了“天赐淡雅香”等。这些宣传语真正的寓意和效应在于彰显出品牌文化的价值和魅力。

品牌的核心是产品的功能和质量，文化是产品的功能和质量的集体升华，是品牌的最高境界与极致发展的表现。品牌已经可以脱离技术、科技、质量等，成为独特的营销力量，能使企业在激烈的竞争中立于不败之地。

企业品牌文化所带来的价值，能为企业营销升值，为企业长久发展提供基石。所以，品牌文化的形成是一项持久性工作，不可能立竿见影，也不是起个名字、设计个标志、组织个活动就大功告成了，它只有糅合了品牌的个性与情感，才能获得消费者的认同与持续消费、传播。一个成功的品牌应该是本质和文化的结合，它需要企业员工长年累月的细心经营，它是一个集调研、整理、取舍、提炼与提升于一体的、不断磨合的科学过程。所以，品牌文化塑造不是轻而易举的事。它看似十分柔软，而一旦赋予其内涵，它就是坚不可摧的。打造企业品牌文化要从长远出发，克服急躁情绪，以持之以恒的精神和扎扎实实的工作态度，积极稳健地推动品牌文化建设，使之成为企业发展的一种力量，推进企业更快更好发展。

资料来源：根据互联网公开信息改编。

品牌个性塑造

有个性的劳力士（ROLEX）

劳力士的品牌个性是精确、创新。

1926年，劳力士第一只防水、防尘表问世。

1929年，经济危机打击了瑞士，但劳力士造出了后来风靡一时的“恒动”型表，给钟表业带来了一场革命。

1945 年，劳力士推出了日志型腕表，可用 26 种语言表明日期和星期。

为了鼓励创新，劳力士公司设立了企业精神奖，这个奖项每三年颁发一次，奖励那些在应用科学、创造发明、探索研究、科学发现和环境保护方面做出杰出贡献的人士。劳力士的品牌标志如图 3-8 所示。

图 3-8 劳力士的品牌标志

资料来源：根据互联网公开信息改编。

一、品牌个性的概念

心理学一般把个性定义为一个人的整体精神面貌，即一个人在一定社会条件下形成的、具有一定倾向的、比较稳定的心理特征的总和。

个性的形成既受先天遗传因素的影响，又与后天的社会环境密切相关。

关于品牌个性的定义，不同的视角有不同的定义：

1. 从品牌个性的功能来定义

凯文·莱恩·凯勒（Kevin Lane Keller）认为，品牌个性倾向于提供一个象征性的，或者自我表达的功能。

2. 从品牌个性的表现来定义

林恩·阿普绍（Lynn B. Upshaw）认为，品牌个性与品牌形象、品牌声誉是一个意思，它指一个品牌的外在面貌，其特质几乎和人的特质一样。

3. 从品牌个性的形成来定义

格兰特·麦克拉肯（Grant McCracken）认为，人们直接与某一品牌产生关联，因而产生了此品牌的人格特质。

4. 从品牌个性的人性化特征来定义

珍妮弗·阿克尔（Jennifer Aaker）认为，品牌个性是与品牌有关联的一整套人性化的特征。她进一步指出，和产品相连的属性倾向于向消费者提供实用功能，而品牌个性倾向于向消费者提供象征性和自我表达的功能。

此外，还可以从生产者和消费者的视角给出定义：

（1）生产者视角的品牌个性，是指通过营销组合对品牌名称、标志、产品属性、品牌文化、使用者形象、产品本身等品牌要素进行提炼，使品牌具有人性化魅力。

（2）消费者视角的品牌个性，是指消费者在自我概念的基础之上感知品牌个性并将其内化，消费者理解的品牌个性有可能和生产者设计的品牌个性不一致。

品牌故事分享

名牌的寓意

红塔山的“山外有山，天外有天”和“山高人为峰”等广告彰显的是“卓越不群”的个性；白沙的“鹤舞白沙，我心飞翔”显示出“恬淡自由”的个性；红河的“万牛奔腾，红河雄风”突出“雄壮进取”的个性；黄果树的“岁月流金，黄果树”体现“深沉悠远”的个性；中华的“尽显尊贵，唯我中华”展现“尊贵”的个性。

百事可乐（Pepsi-Cola）代表着年轻、活泼、刺激；李维斯（Levi's）寓意着结实、刺激、坚韧、强壮；锐步（Reebok）体现了野外、户外、冒险、年轻、活力充沛；柯达（Kodak）则表达了纯朴、顾家、诚恳；惠普（HP）寓意着有教养、影响力；林肯汽车（LINCOLN）则彰显了尊贵，寓意着舒适、安心、个性和便利。

资料来源：根据互联网公开信息改编。

二、品牌个性的维度

对品牌个性维度的研究，直接关系到如何将品牌个性理论应用于品牌管理的实践之中。在“维度”概念出现于品牌个性研究中之前，品牌个性的测量一直处于比较混乱的状态。营销人员有时根据产品的具体特点、具体品牌设计进行品牌个性描述，有时直接把心理学研究中的个性词用于品牌个性测量。20 世纪 90 年代，品牌研究学者开始以品牌个性概念本身及其与个性之间的关系为切入点，借鉴人格理论进行品牌个性维度的研究。基于对不同人格理论的借鉴，品牌个性维度研究主要集中于两个方面：其一是基于人格类型论的品牌个性维度，其二是基于人格特质论的品牌个性维度。前者多采用演绎法，后者多采用归纳法。

（一）基于人格类型论的品牌个性维度

目前，基于人格类型论的品牌个性维度研究，处于品牌个性维度研究的非主流地位，它的方法主要是用人的一个或少数几个特质来描述品牌个性，如内向、外向。这一方法比较注重抽象、分类以及品牌个性在文化上的普适性。它的主要研究成果是把精神分析学家的理论运用于品牌个性维度研究之中，其中最著名的是弗洛伊德人格理论和阿德勒人格理论的运用。

品牌个性维度研究初期，部分学者将弗洛伊德的人格理论运用到研究之中，将品牌个性划分为 Expression（神气）与 Repression（压抑）两个维度。其中 Expression 体现了品牌消费中所获得的乐趣和快感，具有这种维度的品牌可以满足人们情感方面的需求。而 Repression 则体现了品牌能够满足人们对产品基本功能或功效的需求，并能解除人们的忧虑或压抑。此理论还指出，大多数品牌的品牌个性位于这两个维度之间。

还有部分学者认为弗洛伊德的理论比较适于解释男性的人格心理，在消费品领域存在大量的女性化品牌，弗洛伊德的人格维度理论不完全适用。这些学者运用阿德勒的人格理论，提出品牌个性包括 Assertiveness（独断）与 Conformism（顺从）两个维度，其中 Assertiveness突出个人化色彩，例如专家、个性化；而 Conformism 则更多地表现为群体性导向，例如分享、关怀。

在此基础上，海伦（Heylen）、道森（Dawson）和桑普森（Sampson）综合这两个维度，构建了一个新的品牌个性二维模型（简称 Heylen 模型）。Heylen 模型就是目前国际上非常流行的“阴阳二重性”品牌个性理论的雏形。后来，荣格的人格维度也被运用于品牌个性维度研究之中，其理论中的阿尼玛和阿尼姆斯概念可以帮助解释男性消费者消费女性化品牌，以及女性消费者消费男性化品牌的现象。

（二）基于人格特质论的品牌个性维度

基于人格特质论的品牌个性维度研究以归纳法为方法论基础。归纳法是随着统计技术的发展在心理学中广泛运用起来的，著名的“大五”人格理论模型就属于该方法体系。“大五”人格理论将人格划分为 Extroversion（外倾性）、Neuroticism（神经质性）、Openness（开放性）、Agreeableness（随和性）、Conscientiousness（尽责性）5 个方面。“大五”人格理论是基于人格特质论的品牌个性维度研究的最根本理论源泉。

1997 年，珍妮弗·阿克尔（Jennifer Aaker）首先借鉴人格特质论中的“大五”模型，采用归纳法对品牌个性维度进行研究。研究发现，美国文化背景下的品牌个性体系包括 5 个维度、15 个次级维度和 42 个品牌个性特征，5 个维度分别为 Sincerity（真诚）、Excitement（刺激）、Competence（胜任）、Sophistication（教养）和 Ruggedness（强壮）。在此基础上，阿克尔和她的同事（2001）还对美国、日本、西班牙三种文化背景下的品牌个性维度进行比较研究。结果表明，Sincerity（真诚）、Excitement（刺激）、Sophistication（教养）这 3 个品牌个性维度是上述 3 种文化背景下的品牌个性所共有的，而 Peaceful（平和）是日本文化背景下的品牌个性所特有的，Passion（激情）是西班牙文化背景下的品牌个性所特有的，Ruggedness（强壮）是美国文化所特有的，Competence（胜任）则是日本文化和美国文化所共有的，而西班牙文化中没有。通过比较研究，阿克尔等人提出了不同文化背景下的品牌个性维度具有差异的论断。

虽然一些学者对阿克尔的研究结果存在种种质疑，例如：阿祖莱（Azoulay）等（2003）认为，阿克尔建立的品牌个性维度体系部分偏离了人格理论的“大五”结构，并且存在一定的效度问题；奥斯丁（Austin）等（2003）也指出这一品牌个性测量框架在测量广义的产品类别中的个别品牌时不能普遍适用，且在分析一些产品类别中的集合品牌时也不能普遍适用，但阿克尔的研究为学者们提供了一个新的研究思路，是品牌个性理论研究的一个重大突破，其方法得到了广大学者的推崇。

在阿克尔等人的研究基础上，国外众多学者对不同国家文化背景下的品牌个性维度进行了探讨。以韩国为研究背景，廷卡姆（Tinkham）等（2006）指出，与美国消费者相比，韩国的消费者在感知品牌时更可能把重点放在儒家主义和儒家资本主义价值观上，因而韩国文化背景下的品牌个性维度包括两个特别的维度——“被动喜爱”和“支配地位”。通过对麦当劳等国际品牌的实证研究，廷卡姆等人测出韩国品牌个性构成维度分别为Passive Likeableness（被动喜爱）、Ascendancy（支配地位）、Tenderness（赶潮流的）、Competence（胜任）、Sophistication（教养）、Traditionalism（传统）、Ruggedness（强壮）、Western（崇尚西方）。而另一些韩国学者李（Lee）等（2008）则认为，不同产品品类的品牌个性存在差异，并以韩国男子服装为例，指出韩国男子服饰的品牌个性应该包括Demographics Trait（人口特征）、Lifestyle（生活方式）、Value（价值）、Appearance（外观）等维度。

史密斯（Smith）、布莱恩（Brian）和汉斯（Hans）（2006）以澳大利亚为研究背景，以会员制运动组织为研究对象，针对运动组织品牌进行品牌个性维度研究。研究结果表明，澳大利亚文化背景下的品牌个性包括6个维度，分别为Competence（胜任）、Sincerity（真诚）、Sophistication（教养）、Ruggedness（强壮）、Innovation（革新）和Excitement（刺激）。

以德国为研究背景，波斯尼亚（Bosnjak）等（2007）研究得出德国文化背景下的品牌个性包括4个维度，分别为Conscientiousness（认真）、Emotion（情感）、Superficiality（肤浅）和Drive（动力）。动力又细分为Excitement（刺激）和Boredom（厌烦）两个构面。与其他研究不同的是，该研究引入了负面品牌个性。

托马斯（Thomas）和谢卡尔（Sekar）（2008）则以印度为研究背景，以印度“最值得信赖品牌”高露洁为研究对象，对阿克尔的品牌个性维度进行检验，研究表明，印度文化环境下品牌个性维度中的Sophistication（教养）和Ruggedness（强壮）信度很低，这进一步验证了不同文化背景下品牌个性维度构成具有差异的说法。

国内学者在此基础上，基于我国特殊的文化背景以及不同的产品背景，也对品牌个性维度进行了深入研究。其中，黄胜兵和卢泰宏（2003）通过实证研究开发了中国的品牌个性维度量表，并从中国传统文化角度阐释了中国的品牌个性维度为“仁、智、勇、乐、雅”；迪纳市场研究院的李金晖和包启挺（2007）将中国家电品牌个性维度概括为“信、礼、专、勇、天、雅”；北京工商大学的刘勇（2008）将卷烟品牌的个性维度概括为“追求卓越、悠然自得、成功、豪迈、祥和、醇和芳香、清新天然、神秘的异域风情、友情、尊贵和真实可信”。陈可等（2008）指出对于数码相机来说，品牌个性可以划分为真挚胜任、坚固、精致和刺激 4 个维度。在这些理论中，黄胜兵等的品牌个性维度划分被广泛认同。其中“仁”是同阿克尔等人研究的美国文化背景下的品牌个性维度中的“Sincerity”相对应的品牌个性维度，形容人们具有的优良品行和高洁品质，如务实、诚实、正直等；“智”是同“Competence”相对应的维度，形容人们聪慧、沉稳、可靠和成功等品质；“勇”与“Ruggedness”较为相关，形容强壮、坚韧、勇敢等形象特征；“乐”比较具有中国特色，除具有“Excitement”的含义以外，还具有表达积极、自信、乐观、时尚的含义；“雅”同“Sophistication”相对应，涵盖有品位、有教养等词汇，用来形容儒雅的言行风范和个性。

千家品牌实验室向忠宏近年来对 20 个行业领域 1 000 多个品牌的持续监测，并进行品牌个性的分析，提取出一些中国本土化的品牌个性词汇后发现，这些新增的品牌个性语汇对应的品牌人格通过合并到 3 个品牌层面，最终也并入了阿克尔提出的品牌个性的 5 个维度中，如表 3-5 所示。

表 3-5　　品牌个性的 5 个维度

品牌个性的 5 个维度	品牌个性的 18 个层面	51 个品牌人格
Sincerity 真诚	Down-to-earth（务实）	务实、顾家、传统
	Honest（诚实）	诚实、直率、真实
	Wholesome（健康）	健康、原生态
	Cheerful（快乐）	快乐、感性、友好
Excitement 刺激	Daring（大胆）	大胆、时尚、兴奋
	Spirited（活泼）	活力、酷、年轻
	Imaginative（想象）	富有想象力、独特
	Up-to-date（现代）	追求最新、独立、当代
Competence 胜任	Reliable（可靠）	可靠、勤奋、安全
	Intelligent（智能）	智能、富有技术、团队协作
	Successful（成功）	成功、领导、自信
	Responsible（责任）	责任、绿色、充满爱心
Sophistication 教养	Upper-class（高贵）	高贵、魅力、漂亮
	Charming（迷人）	迷人、女性、柔滑
	Delicate（精致）	精致、含蓄、南方
	Peacefulness（平和）	平和、有礼貌的、天真
Ruggedness 强壮	Outdoorsy（户外）	户外、男性、北方
	Tough（强壮）	强壮、粗犷

关于品牌个性维度的研究有很多，本书只列举了一些比较具有代表性的。可以看出，

基于人格特质论的品牌个性维度研究已经成为品牌个性维度研究的主流。品牌个性维度的研究时间并不长，还存在一些不足之处。

首先，品牌个性起源于人格，品牌个性维度的最主要理论来源是"大五"人格理论，但"大五"人格理论仅仅是对人格特征描述的一种观点，可以说只体现了人格的一部分，由它衍生出来的品牌个性也是不完整的。

其次，大部分品牌个性只涵盖了人格特征中好的方面，只有少数学者对其不好的方面进行了论述，品牌个性跟人格一样也具有两面性，这也是目前品牌个性维度研究的不足之处。

最后，目前品牌个性维度的研究只涉及产品层面的品牌个性，有些学者认为，产品层面的品牌个性还不能完整的反映品牌的人格，还需要延伸到企业、消费者等层面。凯勒（Keller）等（2003）把企业品牌个性定义为企业所有员工作为整体所具有的人格特征或特质，它所涉及的内容比产品品牌个性的内容更广，并指出企业品牌个性包括 Creative（独创性）、Collaborative（合作）、Passionate（热烈）、Compassionate（同情）、Agile（敏捷）、Disciplined（有纪律的）6 个维度。

三、品牌个性的因素

（一）与产品有关的因素

产品类别：如运动鞋品牌倾向于年轻、活力，富有冒险精神等个性特质。

产品包装：如黑灰色调的包装给人以沉稳、练达的感觉，红色给人以激情与活力的感觉。

产品价格：通常高价会被人认为是富有、属于上流社会，低价则给人一种平实、节俭的感觉。

品牌故事分享

李维斯（Levi's）牛仔裤

李维·斯特劳斯 1847 年从德国移民至美国纽约。1853 年，这个做帆布生意的犹太人趁着加州淘金热前往旧金山。他把一批滞销的帆布做成几百条裤子，拿到淘金工地上推销，想不到竟然大受淘金者的欢迎。1855 年，斯特劳斯放弃帆布，改用一种结实耐磨的靛蓝色粗斜纹布制作工装裤，并用铜钉加固裤袋和缝口。斯特劳斯用自己的名字 Levi's 作为产品品牌，并在旧金山开了第一家店。第二次世界大战后，Levi's 牛仔裤开始在全球流行。Levi's 作为牛仔裤的"鼻祖"，象征着美国西部拓荒精神。Levi's 牛仔裤广告如图 3－9 所示。

图 3-9　李维斯牛仔裤广告

资料来源：根据互联网公开信息改编。

（二）与产品无关的因素

使用者形象：如社会精英象征成功、成熟；青年学生象征活力、时尚。

品牌营销组合策略：如赞助高尔夫赛事给人以高雅感，赞助模特赛事给人以时尚感，捐献灾区体现企业的责任感。

企业形象：如同仁堂塑造了资深仁慈的老者形象。

品牌来源地（原产地）：如法国品牌的浪漫；德国品牌的严谨、精确；日本品牌的轻巧、精致；美国品牌的自由、高科技。

品牌故事分享

美体小铺（The Body Shop）的品牌个性

反对动物实验（Against Animal Testing）：自始至终坚持反对以残酷方式进行动物测试化妆品，而以其他科技方法来测试化妆品成分，绝不采购动物测试过的成分。

支持社区公平交易（Support Community Fair Trade）：保护雨林及自然资源，教导落后地区的农民以传统方式种植农作物，并以合理的价格向他们购买天然原料，使他们维持稳定经济收入；让儿童有接受教育的机会，并提升物质生活条件及文化水平。

倡导自觉意识（Activate Self Esteem）：通过宣导、活动来支持性别平等，反对性别歧视，并鼓励大家接受与生俱来的样貌及特质，不以浮夸的宣传包装来销售产品。

捍卫人权（Defend Human Rights）：相信天赋人权，包括言论自由、生命财产的保障，并以实际行动表示对基本人权的支持与维护。致力帮助受到家庭暴力、儿童虐待的受害者。

保护地球（Protect Our Planet）：长期致力于环保工作，彻底执行 3R——再回收（Recycle）、再利用（Reuse）、节能（Reduce），首先推出长期空瓶回收的环保行动，提高消费者环保意识，并支持研发“再生”及“绿色”能源。

资料来源：根据互联网公开信息改编。

雅芳（AVON）的品牌个性塑造

“帮助全球女性对抗乳腺癌”是雅芳一直以来推广的公益活动。从 1992 年至 2007 年，雅芳筹集了 1.5 亿美元，并成立了“雅芳全球妇女健康基金会”，把爱和承诺付诸行动。而其旗下的“雅芳乳腺癌认识会”为乳腺癌的早期发现和教育提供了 5 500 万美元的资金，成为美国资助妇女对抗乳腺癌最大的资金赞助商。通过公关赞助，雅芳公司在女性中树立了亲切、友好、负责任的形象，人们在购买雅芳产品的时候，便会感受到一种情感的交流。

资料来源：根据互联网公开信息改编。

训练营

【训练任务】

品牌个性塑造训练。

【训练目标】

帮助学生在实践中对品牌个性进行塑造。

【任务要求】

1. 由授课老师主持训练。
2. 如全班 48 人，自由分组，形成 6 组。
3. 小组成员讨论品牌个性的概念、品牌个性的维度、品牌个性的因素。
4. 每组安排一名同学负责记录、汇总。
5. 活动结束后，要求每组选出一名代表在课堂上汇报讨论的心得。
6. 准备时间为 10 分钟。

【任务组织】

任务组织如表 3－6 所示。

表 3-6　　品牌个性塑造训练任务组织表

活动项目	具体实施	时间	备注
品牌个性塑造训练	1. 如全班 48 人，自由分组，形成 6 组。 2. 小组成员讨论品牌个性的概念、品牌个性的维度、品牌个性的因素。 3. 6 个小组在教师的指导下，同时进行讨论。 4. 组织学生讨论品牌个性塑造训练过程中遇到的问题。	30 分钟	教室中每组一桌八椅

【任务评价】

任务评价如表 3-7 所示。

表 3-7　　品牌个性塑造训练任务评价表

评价指标	评价标准	分值（100 分）	评估成绩	权重
品牌个性塑造训练效果	1. 理解品牌个性的概念、品牌个性的维度、品牌个性的因素。	20		70%
	2. 能识别品牌个性塑造训练易犯错误。	20		
	3. 能灵活运用品牌个性塑造训练的应对策略。	20		
	4. 遵守活动时间。	10		
	5. 讨论积极。	10		
	6. 效果明显。	10		
	7. 汇报得当。	10		
教学过程	出勤、态度和热情	100		30%
小组综合得分				

超链接

搞笑短信透视营销能力所塑造的品牌个性

一人爬墙出校，被校长抓到了，校长问：为什么不从校门走？答曰：美特斯邦威，不走寻常路。校长又问：这么高的墙怎么翻过去的啊？他指指裤子说：李宁，一切皆有可能。校长再问：翻墙是什么感觉？他指了指鞋子说：特步，飞一般的感觉。

第 2 天他从正门进学校，校长问：怎么不翻墙了？他说：安踏，我选择，我喜欢。

第 3 天他穿混混装，校长说：不能穿混混装！他说：穿什么就是什么，森马服饰。

第 4 天他穿背心上学，校长说：不能穿背心上学。他说：男人，简单就好，爱登堡服饰。校长说：我要记你大过。他反问：为什么？校长说：动感地带，我的地盘我做主。

资料来源：根据互联网公开信息改编。

项目小结

品牌定位是企业在市场定位和产品定位的基础上，对特定的品牌在文化取向及个性差异上的商业性决策，它是建立一个与目标市场有关的品牌形象的过程和结果。品牌定位的原则有：不轻易改变品牌定位，不轻易触碰价格战，渠道深入。品牌定位的策略有：产品定位策略，市场定位策略，竞争者定位策略，品牌识别策略。

品牌文化是指品牌在经营中逐渐形成的文化积淀，它代表着品牌自身的价值观、世界观。形象地说，就是把品牌人格化后，它所持有的主流观点。品牌文化体现了社会的长期整体利益，品牌文化满足了目标消费者物质之外的文化需求，品牌文化培养了品牌忠诚度，是重要的品牌壁垒。在进行品牌文化塑造时，要为品牌塑造一种恰当的文化，兼顾品牌文化与时尚文化、品牌文化与民族传统文化。品牌文化的功能包括导向功能、凝聚功能、激励功能、约束功能和辐射功能。

品牌个性是指通过营销组合对品牌名称、标志、产品属性、品牌文化、使用者形象、产品本身等品牌要素进行提炼，使品牌具有人性化魅力。对品牌个性维度的研究，直接关系到如何将品牌个性理论应用于品牌管理的实践之中。品牌个性维度研究主要集中于两个方面：一是基于人格类型论的品牌个性维度，二是基于人格特质论的品牌个性维度。品牌个性因素包括与产品有关的因素和与产品无关的因素。

相关概念

品牌定位　品牌定位策略　产品功能定位　产品外观定位
使用者定位　消费者生活方式定位　首次或第一定位　比附定位
进攻或防御式定位　竞争性定位　品牌识别策略　个性
品牌个性　品牌个性维度

课后习题

一、单项选择题

1. 品牌(　　)是企业在市场定位和产品定位的基础上，对特定的品牌在文化取向及个性差异上的商业性决策，它是建立一个与目标市场有关的品牌形象的过程和结果。

A. 定位　B. 位置　C. 定住　D. 位移

2. 对于一个企业来讲，品牌定位是最为核心的，千万不能受外界环境的影响而轻易做出改变。这是指(　　)。

A. 不轻易改变品牌定位　B. 不轻易触碰价格战
C. 渠道深入　D. 产品为王

3. 通过降价降低了消费者对品牌的期待后，企业再想通过涨价恢复原来的价格，消费者是不会买账的。这是指品牌在定位时应(　　)。

A. 不轻易改变品牌定位　B. 不轻易触碰价格战

C. 渠道深入　　D. 产品为王

4. 渠道对于品牌的战略作用是非常明显的，甚至可以这样理解：没有渠道就没有品牌，渠道始终是品牌得以接触消费者的关键。所以我们要(　　)。

A. 不轻易改变品牌定位　　B. 不轻易触碰价格战

C. 渠道深入　　D. 产品为王

5. 品牌定位(　　)是进行品牌定位点开发的策略，品牌定位点的开发是从经营者角度挖掘品牌产品的特色的工作。

A. 策略　　B. 战略　　C. 谋略　　D. 经略

6. “高露洁，没有蛀牙”“佳洁士，坚固牙齿”等，是以产品(　　)为基点的定位。

A. 功能　　B. 外观　　C. 价格　　D. 质量

7. 白加黑感冒药将感冒药的颜色分为白、黑两种形式，并以此外在形式为基础改革了传统感冒药的服用方式。这是以产品(　　)为基点的定位。

A. 功能　　B. 外观　　C. 价格　　D. 质量

8. 价格是企业与消费者之间分割利益最直接、最显见的指标，也是许多竞争对手在市场竞争中乐于采用的竞争手段。美国西南航空公司就是以产品(　　)为基点进行品牌的定位。

A. 功能　　B. 外观　　C. 价格　　D. 质量

9. 某一品牌复印机在定位时，强调操作简便，复印件与原件几乎一样，表现方式是让一个五岁的小女孩操作复印机，当她把原件与复印件交到她父亲手里时，父亲还会问“哪一个是原件”。这是以产品(　　)为基点的定位。

A. 功能　　B. 外观　　C. 价格　　D. 质量

10. “Think small（想想还是小的好)”，这是世界广告发展史上的经典之作。这一广告诉求主题、宣传定位，使德国大众公司生产的大众金龟车（俗称“甲壳虫”）顺利进入美国这个汽车王国，并塑造了独特可信的品牌形象。这是以产品(　　)为基点的定位。

A. 功能　　B. 外观　　C. 价格　　D. 质量

11. 某些品牌则以高价作为其全部产品信息的基础，如“世界上最贵的香水只有快乐牌（Joy)”，“为什么你应投资于伯爵表（Piaget)，它是世界上最贵的表”。这是以产品(　　)为基点的定位。

A. 功能　　B. 外观　　C. 价格　　D. 质量

12. (　　) 是把产品和一位使用者或一类使用者联系起来，直接表达出品牌产品的目标消费群体，并排除了其他消费群体。

A. 从使用者角度定位　　B. 从使用场合和时间定位

C. 从消费者购买目的定位　　D. 从消费者生活方式定位

13. 来自泰国的红牛（RedBull）饮料，其定位是“累了困了喝红牛”，强调其功能是迅速补充能量，消除疲劳。这是(　　)。

A. 从使用者角度定位　　B. 从使用场合和时间定位

C. 从消费者购买目的定位　　D. 从消费者生活方式定位

14. 在我国，送的礼品往往是包起来的，主人当场不予打开，送礼之人也不鼓励当场打开，也不说为什么送礼。基于这一特殊国情，对我国的企业而言，就有一种品牌定位的新开发点，即“让礼品的品牌开口代送礼人说话”。这是(　　)。

A. 从使用者角度定位　　B. 从使用场合和时间定位

C. 从消费者购买目的定位　　D. 从消费者生活方式定位

15. 消费者的生活方式、生活态度、心理特性和价值观念变得越来越重要，已成为市场细分的重要变量，所以(　　)品牌成为越来越多企业的选择。

A. 从使用者角度定位　　B. 从使用场合和时间定位

C. 从消费者购买目的定位　　D. 从消费者生活方式定位

16. “太太”口服液，定位于已婚女士，其口号是“太太口服液，十足女人味”。这一定位既表达了产品的使用者——太太，也表达了产品的功能性利益点——让太太有十足的女人味。这是(　　)。

A. 从使用者角度定位　　B. 从使用场合和时间定位

C. 从消费者购买目的定位　　D. 从消费者生活方式定位

17. 8 点以后马克力薄饼声称是“适合 8 点以后吃的甜点”，米开威（Milky Way）则自称为“可在两餐之间吃的甜点”，它们在时段上建立了区分。这是(　　)。

A. 从使用者角度定位　　B. 从使用场合和时间定位

C. 从消费者购买目的定位　　D. 从消费者生活方式定位

18. 心源素代表子女说“爸爸，我爱你”，保龄参代表女婿的“一心一意”，椰岛鹿龟酒代表“子女对父母的孝顺”等。这是(　　)。

A. 从使用者角度定位　　B. 从使用场合和时间定位

C. 从消费者购买目的定位　　D. 从消费者生活方式定位

19. 贝克啤酒的广告语“喝贝克，听自己的”，强调独立自主、不随大流的个性。这是(　　)。

A. 从使用者角度定位　　B. 从使用场合和时间定位

C. 从消费者购买目的定位　　D. 从消费者生活方式定位

20. (　　)就是要寻找没有竞争者的消费者品牌知觉图，并在这张图上，打上唯一的品牌。

A. 首次或第一定位　　B. 比附定位

C. 进攻或防御式定位　　D. 末尾定位

21. (　　)是以竞争者为参考点，在其周边寻找突破口，同时与竞争者相联系，尤其是当竞争者是市场领导者时，这种定位能突出相对弱小品牌的地位。

A. 首次或第一定位　　B. 比附定位

C. 进攻或防御式定位　　D. 末尾定位

22.(　　)是为了侵占其他品牌地位或防止其他品牌进攻而采取的定位。

A. 首次或第一定位　　B. 比附定位

C. 进攻或防御式定位　　D. 末尾定位

23. 品牌的个性可能在品牌设计阶段就已确立，也可能是在运作下自然形成。但一旦形成了品牌个性，就可以作为品牌的定位。这是(　　)。

A. 从品牌识别的个性角度定位　　B. 从品牌识别的文化特征定位

C. 从品牌与消费者的关系定位　　D. 竞争者定位

24. 德国是汽车工业的发祥地之一，奔驰公司在一百多年的汽车制造历史上已形成了独特的品牌价值观，那就是“质量、可靠性、安全、技术超前”等。这是(　　)。

A. 从品牌识别的个性角度定位　　B. 从品牌识别的文化特征定位

C. 从品牌与消费者的关系定位　　D. 竞争者定位

25. 海尔冰箱每推出一个新产品总有一个诉求点，但“真诚到永远”表达了其不断帮助消费者解决问题的态度。这是(　　)。

A. 从品牌识别的个性角度定位　　B. 从品牌识别的文化特征定位

C. 从品牌与消费者的关系定位　　D. 竞争者定位

26. 品牌(　　)是指品牌在经营中逐渐形成的文化积淀，它代表着品牌自身的价值观、世界观。形象地说，就是把品牌人格化后，它所持有的主流观点。

A. 文化　　B. 历史　　C. 目录　　D. 定位

27. 社会营销观念认为，企业在满足消费者需求、取得企业利润的同时，也需要考虑社会的长期整体利益。这要求企业在宣传自己产品的功效、品质的同时，也要弘扬优秀文化，倡导正确的价值观，推动社会进步。这说明品牌文化(　　)。

A. 体现了社会的长期整体利益

B. 满足了目标消费者物质之外的文化需求

C. 培养了品牌忠诚度，是重要的品牌壁垒

D. 取得了社会的短期利益

28. 品牌文化的建立，能让消费者在享用产品所带来的物质利益之外，还能有一种文化上的满足。在这种情况下，有时市场细分的标准就是以文化为依据。这说明品牌文化(　　)。

A. 体现了社会的长期整体利益

B. 满足了目标消费者物质之外的文化需求

C. 培养了品牌忠诚度，是重要的品牌壁垒

D. 取得了社会的短期利益

29. 对企业而言，最理想的是培养一个品牌的坚定购买者在买主中占很高比例的市场，但事实不会如此完美。由于市场竞争十分激烈，往往会有大量的消费者从坚定者成为不坚定者和转移者。这说明品牌文化(　　)。

A. 体现了社会的长期整体利益

B. 满足了目标消费者物质之外的文化需求

C. 培养了品牌忠诚度，是重要的品牌壁垒

D. 取得了社会的短期利益

30. “在这个世界上，我找我自己的味道，口味很多，品味却很少，我的摩卡咖啡。”这是摩卡咖啡的一则电台广告，它就有基于文化细分上的鲜明的目标市场：不赶时尚、有自己品位的少部分人，同时暗示他们选择摩卡咖啡就是坚持这样生活方式的体现。这说明品牌文化（ ）。

A. 体现了社会的长期整体利益

B. 满足了目标消费者物质之外的文化需求

C. 培养了品牌忠诚度，是重要的品牌壁垒

D. 取得了社会的短期利益

31. 贝纳通是世界著名的服装品牌。为了让贝纳通树立自己的特色，经营者为贝纳通塑造了“爱自然、爱人、关怀社会”的品牌文化。这说明品牌文化（ ）。

A. 体现了社会的长期整体利益

B. 满足了目标消费者物质之外的文化需求

C. 培养了品牌忠诚度，是重要的品牌壁垒

D. 取得了社会的短期利益

32. 为品牌塑造的文化是否合适，一般有两个标准。其中之一是文化要符合产品特征。产品都有自己的特性，如适合在什么样的场合使用，能给消费者带来什么利益等。这是（ ）。

A. 为品牌塑造一种恰当的文化　　B. 兼顾品牌文化与时尚文化

C. 兼顾品牌文化与民族传统文化　　D. 忠诚文化

33. 对某些产品来讲，十分适合在品牌文化中引入时尚的内容，如服饰、运动产品等。时尚指的是一个时期内相当多的人对特定的趣味、语言、思想以及行为等各种模式的随从或追求。这是（ ）。

A. 为品牌塑造一种恰当的文化　　B. 兼顾品牌文化与时尚文化

C. 兼顾品牌文化与民族传统文化　　D. 忠诚文化

34. 我国的民族传统文化包括：注重家庭观念；讲究尊师敬老、抚幼孝亲；追求圆满完美；崇尚含蓄、温和和秩序等。若要让大众产生共鸣，则要（ ）。

A. 为品牌塑造一种恰当的文化　　B. 兼顾品牌文化与时尚文化

C. 兼顾品牌文化与民族传统文化　　D. 忠诚文化

35. 百贝佳（牙膏品牌）宣传“世界的早晨从百贝佳开始”；雀巢则时刻传递给人一份温容和关爱。这是（ ）。

A. 为品牌塑造一种恰当的文化　　B. 兼顾品牌文化与时尚文化

C. 兼顾品牌文化与民族传统文化　　D. 忠诚文化

36. 力士香皂一贯坚持让著名影星作为其推介证言的策略，成功地使力士的品牌文化与时尚联系在了一起。当然，选用名人来做广告需要谨慎和恰如其分，一般要考虑名人、权威与品牌之间的联系。这是(　　)。

A. 为品牌塑造一种恰当的文化　　B. 兼顾品牌文化与时尚文化

C. 兼顾品牌文化与民族传统文化　　D. 忠诚文化

37. 台湾的“北方”牌水饺从品牌名上做文章，将其独特的民族传统文化融入品牌文化中，打动了消费者的心。它的广告文案是：“古都北京，最为人所称道、怀念的，除了天坛、圆明园外，就该是那京片子的人情味和那热腾腾、皮薄馅多汁鲜、象征团圆的水饺。今天，在宝岛台湾，怀念北京，憧憬老风味，只有北方水饺最能令你回味十足，十足回味。”这个品牌的文化就十分自然地将其与传统文化中注重祖国统一、亲人团聚等情结连在了一起。这是(　　)。

A. 为品牌塑造一种恰当的文化　　B. 兼顾品牌文化与时尚文化

C. 兼顾品牌文化与民族传统文化　　D. 忠诚文化

38. 品牌文化所倡导的价值观、审美观、消费观，可以对消费者起到引导作用，把消费者引导到和自己的主张一致的轨道上来，从而提高消费者对品牌的追随度。这是品牌文化的(　　)。

A. 导向功能　　B. 凝聚功能　　C. 激励功能　　D. 约束功能

39. 品牌文化像一种强力黏合剂，从各个方面、各个层次把全体员工紧密地联系在一起，使他们同心协力，为实现企业的目标和理想而奋力进取。这是品牌文化的(　　)。

A. 导向功能　　B. 凝聚功能　　C. 激励功能　　D. 约束功能

40. 对消费者而言，品牌的价值观念、利益属性、情感属性等可以创造消费感知，丰富消费联想，激发消费欲望。这是品牌文化的(　　)。

A. 导向功能　　B. 凝聚功能　　C. 激励功能　　D. 约束功能

41. 企业文化的约束作用更多的是通过道德规范、精神、理念和传统等无形因素，对员工的言行进行约束，将个体行为从众化。这是品牌文化的(　　)。

A. 导向功能　　B. 凝聚功能　　C. 激励功能　　D. 约束功能

42. 品牌文化不能复制，但一旦形成，不仅会在企业内部发挥作用，还可以通过形象塑造、整合传播、产品销售等各种途径影响消费群体和社会风尚。这是品牌文化的(　　)。

A. 导向功能　　B. 凝聚功能　　C. 激励功能　　D. 辐射功能

43. (　　)认为，品牌个性倾向于提供一个象征性的，或者自我表达的功能。

A. 凯文·莱恩·凯勒　　B. 林恩·阿普绍

C. 格兰特·麦克拉肯　　D. 珍妮弗·阿克尔

44. (　　)认为，品牌个性与品牌形象和品牌声誉是一个意思，它指一个品牌的外在面貌，其特质几乎和人的特质一样。

A. 凯文·莱恩·凯勒　　B. 林恩·阿普绍
C. 格兰特·麦克拉肯　　D. 珍妮弗·阿克尔

45. (　　)认为，人们直接与某一品牌产生关联，因而产生了此品牌的人格特质。

A. 凯文·莱恩·凯勒　　B. 林恩·阿普绍
C. 格兰特·麦克拉肯　　D. 珍妮弗·阿克尔

46. (　　)认为，品牌个性是与品牌有关联的一整套人性化的特征。她进一步指出和产品相连的属性倾向于向消费者提供实用功能，而品牌个性倾向于向消费者提供象征性和自我表达的功能。

A. 凯文·莱恩·凯勒　　B. 林恩·阿普绍
C. 格兰特·麦克拉肯　　D. 珍妮弗·阿克尔

47. 品牌个性的 5 个维度中的“真诚”是指(　　)。

A. Sincerity　　B. Excitement　　C. Competence　　D. Sophistication

48. 品牌个性的 5 个维度中的“刺激”是指(　　)。

A. Sincerity　　B. Excitement　　C. Competence　　D. Sophistication

49. 品牌个性的 5 个维度中的“胜任”是指(　　)。

A. Sincerity　　B. Excitement　　C. Competence　　D. Sophistication

50. 品牌个性的 5 个维度中的“教养”是指(　　)。

A. Sincerity　　B. Excitement　　C. Competence　　D. Sophistication

51. 品牌个性的 5 个维度中的“强壮”是指(　　)。

A. Sincerity　　B. Excitement　　C. Competence　　D. Ruggedness

52. 务实、顾家、传统隶属于品牌个性的 5 个维度中的(　　)。

A. 真诚　　B. 刺激　　C. 胜任　　D. 教养

53. 活力、酷、年轻隶属于品牌个性的 5 个维度中的(　　)。

A. 真诚　　B. 刺激　　C. 胜任　　D. 教养

54. 智能、富有技术、团队协作隶属于品牌个性的 5 个维度中的(　　)。

A. 真诚　　B. 刺激　　C. 胜任　　D. 教养

55. 迷人、女性、柔滑隶属于品牌个性的 5 个维度中的(　　)。

A. 真诚　　B. 刺激　　C. 胜任　　D. 教养

56. 户外、男性、北方隶属于品牌个性的 5 个维度中的(　　)。

A. 强壮　　B. 刺激　　C. 胜任　　D. 教养

57. 运动鞋品牌倾向于年轻、活力，富有冒险精神。这是指品牌个性与(　　)有关。

A. 产品类别　　B. 产品属性　　C. 产品包装　　D. 产品价格

58. 黑灰色调的包装给人以沉稳、练达的感觉。这是指品牌个性与(　　)有关。

A. 产品类别　　B. 产品属性　　C. 产品包装　　D. 产品价格

59. 通常高价会被人认为富有、属于上流社会的，低价则给人一种平实、节俭的感觉。这是指品牌个性与（　　）有关。

A. 产品类别　　B. 产品属性　　C. 产品包装　　D. 产品价格

60. 社会精英象征成功、成熟。这是指品牌个性与（　　）有关。

A. 使用者形象　　B. 产品属性　　C. 产品包装　　D. 产品价格

61. 赞助高尔夫赛事给人以高雅感，赞助模特赛事给人时尚感，捐献灾区体现企业的责任感。这是指品牌个性与（　　）有关。

A. 使用者形象　　B. 品牌营销组合策略

C. 企业形象　　D. 品牌来源地

62. 同仁堂塑造了资深仁慈的老者形象。这是指品牌个性与（　　）有关。

A. 使用者形象　　B. 品牌营销组合策略

C. 企业形象　　D. 品牌来源地

63. 法国品牌的浪漫，德国品牌的严谨、精确；日本品牌的轻巧、精致；美国品牌的自由、高科技。这是指品牌个性与（　　）有关。

A. 使用者形象　　B. 品牌营销组合策略

C. 企业形象　　D. 品牌来源地

二、思考题

1. 品牌定位的原则有哪些？
2. 品牌定位的策略有哪些？
3. 品牌文化的作用有哪些？
4. 品牌文化的功能有哪些？
5. 品牌个性有哪 5 个维度？

三、案例分析题

企业文化与品牌文化的区别

（一）特征不同

企业文化是企业共同遵守的价值观、信念和行为方式的总和，重点是企业价值观、企业理念和行为方式的塑造，是企业生产与发展的指导思想。品牌文化则以品牌个性、精神的塑造和推广为核心，使品牌具备文化特征和人文内涵，重点是通过各种策略和活动使消费者认同品牌所体现的精神，然后形成一个忠诚的品牌消费群体。

什么是品牌的文化特征？要明白这个概念，首先需要明白文化是什么。同样的，品牌的文化特征，不但要具备精神内涵，还要从营销策划、促销活动、广告宣传、客户关系等各个方面进行整合，让消费者能够体会到品牌的精神、个性和文化内涵，并通过典故、故事、仪式和人物等文化载体进行传播，例如：可口可乐的诞生传奇、联想的创业故事、海尔的“砸冰箱、送冰箱”等故事，这样就让品牌文化鲜活和生动起来，有助于形成具有忠诚度的品牌消费群体。

品牌文化要借助大众文化和消费者心理特征，形成自己的消费群体。不同的行业可能表现有所不同。例如：商用轿车一般瞄准商业人士，基本是都是体现一种成功者的风度、气质和不屈精神。

（二）作用不同

企业文化是对内的，主要是为了明确企业的生存与发展指导原则，并形成一套以价值观、理念为核心的制度和规范体系，以此提升企业管理水平。优秀的企业文化，不仅对企业管理有帮助，也应具有品牌效应。那些成功的企业越来越把自己的成功归结于企业的文化，关于这些企业的优秀文化的报道也是层出不穷。试想："惠普之道"为惠普省下了多少品牌推广费用，海尔的企业文化为海尔带来了多少无形价值，华为基本法为华为提升了多少品牌知名度和美誉度？没有人做过统计，但这一定是一笔特别大的收益。所以，企业文化能够推动企业形象的提升，增强企业的美誉度，不仅可以为企业做很多免费的推广，而且无形中可以为企业吸引更多优秀的人才。为什么海尔的薪水不高、工作模块化，但依然可以吸引那么多优秀毕业生？文化和企业形象在这里起的作用是非常大的。

品牌文化是"品牌"与"文化"的有机融合。品牌文化的作用是为了打造企业的品牌，主要承担营销管理的职能。从某种意义上来说，品牌文化本身就是打造品牌的一种方式。之所以越来越多企业提品牌文化的概念，是因为文化这个概念越来越得到关注，全球化的进程暴露出一系列文化的冲突问题（如跨国公司在中国的本土化难题），不同企业并购的失败大多源于文化不同：惠普与康柏合并的不成功；联想收购 IBM PC 事业部、TCL 收购汤姆逊的关键问题也是文化的融合问题。世界级的优秀品牌往往诞生在西方发达国家，这些企业进入中国，本身就带来了文化冲击，洋品牌与本土品牌的竞争，其深层次就是文化的竞争。

（三）建设方法不同

企业文化与品牌文化虽然都有文化的要素，但是建设方法有很大差别。

首先，负责的部门不同，沟通协调工作比较难。在企业里，负责企业文化建设和负责品牌文化建设的部门往往是两个部门，所以沟通协调工作很多，营销人员认为企业文化与品牌文化关系不大，所以很难接受品牌文化建设部门的一些思想和方法。

其次，品牌文化的建设就像是恋爱，而企业文化的建设更像是婚姻。

谈恋爱的时候，每个人都希望尽量多地展示自己优秀的一面，吸引对方的注意。首先要选好对象，在你选择跟他（她）见面之前，就要通过各种渠道多方打探，以了解这个人的身高、相貌、人品、个性、收入等方面，这就是对比和选择。当看到琳琅满目的洗发水品牌时，你会选择谁？你肯定要根据以前所接受到的这些品牌带来的不同感受来进行挑选。例如：你准备挑选一款能够去头皮屑的洗发水，就有海飞丝、沙宣、采乐等多种选择，那你为什么只选择某个品牌？在功能差不多、价格相差不大的情况下，关键就在于这个品牌给你的感觉。有时候很难说出为什么要选择这个品牌，这就说明这个品牌已经对你产生了潜移默化的影响，这个品牌所体现的个性、品位非常符合你的情感和感觉，于是，你产生了好感，你选择了这个品牌，你们开始了“交往”。当你使用这个品牌一段时间之后，如果功能不好，你会失望，拒绝跟他（她）继续交往；如果满足你的预期，那你们就陷入“热恋”了，这就逐渐形成了品牌的忠诚度。

但是企业文化的建设，更像是一场婚姻，用佛家的一句话来形容非常恰当——“如人饮水、冷暖自知”。每个员工对企业文化都有自己的理解，如果认同，可能就会激发员工的工作热情；如果不认同，那文化就是一种形式而已。员工加入一个企业，看重的无非是三个方面：一是物质，二是精神，三是工作前途。首先，这个岗位能给我带来多少收入，这是物质方面，也是经济基础；其次，这个企业的氛围我喜欢不喜欢，我与领导、同事的关系如何，这是精神方面；最后，我的工作技能能不能得到提升，能不能得到公司的重用，我未来的职业生涯是什么，我是否有前途，这是工作前途层面的。员工与公司的关系如同夫妻，不是每天都在憧憬未来、沟通愿景，而是柴米油盐、鸡毛蒜皮，员工对于企业文化的感受，主要还是依靠在实际工作中的体验，一些细节汇聚成了他对企业文化的看法，包括人际关系、公司氛围、奖惩措施、尊重与发展、创新与活力等。

企业文化与品牌文化的建设，其根源都在于对文化的理解，对文化理解得越深、越透彻，就越容易把握其中的真谛和关键。

资料来源：根据互联网公开信息改编。

要求：请结合实际谈一谈企业文化与品牌文化的主要区别。

项目三　品牌形象塑造
课后习题参考答案

项目四 品牌战略

知识目标

1. 掌握多品牌战略的定义、特点、作用和类别。
2. 熟悉家族品牌战略。
3. 熟悉品牌延伸战略的内涵和决策选择。
4. 掌握品牌延伸战略的优点与风险。
5. 掌握奢侈品品牌战略。

能力目标

1. 能够运用所学知识实践多品牌战略。
2. 能够运用所学知识实践家族品牌战略。
3. 能够运用所学知识实践品牌延伸战略。
4. 能够运用所学知识实践奢侈品品牌战略。

任务一 多品牌战略

案例导入

小护士的多品牌战略

小护士（如图 4－1 所示）被欧莱雅收购前的老东家是深圳丽斯达日化公司。自 1989 年创立以来，丽斯达一直非常重视品牌发展，相继推出了“立得”“邦氏”“古方”“小护士”“兰歌”五大品牌。其中，小护士凭借独特的“防晒”概念从 1997 年开始“杀入"全国护肤品牌的三甲，并且差一点将这一成果维持到收购前。

图 4-1 小护士护肤品

1999 年，靠小护士站稳脚跟的丽斯达企图用新的品牌兰歌来进攻大宝。而那时大宝已成为中低档护肤的第一品牌，分销已经深入城市的区、县一级。兰歌一方面定位于"专业护理"，另一方面却主打"低价"，这种自相矛盾的做法让它在诞生之初就因利润低而缺乏足够的经费去推广产品。小护士的成功是因为发现、培养并占据了防晒这个利基市场。而兰歌却是向市场的领先者发起挑战，靠小护士的经验来推广兰歌，结果可想而知。据说，当年丽斯达在兰歌项目上亏损了 1 亿元，这相当于小护士白卖一年。

资料来源：根据互联网公开信息改编。

一、多品牌战略的定义和特点

多品牌战略（Multi-Brand Strategy）是指一个企业发展到一定程度后，利用自己创建起来的一个知名品牌开发出多个知名品牌的战略计划，多个品牌相互独立，又存在一定的关联，并不是毫不相干、相互脱离的。

多品牌战略的实施有两个特点：

一是不同的品牌针对不同的目标市场。飘柔、潘婷、海飞丝的区别就在于：飘柔强调"使头发更飘、更柔"；潘婷突出"拥有健康，当然亮泽"；海飞丝则强调"头屑去无踪，秀发更出众"。

二是品牌的经营具有相对的独立性。在宝洁公司内部，飘柔、潘婷和海飞丝分属于不同的品牌经理管辖，它们之间相互独立、相互竞争。

二、多品牌战略的作用

（一）有利于满足消费者不同的偏好需求

"见缝插针"是多品牌灵活性的一种具体表现。班尼路公司在服装市场上针对不同年龄的细分市场推出不同档次的服装品牌，以满足消费者的不同偏好需求，各个品牌遵循自身定位走向市场，各有各的个性。

（二）有利于充分适应市场的差异化

市场是千差万别、复杂多样的：不同的地区有不同的风俗习惯；不同的时代有不同的审美观念；不同的人有不同的爱好追求等。甚至同一品牌在不同的国家或者地区也有不同的评价标准。上文的班尼路公司就是运用了多品牌策略，充分适应了市场的差异化。

（三）有利于提高产品的市场占有率

多品牌战略最大的优势便是通过给每一个品牌进行准确定位，进而有效占领各个细分市场。如果企业原先的目标消费群范围较窄，难以扩大市场份额，此时可以考虑推出不同档次的品牌，划分不同的价格水平，形成不同的品牌形象，以抓住不同偏好的消费者。

品牌故事分享

海尔的主副品牌战略

目前，海尔产品已有冰箱、冷柜、空调、洗衣机、彩电、计算机、手机等 69 个大类 10 800 多个品牌，成为拥有白色家电、黑色家电和米色家电的中国家电第一品牌，其中部分品牌如表 4－1 所示。

表 4－1 海尔的主副品牌战略

冰箱	空调	洗衣机	彩电	热水器
海尔—小王子 海尔—双王子 海尔—大王子 海尔—帅王子 海尔—金王子 海尔—冰王子	海尔—小超人 （变频空调） 海尔—小状元 （健康空调） 海尔—小英才 （窗机等）	海尔—神童 海尔—小小神童	海尔—探路者	海尔—小海象

资料来源：根据互联网公开信息改编。

（四）有利于促进销售

研究表明，消费者对日杂用品、保健品、美容品、服装等的购买有三分之二属于冲动性消费。因为货架的有限性，所以这类产品在卖场上架越多，留给竞争对手的货架就越少，消费者的选购率就越高，市场占有率也就越大。日杂用品不同于耐用消费品，消费者忠诚度偏低，如果消费者在市场中买不到某一产品，就很容易买别的产品来替代，在尝试购买后如果满意，还可能逐渐变成其他品牌的忠诚消费者。

（五）有利于增强企业的抗风险能力

使用多品牌战略可以避免因为企业的某一种产品市场推进失败或质量发生问题所带来的品牌危机的风险。由于不同品牌在对外宣传上相对独立，因此即便是某一品牌出了问题，也很难波及企业的其他品牌，很大程度降低了企业的经营风险。

品牌故事分享

英特尔（Intel）公司的联合品牌战略

1991年，为了抵御竞争对手在计算机机芯市场上的大举进攻，英特尔公司推出了“奔腾”系列芯片，并随之制定了耗资巨大的促销计划：每年花1亿美元，鼓励计算机制造商在其产品上使用“Intel Inside”的标志，并对参与这项计划的计算机制造商给予3%～5%的折扣。

此举一出，效果极为明显。1992年英特尔公司的销售额比上年增加了63%，并且迫于消费者和小制造商的压力，几乎所有的主要计算机制造商都参与了这项计划。

当时，在参与这项计划的计算机产品上都出现了两种品牌标志：一种是计算机制造商自己的品牌标志，另一种则是其机芯的品牌标志，即“Intel Inside”。

资料来源：根据互联网公开信息改编。

（六）有利于深塑品牌个性

一个品牌若能针对某一目标市场进行专门的产品设计、价格定位、分销规划和广告活动，那么该品牌就能最大限度地满足该类消费者的需要，并在他们的心中建立起特有的品牌个性化形象，有助于建立消费者的品牌偏好和忠诚度。

多品牌战略能让每一品牌都有自己的定位和服务对象，聚焦于一个档次和一种风格个性。在宣传时，对外传播的是一个品牌的特性，具有高度的统一性，久而久之便能在消费者心目中建立起品牌与产品的特点、个性、形象之间的对应关系。

三、多品牌战略的类别

多品牌战略在具体实施过程中可分为个别品牌策略、分类品牌策略、企业名称+个别品牌策略三大类。

（一）个别品牌策略

个别品牌是指企业的不同产品分别采用不同的品牌。个别品牌策略主要在以下两种情况下使用：一是企业同时经营高、中、低档产品时，为避免某种产品声誉不佳而影响整个企业声誉，因此采用这一策略；二是企业的原有产品在社会上有负面影响，为避免消费者的反感，企业在发展新产品时采取多品牌命名，不让消费者在企业的传统品牌与新品牌之间产生联想，甚至隐去企业的名称，以免传统品牌以及企业名称对新产品的销售产生不良影响。

提起美国的菲利普·莫里斯公司（Philip Morris Companies Inc.，如图 4-2 所示），人们立即就会联想到香烟。大名鼎鼎的万宝路香烟就是这家公司的拳头产品。然而，要是有人问卡夫酸奶和奇妙酱、果珍饮品以及麦斯威尔咖啡是哪家公司生产的，大多数人也许会被问住。其实，这些产品全部出自美国“烟草大王”——菲利普·莫里斯公司。

图 4-2 菲利普·莫里斯公司标志

是突出品牌形象，还是突出公司形象？这历来是市场营销的关键。菲利普·莫里斯公司突出品牌形象、淡化公司形象显然是明智之举。当该公司从通用食品公司买下卡夫、麦斯威尔等品牌之后，一直在广告中突出这些品牌的形象，其中除了考虑到这些商标已经形成巨额无形资产外，更让公司关心的是，在全球禁烟运动此起彼伏的今天，使用同一品牌策略是不合适的。不让“烟草公司”的形象吓到那些赞成禁烟的消费者的最佳途径，就是不让公司本身在这些产品的广告中露面。

菲利普·莫里斯公司的这一品牌策略获得了巨大成功。全球无数的禁烟主义者在购买上述品牌时，并不知道在这些品牌背后的正是“烟草大王”——菲利普·莫里斯公司。

将个别品牌策略进一步演变，就可以引申为品牌扩展策略和多重品牌策略。

品牌扩展策略就是对个别品牌加以扩展，以表示该产品的不断改进。日本松下电器（Panasonic）对其电视、录放影机等视听家电类产品就常采用这一品牌策略，从而给消费者传达一种该公司富于创新、年轻有活力的观念，博得消费者对该公司产品的认同及依赖。

多重品牌策略是指在同一产品中设立两个或两个以上相互竞争的品牌。这虽然会使原有品牌的销量略减，但几个品牌加起来的总销量却比原来一个品牌更多，因而这种策略又被企业界称为“1＋1＞2”策略。

品牌故事分享

五粮液的联合品牌扩张之路

自1994年起，五粮液公司开始以品牌为纽带与各地酒类经销商联手创立地方联合品牌，如五粮醇、浏阳河、京酒、金六福酒等。五粮液产销量夺冠，这些联合品牌功不可没。

地区联合品牌策略的成功有两个重要条件：一是该产品的市场具有很强的区域性或者受到严格的地方保护；二是这种合作必须是强强合作，一方是著名的生产商，而另一方则有着强大的渠道优势。

因此，地区联合品牌策略帮助五粮液在细分市场上获得了独特的竞争优势。

资料来源：根据互联网公开信息改编。

多重品牌策略由宝洁公司首创。宝洁认为，单一品牌并非万全之策。因为一种品牌树立之后，容易在消费者中形成固定印象，不利于产品的延伸，尤其是像宝洁这样横跨多种行业、拥有多种产品的企业更是这样。因而宝洁不断推出新品牌，其在中国推出的美容护肤品牌就有近10个，占了全国美容品主要品牌的三分之一。中国消费者熟悉的潘婷、飘柔、海飞丝三大洗发护发品牌都是宝洁的产品，这三个品牌分别吸引三类不同需求的消费者，从而使得宝洁在中国的洗发液市场占有率上升为第一，达50%以上。这显然是宝洁公司成功运用多重品牌策略的成果。

这种方法在美容用品、洗涤用品等行业中运用已经较为普遍。上海家化联合股份有限公司也分别推出露美庄臣、清妃、白领丽人、雅霜、男宝、伯龙、尤维、友谊、六神、高夫等许多品牌，以占有不同的细分市场。

多重品牌策略之所以对企业有如此大的吸引力，主要是由于：

(1) 零售商的商品陈列位置有限，企业的多种不同品牌只要被零售商店接受，就可占用较多的货架面积，而竞争者所占用的货架面积会相应减少。

(2) 许多消费者属于品牌转换者，具有求奇求新心理，喜欢试用新产品，因此，要抓住这类消费者、提高产品市场占有率的最佳途径就是推出多个品牌。

(3) 发展多种不同的品牌有助于在企业内部各个部门、产品经理之间开展竞争，提高效率。

(4) 不同品牌定位于不同细分市场，其广告诉求点、利益点不同，可使企业深入各个不同的细分市场，占领更大市场。

(二) 分类品牌策略

如果企业所经营的各类产品之间的差别非常大，那么企业就必须根据产品的不同归属采取分类品牌策略，即各类产品分别命名、一类产品使用一个品牌。

20世纪美国最大的零售商西尔斯公司（SEARS）就是采取这样的策略，它的家用电器、妇女服饰、家具等产品分别使用不同的品牌。这种策略特别适用于生产与经营产品种类繁多的大企业，由于它们所涉及的领域吃、穿、用俱全，产品之间的差距很大，绝不能使用同一品牌。

试想，企业既生产食品，又生产化肥；既生产化妆品，又生产农药，如果使用同一品牌，消费者会出现什么样的反应？因此，美国宝洁公司在我国销售其产品时，杀虫剂用的是雷达牌，鞋油用的是红鸟牌，而大量的化妆品用的是其他品牌。我国的海尔集团在销售其家用电器如冰箱、彩电、洗衣机等产品时使用的是海尔牌，而其产品线延伸至保健品行业时，用的却是采力牌，目的也是保持海尔集团在消费者心目中一贯的主体形象。

（三）企业名称＋个别品牌策略

企业在考虑产品之间既有相对同一性又有各自独立性的情况下，典型的做法是在企业的名称后再加上个别品牌的名称。

这一策略在每一品牌之前均冠以公司名称，以公司名称表明产品出处，以品牌表明产品的特点，其主要的好处是：既可以使新产品享受企业的信誉，又可以使各种不同的产品保持自己的特色，具有相对独立性。

这种做法在一些著名大企业的经营中屡见不鲜，因为企业名称本身是一笔巨大的无形资产，可以为个别品牌带来支撑。例如：柯达公司（Eastman Kodak Company）的胶卷因其性能不同，被分别命名为柯达万利胶卷、柯达金奖胶卷、柯达至尊胶卷等；海尔集团的冰箱依据其目标市场定位不同，被分别命名为“海尔双王子”“海尔小王子”“海尔帅王子”等，洗衣机也有“海尔神童”“海尔小小神童”洗衣机，这种品牌策略给海尔集团带来的巨大效益是有目共睹的。

美国可口可乐公司与百事可乐公司几乎同时向市场推出低糖的健怡类饮料。百事可乐将其取名为“健怡百事可乐”，而可口可乐公司却取名为“泰森”。结果，“泰森”败在同类产品手下。因为“泰森”虽能迎合消费者的口味，却未能将可口可乐的大名延伸过来。可口可乐公司吸取教训，重新命名产品，推出健怡可口可乐，立即被消费者接受，健怡可口可乐很快成为美国第三大饮料产品。健怡可口可乐的成功，正是企业名称＋个别品牌策略正确运用的结果。

四、多品牌战略的运用策略

（一）避免子品牌竞争

同一企业引入多品牌的终极目标是用不同的品牌去占有不同的细分市场，联手对外夺取竞争者的市场份额。如果引入的新品牌与原有品牌没有明显差异，就等于自己打自己，毫无意义。新品牌应能夺取竞争品牌的份额乃至吞并对手。

（二）体现品牌差异

例如：欧米茄（Omega）精心挑选名人作为形象大使；而雷达表（RADO）的广告从不用明星，广告诉求主要集中在高科技制表工艺和材料上。两者在设计和价位上也有较大区别，雷达（RADO）以方表为主，欧米茄（Omega）以圆表为主；欧米茄（Omega）的价格总体上高于雷达。

（三）突出独特卖点

国内曾有好几家企业尝试推出男士洗发水，并以“×××，真正男子汉”的宣传语和天王巨星为号召，但无人买单。这主要是因为洗发水是一种功能性极强的产品，讲究使用后的效果与感受，很难从心理、情感角度去细分，绅士型、英雄型、男子汉型的卖点没有足够的吸引力，无法托起一个洗发水品牌。以绅士、英雄、男子汉为卖点来推销香水等特别讲究心理感受与情感意境的产品，也许就会比较容易。

（四）依据行业特点

相对来说，名表、名车、生活用品、食品、服饰等行业适合采用多品牌战略，但电器类就很少采用这种策略，更多是走“综合品牌战略”的模式，如松下、日立、夏普，无论洗衣机、彩电、音响、空调、冰箱、传真机均采用同一品牌。

（五）细分市场规模化

企业专门发展出一个品牌去争夺某一细分市场，若这一细分市场的容量较小，销售额尚不足以支持一个品牌成功推广和生存所需的费用，就无法实施多品牌战略。台湾的日用品企业就因此很少采用这种策略，因为食品、日常用品的市场容量是以人口数量为基础的。台湾人口数量才 2 000 多万，任何一种食品的市场容量都是有限的，其细分市场的规模就更小了。

（六）及时调整与定位

随着社会经济的发展，消费者的需求在不断变化，有些品牌细分市场可能萎缩，这时就要剔除这一品牌或进行品牌再定位。如在上海、广州等城市，每块 2 元以下的肥皂已基本不见踪影，因此，肥皂品牌就应及早调整在这些城市的品牌定位，或剔除低档品牌，着力销售中高档品牌。

【训练任务】

多品牌战略训练。

【训练目标】

帮助学生实践多品牌战略。

【任务要求】

1. 由授课老师主持训练。

2. 如全班 48 人，自由分组，形成 6 组。

3. 小组成员讨论多品牌战略的定义、多品牌战略的特点、多品牌战略的作用、多品牌战略的类别和多品牌战略的运用策略。

4. 每组安排一名同学负责记录、汇总。

5. 活动结束后，要求每组选出一名代表在课堂上汇报讨论的心得。

6. 准备时间为 10 分钟。

【任务组织】

任务组织如表 4-2 所示。

表 4-2 多品牌战略训练任务组织表

活动项目	具体实施	时间	备注
多品牌战略训练	1. 如全班 48 人，自由分组，形成 6 组。 2. 小组成员讨论多品牌战略的定义、多品牌战略的特点、多品牌战略的作用、多品牌战略的类别和多品牌战略的运用策略。 3. 6 个小组在教师的指导下，同时进行讨论。 4. 组织学生讨论多品牌战略训练过程中遇到的问题。	30 分钟	教室中每组一桌八椅

【任务评价】

任务评价如表 4-3 所示。

表 4-3 多品牌战略训练任务评价表

评价指标	评价标准	分值（100 分）	评估成绩	权重
多品牌战略训练效果	1. 理解多品牌战略的定义、多品牌战略的特点、多品牌战略的作用、多品牌战略的类别和多品牌战略的运用策略。	20		70%
	2. 能识别多品牌战略训练易犯错误。	20		
	3. 能灵活运用多品牌战略训练的应对策略。	20		
	4. 遵守活动时间。	10		
	5. 讨论积极。	10		
	6. 效果明显。	10		
	7. 汇报得当。	10		
教学过程	出勤、态度和热情	100		30%
小组综合得分				

超链接

单一品牌战略

单一品牌就是一个企业把所有产品都使用同一品牌的情形。分为两种情况：

一种情况是一牌一品，指一个品牌下只有一种产品，实施一牌一品的最大好处是有利于树立产品的专业化形象，例如：金嗓子即采用一牌一品战略，其畅销多年，依然是最专业的润喉产品之一。

另一种情况是一牌多品，即一个品牌下有多种产品，如海尔，其冰箱、彩电、空调、电脑、手机、医药等均使用同一品牌，佳能公司也是一样。这一情况与多品牌战略中的企业名称十个别品牌策略类似。

一、主要优点

(1) 所有产品共用一个品牌，可以大大节省传播费用，对一个品牌的宣传同时可以惠及所有产品。

(2) 有利于新产品的推出，如果品牌已经具有一定的市场地位，那么新产品的推出无须过多宣传便会让消费者产生认知。

(3) 众多产品一同出现在消费者面前，可以彰显品牌实力。

二、主要缺点

(1) 只要其中一个产品出现问题，就会殃及池鱼，产生恶性连锁反应，而且出现危机的产品影响力越大，企业的品牌危机也越大，如光明牛奶回收事件，导致其包括酸奶、奶粉在内的全线产品销售受阻。

(2) 在不同档次进行产品线延伸时，难以改变消费者心目中的原有印象，如安徽的皖酒一直是做中低档白酒，在向高端白酒市场进军时就遇到重重困难。

(3) 使用同一品牌时，产品之间的属性也不宜出现太大反差，否则可能引起消费者心理不适。例如：活力 28 既生产洗衣粉，又生产纯净水，这样的纯净水大多数消费者是不敢喝的，因为总会感觉有洗衣粉的味道。

三、适用行业

以现状而言，国内大多数企业都比较偏向采取单一品牌战略。例如：在海王旗下，包括海王银得菲、海王金樽、海王银杏叶片、海王博宁、海王冠心丹参、海王金牡蛎等 30 多种产品都统一使用“海王”这一品牌名称，销量也都有不同程度的上升，这便是单一品牌战略的魅力。

资料来源：根据互联网公开信息改编。

任务二　家族品牌战略

案例导入

家族品牌的运用

美国通用电气公司的所有产品都统一使用“GE”这个品牌名称，其好处是：企业宣传介绍新产品的费用开支较低；利用已有的品牌信誉，很容易推出其他新产品。相同的案例还有康师傅方便面、康师傅矿泉水、康师傅3+2饼干、康师傅柠檬茶等。但如果任何一种产品出现问题，将影响家族品牌的声誉。因此，采用家族品牌的产品必须保持相同的质量水平，同时必须尽量避免在其疲软产品上使用。

资料来源：根据互联网公开信息改编。

一、家族品牌战略的内涵

（一）家族品牌

家族品牌又称群体品牌，是指企业决定其所有产品都统一使用一个品牌名称，形成一个品牌系列。例如：可口可乐公司的家族里，拥有可乐、雪碧、芬达、零度可乐、美汁源等品牌。在家族品牌当中，其联想可由单一的物品扩大至生活场景。但是，覆盖范围的增大会导致单一品牌的个性被淡化，因此，有必要在各自的市场上宣传不同品牌各自的益处。

（二）家族品牌战略

家族品牌战略（或称“统一品牌战略”）是品牌决策的一种方式，是指企业决定其产品都使用统一的品牌名称，或者分别使用不同的品牌名称。简单地说，家族品牌战略就是一个品牌下有多个品牌。随着产品组合中出现新的产品大类，实施家族品牌战略的企业将会遇到品牌跨类延伸的问题。家族品牌战略的优点在于新产品的上市推广可以借助已有品牌的口碑，节省注册费用，降低导入成本和失败风险。缺点是众多产品成长休戚相关，一种产品受挫，往往影响其他产品的推广。

品牌故事分享

家族品牌、品牌延伸、许可证和类似包装的异同

家族品牌、品牌延伸、许可证和类似包装是四种既有区别，又有联系的品牌战略。这四种战略依赖于消费者感觉到的新刺激与能唤起积极反应的现有刺激类似。有了这种感觉，消费者将会喜欢新品牌。

其中，家族品牌最为常见。例如：亨氏（Heinz）将名字用在番茄酱、芥末、咸菜以及许多家族品牌食品上。与之类似，家乐氏（Kellogg's）（如图 4-3 所示）是谷物的家族品牌名。然而，在家乐氏家族品牌中，也有被认为是个人品牌的名称，如 Rice Krispies 和 Apple Jacks。品牌延伸指的是企业使用现有品牌来促销新产品的实践。新产品可以与原始品牌是同一类，也可以是不同类。例如：家乐氏能引进一种新的谷物（如一种朝鲜大米粥），也可以用家乐氏的名称促销一种非谷物品牌（如介绍一种家乐氏能量棒）。许可证意味着将一个已确立的品牌名运用到一种新的商机上。例如：家乐氏可以将其名称转给一家玩具制造商使用，然后这一制造商可以将家乐氏的谷物小图片作为孩子们烹调玩具的一部分。而类似包装的含义是指将现有的包装运用到看起来非常相似的包装上，希望消费者能够推断出类似包装的品牌有原有品牌的许多特征。

Kellogg's 家乐氏

图 4-3　家乐氏品牌标志

资料来源：根据互联网公开信息改编。

二、家族品牌战略的内容

家族品牌战略有三种实施策略：群体品牌策略、个体品牌策略、群体和个体并用品牌策略。

群体品牌策略是指企业决定其所有的产品都统一使用一个品牌名称。运用群体品牌策略有以下优点：有助于建立厂牌信誉，树立企业形象；有助于新产品打入目标市场；有助于节省广告宣传费用。

个体品牌策略是指企业决定对其各种不同的产品分别使用不同的品牌名称。采取个体品牌策略有以下优点：企业的整体声誉不会因个别产品的失败而受到影响。

群体和个体并用品牌策略是指企业对其各种不同的产品分别采用不同的品牌名称，但在各种不同的品牌名称前加上企业的名称。采取这种品牌策略的优点是：使新产品容易合

法化，享受企业信誉，同时可使各种产品分门别类、各具特色。

三、家族品牌战略的决策选择

企业可以决定其大部分或全部产品都使用自己的品牌名称，或者其产品分别使用不同的品牌名称，又或者统一使用一个或几个品牌名称。也就是说，在这个问题上有若干不同的可供选择的决策。

（一）个别品牌名称

个别品牌名称，即企业决定其各种不同的产品分别使用不同的品牌名称。例如：如果某企业的某种产品失败了，不至于给这家企业的其他产品抹黑；某企业原来一向生产某种高档产品，后来推出较低档的产品，如果这种新产品使用自己的品牌名称，就不会影响这家企业的名牌产品的声誉。

（二）统一品牌名称

统一品牌名称，即企业决定其所有的产品统一使用一个品牌名称，例如：美国通用电气公司的所有的产品都统一使用“GE”这个品牌名称。家族品牌采取统一品牌名称决策可帮助减少宣传介绍新产品的费用开支，如果企业的名声好，其产品必然畅销。

（三）各大类产品单独使用不同的品牌名称

采用这种方式有两种情况：第一，企业生产或销售许多不同类的产品，如果都统一使用一个品牌名称，这些不同类型的产品就容易混淆。第二，有些企业虽然生产或销售同一类型的产品，但是为了区别不同质量水平的产品，往往也分别使用不同的品牌名称。

（四）企业名称与个别品牌名称并用

这一策略是指企业决定其各种不同产品分别使用不同的品牌名称，同时在各种产品的品牌名称前面还冠以企业名称。美国家乐氏公司就采取这种策略，推出家乐氏米饼、家乐氏葡萄干等。

（五）品牌扩展策略

品牌扩展策略是指企业利用其成功品牌名称的声誉来推出改良产品或新产品，包括推出新的包装规格、口味和式样等。例如：美国桂格麦片公司成功推出桂格超脆麦片之后，又利用这个品牌及其图样特征，推出雪糕、运动装等新产品。显然，如果不利用“桂格超脆麦片”这个成功的品牌名称，这些新产品就不能很快地打入市场。企业采用这种策略，可以节省宣传介绍新产品的费用，使新产品能迅速、顺利地打入市场。

（六）多品牌策略

多品牌策略是指企业决定同时经营两种或两种以上相互竞争的品牌。例如：宝洁公司在第二次世界大战之前推出的潮水牌洗涤剂畅销，1950 年又推出快乐牌洗涤剂。“快乐牌”虽然抢了“潮水牌”的一些生意，但是两种品牌的销售总额却大于只经营一个品牌的销售额。由于宝洁公司的这个决策很成功，因此许多企业纷纷效仿，也采取多品牌策略。

【训练任务】

家族品牌战略训练。

【训练目标】

帮助学生实践家族品牌战略。

【任务要求】

1. 由授课老师主持训练。
2. 如全班 48 人，自由分组，形成 6 组。
3. 小组成员讨论家族品牌战略的内涵、家族品牌战略的内容、家族品牌战略的决策选择。
4. 每组安排一名同学负责记录、汇总。
5. 活动结束后，要求每组选出一名代表在课堂上汇报讨论的心得。
6. 准备时间为 10 分钟。

【任务组织】

任务组织如表 4-4 所示。

表 4-4 家族品牌战略训练任务组织表

活动项目	具体实施	时间	备注
家族品牌战略训练	1. 如全班 48 人，自由分组，形成 6 组。 2. 小组成员讨论家族品牌战略的内涵、家族品牌战略的内容、家族品牌战略的决策选择。 3. 6 个小组在教师的指导下，同时进行讨论。 4. 组织学生讨论家族品牌战略训练过程中遇到的问题。	30 分钟	教室中每组一桌八椅

【任务评价】

任务评价如表 4-5 所示。

表 4－5 家族品牌战略训练任务评价表

评价指标	评价标准	分值（100分）	评估成绩	权重
家族品牌战略训练效果	1. 理解家族品牌战略的内涵、家族品牌战略的内容和家族品牌战略的决策选择。	20		70%
	2. 能识别家族品牌战略训练易犯错误。	20		
	3. 能灵活运用家族品牌战略训练的应对策略。	20		
	4. 遵守活动时间。	10		
	5. 讨论积极。	10		
	6. 效果明显。	10		
	7. 汇报得当。	10		
教学过程	出勤、态度和热情	100		30%
小组综合得分				

超链接

杭州娃哈哈家族品牌

杭州娃哈哈集团创建于1987年，从3个人、14万元借款白手起家，在创始人宗庆后的领导下，现已发展成为规模、效益位居全国前列的大型饮料企业，饮料产量位居世界前列。娃哈哈在全国29个省、市、自治区建有近80个生产基地、180多家子公司，拥有员工3万名。产品主要涵盖蛋白饮料、包装饮用水、碳酸饮料、茶饮料、果蔬汁饮料、植物饮料、罐头食品、医药保健食品、风味饮料、啤酒等十余类190多个品种，其中包装饮用水、八宝粥罐头多年来产销量一直位居全国前列。杭州娃哈哈集团的家族品牌主要有：

（1）蛋白饮料：爽歪歪系列、AD钙奶、乳酸菌等。

（2）包装饮用水：富氧弱碱性水、活性含氧饮用水、晶钻水等。

（3）碳酸饮料：格瓦斯、非常系列等。

（4）茶饮料：果味茶系列、调味茶系列等。

（5）果蔬汁饮料：营养果粒系列、果蔬酵素系列、Hello-C系列、利乐包系列等。

（6）植物饮料：金银花凉茶、宋都梅煎等。

（7）罐头食品：八宝粥系列、养生粥等。

（8）医药保健食品：启力保健功能饮料。

（9）风味饮料：激活、呦呦奶咖、TEAKA茶咖等。

（10）啤酒：宗氏啤酒。

任务三 品牌延伸战略

强生婴儿（Johnson's Baby）的品牌延伸

随着美国婴儿出生率的下降，美国婴儿洗发水市场日趋缩小，强生公司（如图4-4所示）认识到这一点后，对洗发水重新定位，向成人推销不刺激眼睛的洗发水并被市场接受，通过市场延伸使强生婴儿洗发水品牌获得新生。

Johnson & Johnson
强生

图4-4 强生品牌标志

资料来源：根据互联网公开信息改编。

一、品牌延伸战略的内涵

品牌延伸（Brand Extensions）战略是指利用现有品牌名进入新的产品类别，推出新产品的做法。品牌延伸能够让企业以较低的成本推出新产品，因而成为企业推出新产品的主要手段。

品牌故事分享

金利来的品牌延伸

金利来公司在品牌延伸时，成功地运用了产品线品牌延伸策略。金利来系列男士用品在高收入男性阶层中备受青睐，“金利来，男人的世界”这一广告词也为人们认知、认同。金利来公司在扩张前对市场做了翔实调查，逐步推出了新的男士用品，包括皮带、皮包、钱夹、T恤衫、西装、匙扣等男士服装和饰品，后来还推出了男装皮鞋，从而使“金利来，男人的世界”得到进一步体现，成功地实现了企业的品牌延伸。金利来品牌广告如图 4－5 所示。

图 4－5　金利来品牌广告

资料来源：根据互联网公开信息改编。

品牌延伸并非只简单借用表面上已经存在的品牌名称，而是对整个品牌资产的策略性使用。品牌延伸战略可以使新产品借助成功品牌的市场信誉，在节省促销费用的情况下顺利地进占市场。

品牌延伸是品牌战略的重要方面。对于拥有消费者忠诚的某种品牌来说，怎样才能使品牌永葆吸引力，长期受到消费者的青睐呢？答案是：应不断追求品牌的延伸并准确把握和运用品牌延伸战略。

品牌延伸战略是把现有成功的品牌，用于新产品或修正过的产品上。此外，品牌延伸战略还包括产品线的延伸，即把现有的品牌名称使用到相同类别的新产品上，推陈出新，从而推出新款式、新口味、新色彩、新配方、新包装的产品。

当一个企业的品牌在市场上取得成功后，该品牌的市场影响力会给企业创造超值利润。随着企业发展，企业在推出新的产品时，自然要利用该品牌的市场影响力，品牌延伸就成为自然选择。这样不但可以省去许多新品牌推出的宣传费用和各种投入，还可以借助已有品牌的市场影响力，将人们对品牌的认识和评价扩展到品牌所要涵盖的新产品上。

品牌延伸从表面上看是扩展了新的产品或产品组合，实际上从品牌内涵的角度，品牌延伸还包含有品牌情感诉求的扩展。如果新产品无助于品牌情感诉求内容的丰富，反而降低或减弱情感诉求，该品牌延伸就会产生危机。所以，不应只看到品牌的市场影响力对新产品上市的推动作用，还应该分析该产品的市场与社会定位是否有助于品牌市场和社会地位的稳固，两者是否兼容。

品牌延伸的本源含义是指企业把原有的品牌用到新产品上，以此来降低新产品的营销成本，并尽快促成新产品推广的成功。品牌延伸后，其麾下有多种产品，所以就形成了综合品牌战略（也叫“一牌多品战略”“统一家族品牌战略”，或形象地比喻为“伞状品牌战略”）。

二、品牌延伸战略的决策选择

（一）产业延伸

从产业相关性分析，可向上、向下或同时向上向下延伸。采取这种方式，可以为材料来源、产品销路提供很好的延伸。

另一种是产业平行延伸，一般适用于品牌延伸的新领域与其原有领域处于同一行业并有一定的关联性的情况，即具有相同（或相近）的目标市场和销售渠道，相同的储运方式，相近的形象特征的产品领域。这样一方面有利于新产品的营销，节约新产品进入市场的成本；另一方面有利于品牌形象的巩固，企业可以充分利用原有品牌的品牌声誉吸引消费者选择新产品，例如：娃哈哈从儿童营养口服液起家，逐步延伸到果奶、八宝粥、纯净水等领域，就是运用了这一品牌延伸战略。

（二）产品质量延伸

包括以下三种延伸方法：

（1）向上延伸，即在产品线中增加高档次的产品，使产品进入高档市场。

（2）向下延伸，即在产品线中增加较低档次的产品。利用高档名牌产品的声誉，吸引购买力水平较低的消费者慕名购买这一品牌中的低档廉价产品。如果原品牌是知名度很高的名牌，这种延伸极易损害名牌的声誉，风险很大。

（3）双向延伸，即原定位于中档产品市场的企业掌握了市场优势以后，决定向产品线的上下两个方向延伸，一方面增加高档产品，另一方面增加低档产品，扩大市场阵容。

（三）其他相关延伸

其他相关延伸，也叫扩散法延伸，对于刚成长起来的品牌非常有意义。它有四层含义：一是单一品牌可以扩散延伸到多种产品上去，成为系列品牌；二是一国一地的品牌可扩散到全世界，成为国际品牌；三是一个品牌再扩散衍生出另一个品牌；四是名牌产品可扩散延伸到企业上去，使企业成为名牌企业。

三、品牌延伸战略的优点

品牌延伸是企业推出新产品、快速占有并扩大市场的有力手段，是企业对品牌无形资产的充分发掘和战略性运用，因而成为众多企业的现实选择。

（一）有助于加快新产品的定位

在开发与本品牌原产品关联性和互补性极强的新产品时，由于其消费群与原产品基本一致，对它的需求量与原产品等比例增减，因此不需要长期的市场论证和调研，原产品逐年销售增长幅度就是市场最实际、最准确和最科学的反映。由于新产品与原产品的关联性和互补性，它的市场需求量也一目了然。因此，新产品的投资规模大小和年产量十分容易预测，这样就可以加速决策。

品牌故事分享

欧莱雅（L'ORÉAL）为什么能“男女通吃”？

欧莱雅中国（如图4-6所示）拥有巴黎欧莱雅、美宝莲、卡尼尔等多个品牌，并且都在各自的定位区间占据强势地位。从彩妆到染发产品、个人护肤品、个人清洁产品、洗护发产品，欧莱雅致力于在个人护理品类产品市场与宝洁全面进行对抗。如果说欧莱雅在女性市场的大受追捧是其经年苦心经营、品牌沉淀的必然结果，那么欧莱雅男士为什么能在短短时间内就有出色表现呢？

欧莱雅
L'ORÉAL

图4-6　欧莱雅品牌标志

(1) 选对了产品切入市场的时机。随着人们审美观念的发展，男性越来越注重自己的形象，个人护理产品不再是女性的专利。这样的消费大环境为欧莱雅男士的成功奠定了消费者需求的基础。由此可见，产品切入市场的时机极为关键。做品类首创者，固然最有可能占有先机，但耐心的市场教育过程必不可少，并且有“自己栽树、他人乘凉”的风险存在。而一旦市场成熟再行切入，看似最为保险其实恰恰是陷阱连环，品牌格局已经相对稳固，后进入者要颠覆格局所付出的代价可想而知。

(2) 选对了品牌产品定位。欧莱雅男士的准确市场定位，借势其女性美容护理的专业地位，让其产品价格比碧欧泉男士稍低，又比碧柔、妮维雅男士等稍高，其“中上”市场位置的界定，让欧莱雅男士占据了消费者心理中的绝佳位置。既不需要支付不菲代价才能拥有，又绝非人人皆可享的“大路货”，通过价格定位有效规避了同品类产品的竞争，可谓使用了巧力而非蛮干。

(3) 选对了形象代言。欧莱雅男士的品牌代言人选择，堪称精准。吴彦祖作为在国外长大的华人明星，有着俊朗的外形、完美的身材、健康的形象，加之美国俄勒冈大学的学历，外在内在兼备。如此有号召力的代言人，一句“你值得拥有”，无形中为品牌加了很多分。而吴彦祖演绎的欧莱雅男士广告片，着重传达了产品的功效，真实真切，毫无做作之态，让人信服。

(4) 欧莱雅男士的渠道选择是无须选择的选择。只要紧靠欧莱雅女士的形象专柜，将其终端拉力自然过渡到自己身上，最后就可以形成整合的终端形象，二者相互作用，双双受益。

由此可见，只要顺应了市场规律，顺应了消费者的心理，做产品、做品牌都没有想象中那么难。如果有一天，在终端赫然发现了欧莱雅 BABY 品牌，我们也一定不要惊讶，因为对欧莱雅来说可能已经水到渠成。

资料来源：http://www.mie168.com/CEO/2009-11/307017.htm.

（二）有助于减少新产品的市场风险

新产品推向市场首先必须获得消费者的认识、接受、认同和信任，这一过程就是新产品品牌化的过程。开发和创立一个新品需要巨额费用，不仅新产品的设计、测试、鉴别、注册、包装设计等需要较大投资，对新产品和包装的保护需要更大投资。此外，还必须有持续的广告宣传和系列的促销活动。这种产品品牌化的活动旷日持久且耗资巨大，它往往超过直接生产成本的数倍，甚至数十倍。例如：在美国消费品市场，开创一个新品大约需要 5 000 万美元，甚至 1 亿美元，这显然不是一个新产品能承受的，没有巨大财力支撑就只能被扼杀。品牌延伸成功是指新产品一经问世就已经品牌化，甚至获得了知名品牌赋予的社会赞誉，这可以大大缩短被消费者认知、接受、认同、信任的过程，极为有效地防范新产品的市场风险，并且可以节省数巨额开支，有效地降低新产品的成本费用。

（三）有助于降低新产品的市场导入费用

在市场经济高度发达的今天，消费者对商标的选择体现在“认牌购物”上。这是因为很多产品带有容器和包装，产品质量不是肉眼可以看透的。品牌延伸使得消费者对品牌原产品的高度信任感，有意或无意地传递到延伸的新产品上，促进消费者与延伸的新产品之间建立起信任关系，大大缩短了市场接受时间，降低了广告宣传费用。

（四）有助于强化品牌效应、增加经济价值

品牌原产品起初都是单一产品，品牌延伸效应可以使品牌从单一产品向多领域辐射，使部分消费者认知、接受、信任本品牌的其他产品，强化品牌自身的美誉度、知名度，品牌这一无形资产也会不断增值。

（五）有助于增强核心品牌的形象

品牌延伸能够增强核心品牌的形象，能够提高整体品牌组合的投资效益，即整体的营销投资达到理想经济规模时，核心品牌的主力品牌都会因此而获益。

四、品牌延伸战略的风险

品牌延伸运用得当，自然能为企业营销活动带来许多便利，倘若品牌延伸把握不准或运用不当，则会给企业带来诸多方面的危害。因此企业在进行品牌延伸时，要谨防发生以下情况对企业经营活动产生不利影响。

（一）损害原有品牌形象

当某一类产品在市场上取得领导地位后，这一品牌就成为强势品牌，它在消费者心目中就有了特殊的形象定位，甚至成为该类产品的代名词。将这一强势品牌进行延伸后，由于近因效应（即最近的印象对人们认知的影响具有较为深刻的作用）的存在，就有可能对强势品牌的形象起到巩固或减弱的作用。如果品牌延伸运用不当，原有强势品牌所代表的形象信息就被弱化。例如：施乐美国公司收购了一家电脑公司，把它改名为“施乐资料系统”。然而“施乐”在消费者心中意味着复印机，消费者不接受不能复印的施乐电脑，由此，施乐美国公司损失了 8 400 万美元。

（二）有悖消费心理

一个品牌取得成功的过程，就是消费者对企业所塑造的这一品牌的特定功用、质量等特性产生特定的心理定位的过程。企业把强势品牌延伸到和原市场不相容或者毫不相干的产品上时，就有悖消费者的心理定位。这类不当的品牌延伸，不但没有什么成效，而且会

影响原有强势品牌在消费者心目中的特定心理定位。

（三）"跷跷板"现象

当一个名称代表两种甚至更多的有差异的产品时，必然会导致消费者对产品的认知模糊化。当延伸品牌的产品在市场竞争中处于绝对优势时，消费者就会把原强势品牌的心理定位转移到延伸品牌上，这就无形中削弱了原强势品牌的优势。这种原强势品牌和延伸品牌的竞争此消彼长，即为"跷跷板"现象。

（四）株连效应

将强势品牌名冠于别的产品上，如果不同产品在质量、档次上相差悬殊，就会使原强势品牌产品和延伸品牌产品产生冲击，不仅损害延伸产品，还会株连原强势品牌。当把高档产品品牌用在低档产品上时，就有可能产生灾难性后果。美国派克钢笔（PARKER）以其质优价昂闻名于世，被誉为"钢笔之王"，然而该企业 1992 年上任的总经理为扩大销售额，决定进军低档笔市场，将"派克"品牌用在仅售 3 美元的低档笔上，结果品牌形象大受影响，非但没有在低档笔市场上站住脚，高档市场也被竞争对手夺去很大一块份额。

（五）淡化品牌特性

当一个品牌在市场上取得成功后，在消费者心目中就有了特殊的形象定位，消费者的注意力也集中到该产品的功用、质量等特性上。如果企业用同一品牌推出功用、质量相差无几的同类产品，会使消费者混淆，该品牌特性就会被淡化。

（六）产品定位混乱

在品牌延伸中，如果破坏了品牌定位中核心价值的一致性，就会降低品牌的市场影响力，动摇人们心目中对该品牌的思维和情感定势。随着这种状况的持续，自然会向公众传达不利于该品牌的混乱信息，该品牌的市场影响力就会降低，严重时会危及该品牌的市场地位。

（七）品牌延伸不一致

品牌延伸应尽可能避免在类别差异性比较大的产品间进行。在同类产品间延伸时，也要注意品牌的市场和社会定位。如果该品牌具有很强的市场影响力，而且品牌和产品已画等号时，就应慎重考虑是否将该品牌延伸到其他同类产品上。

（八）品牌延伸种类过量

虽然延伸产品可能保持了与品牌核心价值的一致性，但若不注意量的限制也可能影响品牌的市场影响力。品牌所涵盖的产品过多会造成管理上的不方便，其中任何一个产品问题的出现都会导致对品牌形象的损害。同时，不同产品毕竟在定位上还是有一定的差异性，因此会或多或少地冲淡或影响人们心目中对该品牌的思维和情感定势。人们对品牌的思维和情感定势的建立还是和最初的产品相联系的，产品种类过多往往会冲淡这种定势，所以品牌延伸要注意对产品种类、数量的控制，品牌扩展的宽度必须量力而行。

【训练任务】

品牌延伸战略训练。

【训练目标】

帮助学生实践品牌延伸战略。

【任务要求】

1. 由授课老师主持训练。
2. 如全班 48 人，自由分组，形成 6 组。
3. 小组成员讨论品牌延伸战略的内涵、品牌延伸战略的决策选择、品牌延伸战略的优点、品牌延伸战略的风险。
4. 每组安排一名同学负责记录、汇总。
5. 活动结束后，要求每组选出一名代表在课堂上汇报讨论的心得。
6. 准备时间为 10 分钟。

【任务组织】

任务组织如表 4-6 所示。

表 4-6 品牌延伸战略训练任务组织表

活动项目	具体实施	时间	备注
品牌延伸战略训练	1. 如全班 48 人，自由分组，形成 6 组。 2. 小组成员讨论品牌延伸战略的内涵、品牌延伸战略的决策选择、品牌延伸战略的优点、品牌延伸战略的风险。 3. 6 个小组在教师的指导下，同时进行讨论。 4. 组织学生讨论品牌延伸战略训练过程中遇到的问题。	30 分钟	教室中每组一桌八椅

【任务评价】

任务评价如表 4-7 所示。

表 4-7　　品牌延伸战略训练任务评价表

评价指标	评价标准	分值（100 分）	评估成绩	权重
品牌延伸战略训练效果	1. 理解品牌延伸战略的内涵、品牌延伸战略的决策选择、品牌延伸战略的优点、品牌延伸战略的风险。	20		70%
	2. 能识别品牌延伸战略训练易犯错误。	20		
	3. 能灵活运用品牌延伸战略训练的应对策略。	20		
	4. 遵守活动时间。	10		
	5. 讨论积极。	10		
	6. 效果明显。	10		
	7. 汇报得当。	10		
教学过程	出勤、态度和热情	100		30%
小组综合得分				

超链接

万宝路（Marlboro）品牌延伸战略的启示

万宝路作为卷烟领导品牌，将香烟的“粗犷、豪迈、阳刚”的品牌个性和“自由进取的开拓者”的品牌形象原封不动地赋予了其服饰品牌——Marlboro Classics。将香烟品牌用于服饰、打火机和钟表等生活类产品，在禁烟浪潮此起彼伏的情况下，不失为一种规避风险而进行传播的极具创意的想法。在比利时和法国禁止烟草广告后，万宝路服饰、打火机和火柴的广告就开始替代万宝路香烟的广告，这种品牌延伸就是间接的香烟广告。有位广告人士评论：“人们并不愚蠢，他们很快就能通过打火机和火柴识别香烟品牌。”

品牌延伸让企业可以充分利用品牌优势，通过延伸来不断巩固品牌的核心价值，对于在控烟背景下的卷烟品牌运作和产业延伸有很好的借鉴意义。国外诸多烟草品牌就是在品牌延伸战略的带动下，将香烟品牌和众多产品、服务联系在一起，维护与提升了原有品牌的核心价值、个性和形象，而在品牌延伸之后，品牌价值非但没有因为跨行业运作而降低，品牌影响力反而大大增加。

品牌延伸战略是把现有成功的品牌用于新产品或修正过的产品上的一种战略，利用原有品牌的信誉打开新的市场，节省促销费用和进入成本。

品牌延伸战略包括将成功品牌向完全不同类型产品的延伸和向相同类别新产品的延伸两种方式，而后者也被称为产品线的延伸，也是被较多使用、实践中更容易成功的一种品牌延伸战略。当产品推陈出新，推出新款式、新口味、新色彩、新配方、新包装时，沿用同类产品品牌名称，更容易发挥品牌的号召力。

我国烟草企业在使用品牌延伸战略时，要综合考虑各方面的因素做出科学品牌延伸决策，应注重对品牌情感诉求的拓展，分析开发的新产品的市场与社会定位是否有助于品牌市场和社会地位的稳固，两者是否兼容。如果新产品无助于品牌情感诉求内容的丰富，甚至会降低或削弱原品牌情感诉求，该品牌延伸就会遭遇危机。

资料来源：根据互联网公开信息改编。

任务四　奢侈品品牌战略

案例导入

路易威登（Louis Vuitton）

路易威登品牌创立于1854年（如图4-7所示），现隶属于法国专产高级奢华用品的Louis Vuitton Moët Hennessy集团。创始人路易威登的第一份职业是为名流贵族出游时收拾行李。他见证了蒸汽火车的发明，也目睹了汽船运输的发展，同时深深体会到当时收叠起圆顶皮箱的困难。因此，路易威登便在行李箱的设计上倾注了巧思，其生产的箱包大受欢迎，至今依然是品牌的经典之作。LVMH集团成立后，路易威登极大地拓展了自己的品牌发展空间，不仅大量生产传统产品——高级箱包，还涉足时装、钟表、珠宝等行业。

图4-7　路易威登的品牌标志

2017年7月，路易威登宣布中国官方线上旗舰店正式上线。自1992年于北京开设首家专卖店开始，二十多年来，路易威登品牌一直为中国消费者呈现传统与创新、工艺与创意的结合。中国官方线上旗舰店的开设，则为品牌在中国立下另一里程碑。

登录官网，中国消费者将体验到路易威登的世界，即使在家中也能轻松购物。在中国官方线上旗舰店，消费者能够搜索、发现、咨询并购买路易威登皮具、小皮件、鞋履、配饰、腕表及珠宝、旅行用品、写作读物以及新近上市的香水系列。

2017年，路易威登官方线上旗舰店的服务覆盖了12个城市（北京、上海、重庆、成都、广州、深圳、杭州、南京、沈阳、大连、哈尔滨以及武汉），为消费者提供了独特的购物体验。

资料来源：根据互联网公开信息改编。

一、奢侈品的内涵

（一）奢侈品的概念

奢侈品（Luxury）在国际上被定义为“一种超出人们生存与发展需要范围的，具有独特、稀缺、珍奇等特点的消费品”，又称为“非生活必需品”。

在英文字典里，奢侈是 luxury，luxus。luxus 是一个拉丁词，原意指“极强的繁殖力”，后演变为浪费、无节制。大部分欧洲语言都吸收了这个概念，确切地说，该词用以描述在各种产品的生产和使用过程中超出必要程度的费用支出及生活方式的某些方面。

沃夫冈·拉茨勒（Wolfgang Reitzle）在畅销书《奢侈带来富足》中这样定义奢侈：“奢侈是一种整体或部分地被各自的社会认为是奢华的生活方式，大多由产品或服务决定。”

在中国人的概念里，奢侈品几乎等同于贪欲、挥霍、浪费。其实，从经济意义上看，奢侈品的实质是一种高档消费行为，本身并无褒贬之分。从社会意义上看，这是一种个人品位和生活品质的提升。

经济学将奢侈品定义为对其需求的增长高于收入增长的物品。它涵盖范围可能很广，从人参、名牌手表到豪华汽车，都可能是奢侈品。不过，通常人们还是认为奢侈品是那些非常昂贵的物品，即大部分人消费不起的物品。有些奢侈品是既不必需又没有实际用途的，如名牌箱包、高级成衣和高档汽车。私人飞机和豪华游艇当然也属于奢侈品的范畴。

我国最初对奢侈品的认识可以追溯到 400 多年前的明朝，西方传教士利玛窦（Matteo Ricci）和庞迪我（Diego de Pantoja）来到北京，将两座自鸣钟作为礼物献给了皇帝，中国与奢侈品的“情缘”就此展开。到清朝时期，因为受到了来自西方的启蒙，康熙皇帝成立了清宫造办处，主要是为清朝王室制作各类奢侈用品。

20 世纪中期，我国的高端消费市场发展遭遇停滞，但是改革开放后，西方高级腕表、皮具、珠宝如潮涌入，我国消费者一度对舶来的奢侈品盲目崇拜，几乎来者不拒，被很多西方品牌轻视为“只认品牌、很好应对的有钱人”。随着社会的进步，目前国人对奢侈品牌的态度也趋于理智。

卡地亚（Cartier）根据国人的艺术需求和审美情趣，推出了极具中国元素的系列珠宝，迅速赢得了消费者的热爱；之后一些奢侈品牌为迎合中国市场的需求，推出龙表、龙包、龙首饰等。目前为止，中国人境外消费奢侈品金额已经是全球第一。中国人强劲的消费能力使众多国际奢侈品牌对中国市场信心倍增，纷纷加快开设新店，拓展二三线城市市场，抢占市场份额。

（二）奢侈品的文化内涵

奢侈品其实是一个舶来语，指的是英文中的luxury。什么是luxury？牛津高阶词典如此解释：a thing that is expensive and enjoyable but not essential；剑桥高阶词典如此解释：something expensive which is pleasant to have but is not necessary；韦氏词典的解释则是：something adding to pleasure or comfort but not absolutely necessary。纵观这三本词典，luxury的含义有三个重点：好的、贵的、非必需的。

虽然中文解释的“挥霍浪费钱财，过分追求享受”大致也含有这三个特性，不过就表达来说，英文明显要中性许多。

在这三个概念中，最好理解的应该是“非必需”这个概念。只要研究产品的市场容量，看看究竟有多少人能够拥有这件产品，大致就可以判断出这件产品的非必需程度。例如：每个人都要喝水，100%的占有率决定了它对于所有人来说都是超级必需品；与此相反，仅有极少数人拥有私人飞机，所以对于绝大多数人而言，私人飞机是非必需品。

至于对“好”这个概念的理解，就相对困难一些了。各花入各眼，好坏是一个很主观的感受。例如：某位大师的设计，你喜欢得不得了，说非常好，其他人极其厌恶，说非常糟，这究竟是好还是不好，难以定论。对于这种问题，也许可以通过众人评选或大师指点来解决，也有更简单的做法——选取尽量客观的好坏标准来作为判断。例如：就布料而言，200支的要好过100支的，这个是一个相对客观的好坏比较；一块皮革，没有任何瑕疵的要好于有瑕疵的，这也是一个客观标准。采用这些客观的标准去判断一件产品的好坏虽然不够完善，可能忽略了诸如创意、艺术这些人性化的方面，但是判断结果不会因人而异——这一方法最适用的就是鉴定钻石，钻石的“好”就是通过一系列客观标准去度量，不存在太主观的成分。

奢侈品还有一个特征——“贵”，贵指的是价格高，这本是很容易判断的概念，但仅仅考虑价格本身的高低是不够的。奢侈品的贵，应该是天然的昂贵，而非人为的昂贵，或者说市场策略的昂贵。例如：一些设计大师设计的名牌服装往往价格高昂，其中很大一部分是大师收取的设计费用。可是高昂的设计费用并不天然导致高昂的成本——只需要大量生产，就可以将成本摊薄。事实上，近年以来众多平价服装品牌与大牌设计之间的合作，如Matthew Williamson和Debemhams的合作、Philip Treacy和Mark & Spencer的合作，就证明了这一点。

许多名牌服装卖得贵，很重要的一点是为了主动缩小目标消费群，通过厚利少销的策略来实现利润。这种贵，并不能算上奢侈品的“贵”。奢侈品的贵不应该仅仅表现在平均成本的贵，更应该体现在边际成本的贵。例如：定制西装、定制皮鞋毫无疑问都是奢侈品，是因为这些产品除了用料贵以外，制衣、制鞋大师本身的工艺也是不可量产的，每一件产品的边际成本都大致等于其平均成本（当然还有企业运营、推销的固定成本分摊），这样的产品才是真正的奢侈品。

（三）奢侈品的概念延伸

第一，奢侈品的概念是不断延伸的，它随着时代的变化而变化，在不同的时期有着不同的代表产品。

例如：在20世纪80年代的中国，对人们来说，奢侈品就是手表、缝纫机、自行车"三大件"，此后便渐渐衍变为电视机、电冰箱与电话。而这些物品，从20世纪人们印象里的奢侈品，已成为如今的必需品。

第二，奢侈品的受众是少数人群，即社会的财富精英。

由于奢侈品的炫耀性特征，如今在中国的普通工薪阶层中出现了这样的一种现象：攒上几个月乃至半年的工资，去专卖店买一件奢侈品牌的服饰或包，然后穿着或带着去挤公交车。这成为现阶段中国一部分奢侈品消费人群的显著特征。奢侈品的受众是少数人群，因此，应鼓励有能力消费奢侈品的人群培养文化理念和贵族气质，以最终让奢侈品消费回归理性，成为市场正常运行的一部分。

第三，就产业性质而言，奢侈品消费行业实际上是一个精英行业，它更多代表的是一种高品质的生活方式。

消费者在享受奢侈品的同时，也在追求高品质的生活。顶级奢侈品往往是与成功的品牌、过硬的质量、优秀的设计理念乃至历史积淀、文化传承联系在一起的，而昂贵的价格只是最后的外在呈现。也就是说，奢侈品不一定是最贵的，贵的东西也不一定就是奢侈品。从更深层次来看，购买奢侈品实际上就是一种生活方式。

二、奢侈品的主要特点

（一）富贵象征

奢侈品是富贵豪华的。奢侈品的词源是拉丁文的"光"（lux）。所以，奢侈品应是闪光的、明亮的、让人享受的。奢侈品通过其品牌视觉识别系统传达了这些内容。从社会学角度来说，奢侈品是贵族阶层的物品，它有地位，有身份，有高人一等的权力，它是贵族形象的代表。如今，虽然社会文明已高度发展了，但人们的"富贵观"并未改变，奢侈品牌正好可以满足人们的这种本能需求。例如：劳斯莱斯汽车是贵族车的象征。

（二）视觉感

奢侈品牌的产品必须是"最高级的"。这种"最高级"必须从外观到品质都能体现。奢侈品的高级性应当是看得见的。正因为人们对其奢华"显而易见"，它才能为拥有者带来荣耀。所以说，奢侈品理当提供更多的"可见价值"——让人看上去就感到好。那些购买奢侈品的人完全不是在追求实用价值，而是在追求全人类“最好”的感觉，奔驰汽车如此，香奈儿时装亦如此。

（三）个性化

奢侈品牌往往以己为荣，它们不断树立起个性化大旗，创造着自己的最高境界。奔驰（Mercedes-Benz）追求着顶级质量、劳斯莱斯（Rolls-Royce）追求着手工打造、俪丝娅（RELLECIGA）追求着时尚性感奢华、法拉利（Ferrari）追求着运动速度、凯迪拉克（Cadillac）追求着豪华舒适，各品牌都独具匠心，各显其能。正是因为商品的个性化，才为人们的购买创造了理由。也正因为奢侈品的个性化不同于大众品，才更显示出其尊贵的价值。

（四）专一性

奢侈品牌是十分专一的，绝不可以随意扩张使用。品牌的专一性指的是品牌只服务于某一个产品或某一类产品。我们很难看到一个奢侈品牌分跨两个行业使用，而且取得了成功。例如：皮尔·卡丹（pierre cardin，可能有人并不认为它是一个真正的奢侈品牌）曾经延伸到酒业，生产了“皮尔·卡丹葡萄酒”，结果就失败了。

（五）距离感

作为奢侈品牌，必须制造令人“望洋兴叹”的感觉。让大多数人产生可望而不可即的距离感是奢侈品牌营销的使命。在市场定位上，奢侈品牌就是为少数“富贵人”服务的。因此，要维护目标消费者的优越感，就当使大众与他们产生距离感。距离产生美，奢侈品牌要不断地设置消费壁垒，拒大众消费者于千里之外。让认识品牌的人与实际拥有品牌的人在数量上形成巨大反差，这正是奢侈品牌的策略。所以，可以这么说，奢侈品牌就是“梦寐以求，少数拥有”。

三、全球奢侈品牌百强

2018年10月，德勤发布了第五期《全球奢侈品力量报告》，报告根据2016财年奢侈品综合销售额，研究并评出了全球100家最大的奢侈品公司，并探讨了奢侈品市场的主要发展趋势。

（一）奢侈品公司百强概况

根据报告，全球百强奢侈品公司累计净销售额达2 170亿美元，平均每家公司的销售额约22亿美元。其中，排名前十的奢侈品公司贡献了47%的销售额。这一报告涉及的五大奢侈品产品领域为：时装和鞋类、包具和饰品、化妆品和香水、珠宝和手表和其他奢侈品。其中，入围百强的时装和鞋类奢侈品公司有 38 家，在百强销售额中占比 19.5%。来自意大利的百强奢侈品公司数量最多，有 24 家。

（二）十强公司简介

第一，法国 LVMH 集团（Louis Vuitton Moët Hennessy SE）。旗下品牌包括路易威登（Louis Vuitton）、芬迪（Fendi）、宝格丽（Bulgari）、罗意威（Loewe）和马克·雅可布（Marc Jacobs）等。

第二，美国雅诗兰黛集团（The Estée Lauder Companies Inc.）。旗下品牌包括雅诗兰黛（Estée Lauder）、魅可（M. A. C.）、雅男士（Aramis）和倩碧（Clinique）等。

第三，瑞士历峰集团（Compagnie Financière Richemont SA）。旗下品牌包括卡地亚（Cartier）、梵克雅宝（Van Cleef & Arpels）、万宝龙（Montblanc）、伯爵（Piaget）、蔻依（Chloé）等。

第四，意大利陆逊梯卡集团（Luxottica Group Spa）。旗下品牌包括雷朋（Ray-Ban）、欧克利（Oakley）、沃格（Vogue Eyewear）等。

第五，法国开云集团（Kering SA）。旗下品牌包括古驰（Gucci）、葆蝶家（Bottega Veneta）、圣罗兰（Saint Laurent）等。

第六，法国欧莱雅集团（L'Oréal Luxe）。旗下品牌包括兰蔻（Lancôme）、碧欧泉（Biotherm）、科颜氏（Kiehl's）等。

第七，瑞士斯沃琪集团（The Swatch Group Ltd.）。旗下品牌包括欧米茄（Omega）、浪琴（Longines）、宝玑（Breguet）等。

第八，美国拉夫劳伦公司（Ralph Lauren Corporation）。旗下品牌包括拉夫劳伦（Ralph Lauren）等。

第九，美国 PVH 公司（PVH Corp.）。旗下品牌包括卡尔文·克雷恩（Calvin Klein）、汤米·希尔费格（Tommy Hilfiger）等。

第十，中国香港特别行政区周大福珠宝集团有限公司。旗下品牌包括周大福、周大福 T MARK、Hearts on Fire 等。

（三）奢侈品行业未来的发展趋势

过去 20 年，奢侈品行业历经数次变革。目前，随着经济趋势日益变化，数字化转型飞速推进，以及消费者倾向不断演变，新的竞争格局正在形成。虽然奢侈品行业供应链和零售网络已遍布全球，但是销售额仍然大幅聚集在欧洲和美国。第五期《全球奢侈品力量报告》认为，在新的时代背景下，奢侈品应该重点投资数字互联，迎合日渐庞大的移动用户群，并大胆革新商业模式。

【训练任务】

奢侈品品牌战略训练。

【训练目标】

帮助学生实践奢侈品品牌战略。

【任务要求】

1. 由授课老师主持训练。
2. 如全班48人，自由分组，形成6组。
3. 小组成员讨论奢侈品的内涵、奢侈品的主要特点、全球奢侈品牌百强。
4. 每组安排一名同学负责记录、汇总。
5. 活动结束后，要求每组选出一名代表在课堂上汇报讨论的心得。
6. 准备时间为10分钟。

【任务组织】

任务组织如表4-8所示。

表4-8　　奢侈品品牌战略训练任务组织表

活动项目	具体实施	时间	备注
奢侈品品牌战略训练	1. 如全班48人，自由分组，形成6组。 2. 小组成员讨论奢侈品的内涵、奢侈品的主要特点、全球奢侈品牌百强。 3. 6个小组在教师的指导下，同时进行讨论。 4. 组织学生讨论奢侈品品牌战略训练过程中遇到的问题。	30分钟	教室中每组一桌八椅

【任务评价】

任务评价如表4-9所示。

表4-9　　奢侈品品牌战略训练任务评价表

评价指标	评价标准	分值（100分）	评估成绩	权重
奢侈品品牌战略训练效果	1. 理解奢侈品的内涵、奢侈品的主要特点、全球奢侈品牌百强。	20		70%
	2. 能识别奢侈品品牌战略训练易犯错误。	20		
	3. 能灵活运用奢侈品品牌战略训练的应对策略。	20		
	4. 遵守活动时间。	10		
	5. 讨论积极。	10		
	6. 效果明显。	10		
	7. 汇报得当。	10		
教学过程	出勤、态度和热情	100		30%
小组综合得分				

超链接

卡地亚（Cartier）的品牌故事

卡地亚是一家法国钟表及珠宝制造商，于1847年由路易斯·弗朗索瓦·卡地亚（Louis-François Cartier）创办，现为瑞士历峰集团（Compagnie Financière Richemont SA）下属公司。

卡地亚的传奇故事开始于1847年。29岁的路易斯·弗朗索瓦·卡地亚从师父手中接管了位于巴黎骄山街（Rue Montorgueil）29号的珠宝店。1846年，路易斯·弗朗索瓦·卡地亚以自己名字的缩写字母L和C环绕成一个菱形标志，注册了卡地亚公司，这意味着卡地亚的正式诞生，这个菱形的标志也象征着一个“奢华王国”的开始。

当时的巴黎，经过王位争夺的动荡后，又恢复了昔日的繁华，极大地助推了巴黎珠宝业的繁荣。卡地亚幸运地得到了拿破仑三世年轻的堂妹玛蒂尔德公主的推荐，业务不断增长。1874年，创始人之子亚法·卡地亚继承其管理权。之后，创始人的孙子路易·卡地亚、皮尔·卡地亚与积斯·卡地亚将其发展成世界著名品牌。1902年，卡地亚的店铺已经从巴黎开到了伦敦和纽约，纽约逐渐成为卡地亚王国的总部。父子相传仅两代，卡地亚已成世界“首饰之王”。

威尔士亲王（1902年成为爱德华七世）褒奖卡地亚为“国王的珠宝商，珠宝商的国王”，并于1904年授予卡地亚作为英国宫廷供应商的一等英庭供货许可证。

回顾卡地亚的历史，就是回顾现代珠宝百年历史的变迁。卡地亚在发展历程中，一直与各国的皇室贵族和社会名流保持着联系和紧密的交往，并已成为全球时尚人士的奢华梦想。百年以来，被誉为“国王的珠宝商，珠宝商的国王”的卡地亚仍然以其非凡的创意和完美的工艺为人类创制出许多精美绝伦、无可比拟的旷世杰作。如今，卡地亚的设计，无论是高端珠宝或当代珠宝产品线，均在独特技术诀窍、风格及专业技术的基础上诠释了其价值观。

资料来源：根据互联网公开信息改编。

项目小结

多品牌战略是指一个企业发展到一定程度后，利用自己创建起来的一个知名品牌开发出多个知名品牌的战略计划，多个品牌相互独立，又存在一定的关联，并不是毫不相干、相互脱离的。多品牌战略具有较强的灵活性，可以满足消费者不同的偏好需求，能充分适应市场的差异化，有利于提高产品的市场占有率，有利于促进销售，有利于增强企业的抗风险能力，有利于深塑品牌个性。多品牌战略在具体实施过程中可分为个别品牌策略、分类品牌策略、企业名称＋个别品牌策略。多品牌战略的运用策略应避免子品牌竞争、体现品牌差异、突出独特卖点、依据行业特点、细分市场规模化、及时调整定位。

家族品牌又称群体品牌，是指企业决定其所有产品都统一使用一个品牌名称，形成一个品牌系列。家族品牌战略（或称“统一品牌战略”）是品牌决策的一种方式，是指企业决定其产品都使用统一的品牌名称，或者分别使用不同的品牌名称。家族品牌战略有三种实施策略，即群体品牌策略、个体品牌策略、群体和个体并用品牌策略。家族品牌战略的决策选择有：个别品牌名称，统一品牌名称，各大类产品单独使用不同的品牌名称，企业名称与个别品牌名称并用，品牌扩展策略，多品牌策略。

品牌延伸战略是指利用现有品牌名进入新的产品类别，推出新产品的做法。品牌延伸能够让企业以较低的成本推出新产品，因而成为企业推出新产品的主要手段。品牌延伸策略有：产业延伸，产品质量延伸，其他相关延伸。品牌延伸战略的优点包括：有助于加快新产品的定位，有助于减少新产品的市场风险，有助于降低新产品的市场导入费用，有助于强化品牌效应、增加经济价值，有助于增强核心品牌的形象。品牌延伸战略的风险包括：损害原有品牌形象，有悖消费心理，“跷跷板”现象，株连效应，淡化品牌特性，产品定位混乱，品牌延伸不一致，品牌延伸种类过量。

奢侈品在国际上被定义为“一种超出人们生存与发展需要范围的，具有独特、稀缺、珍奇等特点的消费品”，又称为“非生活必需品”。奢侈品的含义有三个重点：好的、贵的、非必需的。奢侈品的概念是不断延伸的，它随着时代的变化而变化，在不同的时期有着不同的代表产品。奢侈品的受众是少数人群，即社会的财富精英。就产业性质而言，奢侈品消费行业实际上是一个精英行业，它更多代表的是一种高品质的生活方式。奢侈品的主要特点包括：富贵象征，视觉感，个性化，专一性，距离感。2016 财年，全球百强奢侈品公司累计净销售额达 2 170 亿美元。其中，排名前十的奢侈品公司贡献了 47%的销售额。由德勤评选出的十强奢侈品公司为：法国 LVMH 集团、美国雅诗兰黛集团、瑞士历峰集团、意大利陆逊梯卡集团、法国开云集团、法国欧莱雅集团、瑞士斯沃琪集团、美国拉夫劳伦公司、美国 PVH 公司和中国香港特别行政区周大福珠宝集团有限公司。德勤发布的第五期《全球奢侈品力量报告》认为，虽然奢侈品行业供应链和零售网络已遍布全球，但是销售额仍然大幅聚集在欧洲和美国。在新的时代背景下，奢侈品应该重点投资数字互联，迎合日渐庞大的移动用户群，并大胆革新商业模式。

相关概念

多品牌战略	个别品牌策略	品牌扩展策略	分类品牌策略
企业名称＋个别品牌策略		家族品牌	家族品牌战略
群体品牌	个体品牌	群体和个体并用品牌	品牌延伸战略
产业延伸	产品质量延伸	“跷跷板”现象	株连效应
奢侈品	奢侈品品牌战略		

课后习题

一、单项选择题

1. (　　)品牌战略是指一个企业发展到一定程度后，利用自己创建起来的一个知名品牌开发出多个知名品牌的战略计划，多个品牌相互独立，又存在一定的关联，并不是毫不相干、相互脱离的。

A. 多　　B. 少　　C. 家族　　D. 外企

2. (　　)强调“使头发更飘、更柔”。

A. 飘柔　　B. 潘婷　　C. 海飞丝　　D. 大宝

3. (　　)突出“拥有健康，当然亮泽”。

A. 飘柔　　B. 潘婷　　C. 海飞丝　　D. 大宝

4. (　　)强调“头屑去无踪，秀发更出众”。

A. 飘柔　　B. 潘婷　　C. 海飞丝　　D. 大宝

5. 班尼路公司在服装市场上针对不同年龄的细分市场推出不同档次的服装品牌，以满足消费者的不同偏好需求。这体现了多品牌战略(　　)。

A. 有利于满足消费者不同的偏好需求　　B. 有利于充分适应市场的差异化
C. 有利于提高产品的市场占有率　　D. 有利于促进销售

6. 市场是千差万别、复杂多样的：不同的地区有不同的风俗习惯；不同的时间有不同的审美观念；不同的人有不同的爱好追求等。这体现了多品牌战略(　　)。

A. 有利于满足消费者不同的偏好需求　　B. 有利于充分适应市场的差异化
C. 有利于提高产品的市场占有率　　D. 有利于促进销售

7. 多品牌策略最大的优势便是通过给每一个品牌进行准确定位，进而有效占领各个细分市场。这体现了多品牌战略(　　)。

A. 有利于满足消费者不同的偏好需求　　B. 有利于充分适应市场的差异化
C. 有利于提高产品的市场占有率　　D. 有利于促进销售

8. 研究表明，消费者对日杂用品、保健品、美容品、服装等的购买有三分之二属于冲动性消费。因为货架的有限性，所以这类产品在卖场上架越多，留给竞争对手的货架就越少，消费者的选购率就越高，市场占有率也就越大，这体现了多品牌战略(　　)。

A. 有利于满足消费者不同的偏好需求　　B. 有利于充分适应市场的差异化
C. 有利于提高产品的市场占有率　　D. 有利于促进销售

9. 使用多品牌策略可以避免因为企业的某一种产品市场推进失败或质量发生问题所带来的品牌危机的风险。这体现了多品牌战略(　　)。

A. 有利于满足消费者不同的偏好需求　　B. 有利于充分适应市场的差异化
C. 有利于增强企业的抗风险能力　　D. 有利于深塑品牌个性

10. 一个品牌若能针对某一目标市场进行专门的产品设计、价格定位、分销规划和广告活动，那么该品牌就能最大限度地满足该类消费者的需要，并在他们的心中建立起特有的品牌个性化形象，这体现了多品牌战略(　　)。

A. 有利于满足消费者不同的偏好需求　　B. 有利于充分适应市场的差异化

C. 有利于增强企业的抗风险能力　　D. 有利于深塑品牌个性

11. 海尔的主副品牌战略中，“海尔—小王子”是(　　)品牌。

A. 冰箱　　B. 空调　　C. 洗衣机　　D. 彩电

12. 海尔的主副品牌战略中，“海尔—小超人”是(　　)品牌。

A. 冰箱　　B. 空调　　C. 洗衣机　　D. 彩电

13. 海尔的主副品牌战略中，“海尔—小小神童”是(　　)品牌。

A. 冰箱　　B. 空调　　C. 洗衣机　　D. 彩电

14. 海尔的主副品牌战略中，“海尔—探路者”是(　　)品牌。

A. 冰箱　　B. 空调　　C. 洗衣机　　D. 彩电

15. (　　)是指企业的不同产品分别采用不同的品牌。企业同时经营高、中、低档产品时，为避免某种商品声誉不佳而影响整个企业声誉而采用这一策略。

A. 个别品牌策略　　B. 分类品牌策略

C. 企业名称＋个别品牌策略　　D. 多品牌战略

16. 如果企业所经营的各类产品之间的差别非常大，那么企业就必须根据产品的不同分类归属，对各类产品分别命名、一类产品使用一个品牌。这是(　　)。

A. 个别品牌策略　　B. 分类品牌策略

C. 企业名称＋个别品牌策略　　D. 多品牌战略

17. 企业在考虑产品之间既有相对同一性又有各自独立性的情况下，典型的做法是采用(　　)。

A. 个别品牌策略　　B. 分类品牌策略

C. 企业名称＋个别品牌策略　　D. 多品牌战略

18. 美国的菲利普·莫里斯公司，不仅有大名鼎鼎的万宝路牌香烟，还有卡夫酸奶和奇妙酱、果珍饮品以及麦斯威尔咖啡。这是(　　)。

A. 个别品牌策略　　B. 分类品牌策略

C. 企业名称＋个别品牌策略　　D. 多品牌战略

19. 海尔集团的冰箱依据其目标市场定位不同，分别命名为“海尔双王子”“海尔小王子”“海尔帅王子”等，洗衣机也有“海尔小小神童”洗衣机，这是(　　)。

A. 个别品牌策略　　B. 分类品牌策略

C. 企业名称＋个别品牌策略　　D. 多品牌战略

20. 如果引入的新品牌与原有品牌没有明显差异，就等于自己打自己，毫无意义。因此要(　　)。

A. 避免子品牌竞争　　B. 体现品牌差异

C. 突出独特卖点　　D. 依据行业特点

21. 欧米茄精心挑选名人作为形象大使，而雷达表的广告从不用什么明星，广告诉求主要集中在高科技制表工艺和材料上。这是(　　)。

A. 避免子品牌竞争　　B. 体现品牌差异

C. 突出独特卖点　　D. 依据行业特点

22. 国内曾有好几家企业尝试推出男士洗发水，并以“×××、真正男子汉”的宣传语和天王巨星为号召，但无人买单。这是因为没有(　　)。

A. 避免子品牌竞争　　B. 体现品牌差异

C. 突出独特卖点　　D. 依据行业特点

23. (　　)，名表、名车、生活用品、食品、服饰等行业适合采用多品牌战略，而电器类就很少采用这种策略。

A. 避免子品牌竞争　　B. 体现品牌差异

C. 突出独特卖点　　D. 依据行业特点

24. 企业专门发展出一个品牌去争夺某一细分市场，若这一细分市场的容量较小，销售额尚不足以支持一个品牌成功推广和生存所需的费用，就无法实施多品牌战略。这是(　　)。

A. 避免子品牌竞争　　B. 体现品牌差异

C. 细分市场规模化　　D. 及时调整与定位

25. 随着社会经济的发展，消费者的需求在不断变化之中，有些品牌细分市场可能萎缩，这时就要(　　)。

A. 避免子品牌竞争　　B. 体现品牌差异

C. 细分市场规模化　　D. 及时调整与定位

26. (　　)又称群体品牌，是指企业决定其所有产品都统一使用一个品牌名称，形成一个品牌系列。

A. 家族品牌　　B. 品牌延伸　　C. 多品牌　　D. 全品牌

27. (　　)是指企业决定其所有的产品都统一使用一个品牌名称。

A. 群体品牌策略　　B. 个体品牌策略

C. 群体和个体并用品牌策略　　D. 家族品牌战略

28. 采用（　　），企业的整体声誉不会因个别产品的失败而受到影响。

A. 群体品牌策略　　B. 个体品牌策略

C. 群体和个体并用品牌策略　　D. 家族品牌战略

29. (　　)是指企业对其各种不同的产品分别采用不同的品牌名称，但在各种不同的品牌名称前加上企业的名称。

A. 群体品牌策略　　B. 个体品牌策略

C. 群体和个体并用品牌策略　　D. 家族品牌战略

30. (　　)即企业决定其各种不同的产品分别使用不同的品牌名称。

A. 个别品牌名称　　　　　　　　　B. 统一品牌名称

C. 各大类产品单独使用不同的品牌名称　　D. 企业名称与个别品牌名称并用

31. (　　)即企业决定其所有的产品统一使用一个品牌名称，如美国通用电气公司的所有的产品都统一使用“GE”这个品牌名称。

A. 个别品牌名称　　　　　　　　　B. 统一品牌名称

C. 各大类产品单独使用不同的品牌名称　　D. 企业名称与个别品牌名称并用

32. (　　)是因为企业生产或销售许多不同类的产品，如果都统一使用一个品牌名称，这些不同类型的产品就容易混淆。

A. 个别品牌名称　　　　　　　　　B. 统一品牌名称

C. 各大类产品单独使用不同的品牌名称　　D. 企业名称与个别品牌名称并用

33. (　　)即企业决定其各种不同产品分别使用不同的品牌名称，同时在各种产品的品牌名称前面还冠以企业名称。

A. 个别品牌名称　　　　　　　　　B. 统一品牌名称

C. 各大类产品单独使用不同的品牌名称　　D. 企业名称与个别品牌名称并用

34. (　　)是指企业利用其成功品牌名称的声誉来推出改良产品或新产品，包括推出新的包装规格、口味和式样等。

A. 个别品牌名称　　B. 统一品牌名称　　C. 品牌扩展策略　　D. 多品牌战略

35. (　　)是指企业决定同时经营两种或两种以上相互竞争的品牌。这种策略是宝洁公司首创的。

A. 个别品牌名称　　B. 统一品牌名称　　C. 品牌扩展策略　　D. 多品牌战略

36. 某企业原来一向生产某种高档产品，后来推出较低档的产品，如果这种新产品使用自己的品牌名称，就不会影响这家企业的名牌产品的声誉。这是采用了(　　)。

A. 个别品牌名称　　　　　　　　　B. 统一品牌名称

C. 各大类产品单独使用不同的品牌名称　　D. 企业名称与个别品牌名称并用

37. (　　)的主要好处是：企业宣传介绍新产品的费用开支较低，如果企业的名声好，其产品必然畅销。

A. 个别品牌名称　　　　　　　　　B. 统一品牌名称

C. 各大类产品单独使用不同的品牌名称　　D. 企业名称与个别品牌名称并用

38. 采用(　　)是因为有些企业虽然生产或销售同一类型的产品，但为了区别不同质量水平的产品，往往也分别使用不同的品牌名称。

A. 个别品牌名称　　　　　　　　　B. 统一品牌名称

C. 各大类产品单独使用不同的品牌名称　　D. 企业名称与个别品牌名称并用

39. 美国家乐氏公司采取(　　)，推出家乐氏米饼、家乐氏葡萄干。

A. 个别品牌名称　　　　　　　　　B. 统一品牌名称

C. 各大类产品单独使用不同的品牌名称　　D. 企业名称与个别品牌名称并用

40. 美国桂格麦片公司成功推出桂格超脆麦片之后，又利用这个品牌及其图样特征，推出雪糕、运动装等新产品。这是采用了（　　）。

A. 个别品牌名称　　B. 统一品牌名称　　C. 品牌扩展策略　　D. 多品牌策略

41.（　　）是指利用现有品牌名进入新的产品类别，推出新产品的做法。

A. 品牌延伸　　B. 品牌定位　　C. 品牌命名　　D. 品牌识别

42.（　　）平行延伸，一般适应于具有相同（或相近）的目标市场和销售渠道，相同的储运方式，相近的形象特征的产品领域。

A. 产业　　B. 产品质量　　C. 其他相关　　D. 专业化

43.（　　）向上延伸，即在产品线中增加高档次的产品，使产品进入高档市场。

A. 产业　　B. 产品质量　　C. 其他相关　　D. 专业化

44.（　　）延伸也叫扩散法延伸，对于刚成长起来的品牌非常有意义。

A. 产业　　B. 产品质量　　C. 其他相关　　D. 专业化

45. 当原定位于中档产品市场的企业掌握了市场优势以后，决定一方面增加高档产品，另一方面增加低档产品，扩大市场阵容，这是（　　）。

A. 产业延伸　　B. 向上延伸　　C. 向下延伸　　D. 双向延伸

46.（　　）是企业推出新产品、快速占有并扩大市场的有力手段。

A. 品牌命名　　B. 品牌维护　　C. 品牌扩展　　D. 品牌延伸

47. 在开发与本品牌原产品关联性和互补性极强的新产品时，由于其消费群与原产品完全一致，对它的需求量与原产品等比例增减，因此不需要长期的市场论证和调研。这是品牌延伸的（　　）优点。

A. 有助于加快新产品的定位　　B. 有助于减少新产品的市场风险

C. 有助于降低新产品的市场导入费用　　D. 有助于强化品牌效应、增加经济价值

48. 新产品推向市场首先必须获得消费者的认识、接受、认同和信任，这一过程就是新产品品牌化。这是品牌延伸的（　　）优点。

A. 有助于加快新产品的定位　　B. 有助于减少新产品的市场风险

C. 有助于降低新产品的市场导入费用　　D. 有助于强化品牌效应、增加经济价值

49. 在市场经济高度发达的今天，消费者对商标的选择，体现在“认牌购物”上，这（　　）。

A. 有助于加快新产品的定位　　B. 有助于减少新产品的市场风险

C. 有助于降低新产品的市场导入费用　　D. 有助于强化品牌效应、增加经济价值

50. 品牌原产品起初都是单一产品，品牌延伸效应可以使品牌从单一产品向多领域辐射，这（　　）。

A. 有助于加快新产品的定位　　B. 有助于减少新产品的市场风险

C. 有助于降低新产品的市场导入费用　　D. 有助于强化品牌效应、增加经济价值

51. ( )能够提高整体品牌组合的投资效益，即整体的营销投资达到理想经济规模时，核心品牌的主力品牌都会因此而获益。

A. 加快新产品的定位　　B. 减少新产品的市场风险

C. 降低新产品的市场导入费用　　D. 增强核心品牌的形象

52. 如果运用不当的品牌延伸，原有强势品牌所代表的形象信息就会被弱化，从而( )。

A. 损害原有品牌形象　　B. 有悖消费心理

C. 产生“跷跷板”现象　　D. 产生株连效应

53. 一个品牌取得成功的过程，就是消费者对企业所塑造的这一品牌的特定功用、质量等特性产生的特定的心理定位的过程。企业把强势品牌延伸到和原市场不相容或者毫不相干的产品上时，( )。

A. 损害原有品牌形象　　B. 有悖消费心理

C. 会产生“跷跷板”现象　　D. 会产生株连效应

54. 当延伸品牌的产品在市场竞争中处于绝对优势时，消费者就会把原强势品牌的心理定位转移到延伸品牌上。这样，就无形中削弱了原强势品牌的优势，( )。

A. 损害原有品牌形象　　B. 有悖消费心理

C. 会产生“跷跷板”现象　　D. 会产生株连效应

55. 将强势品牌名冠于别的产品上，如果不同产品在质量、档次上相差悬殊，就会使原强势品牌产品和延伸品牌产品产生冲击，这不仅损害了延伸产品，还会( )。

A. 损害原有品牌形象　　B. 有悖消费心理

C. 会产生“跷跷板”现象　　D. 会产生株连效应

56. 如果企业用同一品牌推出功用、质量相差无几的同类产品，会使消费者混淆，这是( )。

A. 淡化品牌特性　　B. 产品定位混乱

C. 品牌延伸不一致　　D. 品牌延伸种类过量

57. 若在品牌延伸中不与该品牌定位一致，会动摇人们心目中对该品牌的思维和情感定势。随着这种状况的持续，自然给公众传达了不利于该品牌的混乱信息，该品牌的市场影响力就会降低，严重时会危及该品牌的市场地位。这是( )。

A. 淡化品牌特性　　B. 产品定位混乱

C. 品牌延伸不一致　　D. 品牌延伸种类过量

58. 品牌延伸应尽可能避免在类别差异性比较大的产品间进行。在同类产品间延伸时，也要注意品牌的市场和社会定位，否则，会造成( )。

A. 淡化品牌特性　　B. 产品定位混乱

C. 品牌延伸不一致　　D. 品牌延伸种类过量

59. 虽然延伸产品可能保持了与品牌核心价值的一致性，但若不注意量的限制也可能影响品牌的市场影响力。这是( )。

A. 淡化品牌特性　　B. 产品定位混乱

C. 品牌延伸不一致　　D. 品牌延伸种类过量

60. (　　)在国际上被定义为“一种超出人们生存与发展需要范围的，具有独特、稀缺、珍奇等特点的消费品”，又称为“非生活必需品”。

A. 奢侈品　　B. 必需品　　C. 消费品　　D. 高档品

61. 奢侈品的含义大致有三个重点，下列选项中，(　　) 不包含在内。

A. 好的　　B. 贵的　　C. 非必需的　　D. 必需的

62. (　　)，例如：在中国，20 世纪 80 年代，对人们来说“奢侈品”就是手表、缝纫机、自行车“三大件”，此后便渐渐衍变为电视机、电冰箱与电话。

A. 奢侈品的概念是不断延伸的

B. 奢侈品的受众是少数人群

C. 奢侈品消费行业实际上是一个精英行业

D. 奢侈品一定是最贵的

63. (　　)，因此，应鼓励有能力消费奢侈品的人群培养文化理念和贵族气质，以最终让奢侈品消费回归理性，成为市场正常运行的一部分。

A. 奢侈品的概念是不断延伸的

B. 奢侈品的受众是少数人群

C. 奢侈品消费行业实际上是一个精英行业

D. 奢侈品一定是最贵的

64. (　　)，顶级奢侈品往往是与成功的品牌、过硬的质量、优秀的设计理念乃至历史积淀、文化传承联系在一起的，而昂贵的价格是最后的外在呈现。

A. 奢侈品的概念是不断延伸的

B. 奢侈品的受众是少数人群

C. 奢侈品消费行业实际上是一个精英行业

D. 奢侈品一定是最贵的

65. 奢侈品牌是富贵豪华的。奢侈品的词源是拉丁文的“光”(lux)。这是奢侈品的(　　)特点。

A. 富贵象征　　B. 视觉感　　C. 个性化　　D. 专一性

66. 奢侈品的高级性应当是看得见的。正因为人们对其奢华“显而易见”，它才能为拥有者带来荣耀。这是奢侈品的(　　)特点。

A. 富贵象征　　B. 视觉感　　C. 个性化　　D. 专一性

67. 奢侈品牌往往以己为荣，它们不断树立起个性化大旗，创造着自己的最高境界。奔驰追求着顶级质量、劳斯莱斯追求着手工打造、俪丝娅追求着时尚性感奢华、法拉利追求着运动速度、凯迪拉克追求着豪华舒适，这是奢侈品的(　　)特点。

A. 富贵象征　B. 视觉感　C. 个性化　D. 专一性

68. 奢侈品牌绝不可以随意扩张使用。这是奢侈品的(　　)特点。

A. 富贵象征　B. 视觉感　C. 个性化　D. 专一性

69. 作为奢侈品牌，必须制造“望洋兴叹”的感觉。让大多数人产生可望而不可即的感觉是奢侈品牌营销的使命。这是奢侈品的(　　)特点。

A. 富贵象征　B. 视觉感　C. 个性化　D. 距离感

70. 庞巴迪（Bombardier）属于(　　)品牌。

A. 私人飞机　B. 豪华游艇　C. 豪华汽车　D. 皇室珠宝

71. 阿兹慕（Azimut）属于(　　)品牌。

A. 私人飞机　B. 豪华游艇　C. 豪华汽车　D. 皇室珠宝

72. 法拉利（Ferrari）属于(　　)品牌。

A. 私人飞机　B. 豪华游艇　C. 豪华汽车　D. 皇室珠宝

73. 卡地亚（Cartier）属于(　　)品牌。

A. 私人飞机　B. 豪华游艇　C. 豪华汽车　D. 皇室珠宝

74. 百达翡丽（Patek Philippe）属于(　　)品牌。

A. 顶级名表　B. 豪华游艇　C. 豪华汽车　D. 皇室珠宝

75. 香奈儿（CHANEL）属于(　　)品牌。

A. 顶级名表　B. 化妆　C. 烈酒与葡萄酒　D. 度假酒店

76. 至尊马爹利（L'or De Jean Martell）属于(　　)品牌。

A. 顶级名表　B. 化妆　C. 烈酒与葡萄酒　D. 度假酒店

77. 瓦卡亚俱乐部酒店（Wakaya Club）属于(　　)品牌。

A. 顶级名表　B. 化妆　C. 烈酒与葡萄酒　D. 度假酒店

二、思考题

1. 多品牌战略的作用有哪些？
2. 多品牌战略的类别有哪些？
3. 多品牌战略的运用策略有哪些？
4. 家族品牌战略包括哪三种实施策略？
5. 家族品牌战略的决策选择有哪些？
6. 品牌延伸战略的决策选择有哪些？
7. 品牌延伸战略的优点有哪些？
8. 品牌延伸战略的风险有哪些？
9. 奢侈品的概念的延伸包括哪几个方面？
10. 奢侈品的主要特点有哪些？

三、案例分析题

宝洁公司（P&G）的多品牌战略

宝洁公司目前是全球最大的日用品供应商之一，且培育出最多世界级名企的总裁。这些管理人才的涌现与宝洁的多品牌战略密不可分。事实上，目前有很多公司都在试行多品牌战略，但由于各种因素不是很成功。无疑，宝洁公司的多品牌战略是最具有代表性的，是日化企业的典范，也值得众多零售业同行的学习与借鉴。下面对宝洁公司的多品牌战略进行分析。

（一）宝洁公司多品牌战略的优势

1. 宝洁公司的品牌分类

（1）宝洁公司的品牌分类如下：

宝洁公司的品牌目前共分为美尚、健康、家居三大类。

美尚类品牌，包括Olay、SK-II、潘婷、飘柔、海飞丝、沙宣、伊卡璐、威娜、卡玫尔、吉列、德国博朗、舒肤佳等。

健康类品牌，包括佳洁士、护舒宝、朵朵、欧乐B等。

居家类品牌，包括汰渍、碧浪、帮宝适等。

（2）宝洁公司的产品种类如下：

日化产品有洗发护发用品、美容护肤用品、洗浴用品、洗衣用品、洗牙用品、卫生巾、纸尿裤、理发剃须用品等。非日化用品有食品和饮料等。

两种分法各有其自身的优势特点，但是最主要的特点还是宝洁日化产品的覆盖领域拥有宽度和深度，占据了我国日化市场的大片江山。

2. 宝洁公司的多品牌战略在我国获得成功的主要原因

（1）宝洁子品牌在我国采用产品名称本土化的策略，例如：海飞丝、飘柔、碧浪等几乎全部使用有特定意义的汉字，广大消费者在消费上的警惕性减弱、亲切感增强，无形中使用了部分宝洁品牌的产品。

（2）宝洁公司的不同品牌的广告多采用中国风，注重中国的家庭文化，选择阳光时尚的主题风格，使不同品牌的产品深入人心。

（3）宝洁对不同的日化产品类别采取不同的品牌命名方式，使各自类别领域的产品独立发展，充分发挥多品牌扩大销售额的目的。

（4）宝洁对同样的日化产品类别也采取不同的品牌命名方式，降低了同一领域的产品销售风险，即使某一品牌销售业绩不理想，也会有其他同类的宝洁品牌弥补，达到平衡销售额和占有市场份额的目的。

（5）宝洁公司的产品采用差异化营销方式，追求同类产品不同品牌之间的差异，包括功能、包装、宣传等方面，从而形成每个品牌的鲜明个性。其中，价格的差异性令公司和消费者同时可以明确区分其高端产品、中端产品和低端产品所对应的高端、中端和低端市场，使不同经济状况的消费群体均可使用，从而让买卖双方同时获益。

3. 宝洁公司多品牌战略成功的关键

宝洁公司的多品牌战略在实施过程中，最重要的一环是人才，这是宝洁公司多品牌战略成功的关键。因为形成了多品牌的行业格局，就需要相当数量的人才来经营和管理这么多分公司及其下属的产品品牌。宝洁公司有闻名世界的自己的大学——宝洁大学。其他企业一般采取的员工培训方式是企业高层的内训或者外聘讲师的外训，从企业本身发展的角度来讲，这可能有脱离实际企业状况的情况存在。而宝洁大学拥有自己的专职讲师，所有的专职讲师都是企业内部的各级管理者或者工作多年的老员工，所以宝洁大学讲授的各个品牌的案例几乎来自宝洁近200年的真实品牌案例，以及其他世界著名的案例，对于应对实际企业的发展过程中出现的问题具有准确的指导作用。

4. 宝洁公司品牌畅销的主要原因

宝洁公司众多品牌畅销的主要原因，是其高度重视消费者的情感态度，尽最大能力为广大消费者服务。宝洁公司市场细分及差异化的营销的方式，将市场分成若干个部分，最大限度满足消费者的需求。针对消费者的需求做到采取独特的产品与营销战略，实现真正的双赢。就洗发水而言，常见的就有海飞丝、飘柔、潘婷等。其中，海飞丝针对去头屑，飘柔强调头发的顺滑，潘婷则着重于头发的营养，三者各有特点，各有特定消费群体，也各有自己独立的品牌，为不同的消费者提供不同的选择。

宝洁公司实行的多品牌战略从产品、营销、价格等方面满足不同消费者的需求，真正做到用真心服务消费者。

5. 宝洁公司实行多品牌战略的优势总述

（1）带给消费者更多的个性化体验。事实上，有时消费者购买某个品牌的产品时，不仅要获得产品的某种功能，更重要的是想通过品牌表达自己的价值主张，展示自己的生活方式。如果企业在品牌定位时忽略了这一点，而一味强调产品的属性和功能，不能满足消费者心理上的更多需求，就会渐渐被市场所淘汰。

（2）品牌溢价能力强。对于消费者具有情感需求的同一类产品，情感定位的品牌的价格敏感度比使用产品属性定位的品牌低。只要品牌的情感诉求被消费者认同，该品牌就为消费者创造了产品功能以外的更多利益，消费者对价格的关注程度就会降低。

（3）更容易被消费者记忆。一个触动消费者内心世界的情感诉求往往会给消费者留下深刻而长久的记忆，在消费者做出购买决策时激发出一种条件反射，增强消费者的品牌忠诚度。“我喜欢”往往比“我需要”的吸引力更持久。

（4）为品牌延伸提供了更广阔的空间。情感的包容力比产品属性的包容力大得多，能为品牌向其他领域的延伸创造更多成功的机会。例如：宝洁公司的洗发香波品牌沙宣定位为“时尚现代”，就可以成功地从洗发护发产品延伸到定型产品，如摩丝等，即使将来向化妆品延伸也是可行的。而采用属性定位——“使秀发飘逸柔顺”的飘柔品牌就不容易向其他领域延伸。

宝洁的广告很注重理念，如佳洁士与全国牙防组推广“根部防蛀”的防牙、护牙理念；舒肤佳与中华医学会推广“健康、杀菌、护肤”的理念等。除此之外，宝洁的品牌还加强了情感投入，如飘柔打出“自信”的概念大旗，从“飘柔吵架篇”“飘柔老师篇”到“飘柔指挥家篇”，飘柔广告无不以自信作为品牌的立足点，通过理念与情感的有机结合，大大地提高了品牌的文化内涵。

宝洁公司的品牌战略不仅使得该公司在社会上有着良好的形象、较高的声誉，而且培育了一大批忠诚的消费者，为该公司的可持续发展赢得了竞争优势。

（二）宝洁公司多品牌战略的劣势

1. 多品牌造成品牌混淆

公司拥有过多的品牌不仅会使消费者感到眼花缭乱，而且容易使消费者把每一种品牌产品的特点混淆起来，这就会造成市场分区的重复。因此，虽然公司不同品牌的产品在同一个市场内争夺市场份额，公司的整体市场份额却并未上升。

2. 大量的研发投入造成成本上升

虽然产品更新是宝洁公司的竞争优势之一，但这有时却是建立在极高的研发投入上的。宝洁公司每年投入产品研发的资金高达 1.7 亿美元，这就不可避免的造成了成本上升和利润下降。而在日化用品领域，宝洁有许多强大的竞争对手，如果其他公司以更低的成本生产同样品质的产品，消费者就会转而购买其他公司的产品。毕竟在这样一个极具竞争性的行业里，成本控制是非常重要的。

3. 新品牌建立时较难发展

新品牌建立时，不能借助已有的品牌进行推广，想打入市场拥有一定量的消费人群较困难。例如：宝洁公司在 2002 年推出的润妍洗发水就一败涂地，在短期内黯然退市。其实，润妍洗发水从研究到产品推广的营销方案都是不错的，但忘了一个原则——“方便”。在一个新品牌出现时，最重要的就是符合消费者心理，若是在一个良好的基础上，消费者会以原来使用这个品牌的心态去使用一个新产品，拥有一定的群众基础，有利于发现缺点并改正从而持续发展，而不会造成品牌刚推出就面临退出市场等问题。

资料来源：根据互联网公开信息改编。

要求：简述多品牌战略，并结合案例试着为宝洁的多品牌战略提出建议。

项目四 品牌战略
课后习题参考答案

项目五　品牌传播与扩张

知识目标

1. 掌握品牌传播的定义、特点和意义。
2. 熟悉品牌传播的方式。
3. 掌握品牌扩张的定义、原因和价值。
4. 熟悉品牌扩张的技巧。
5. 掌握品牌扩张的策略。

能力目标

1. 能够运用所学知识进行品牌传播。
2. 能够运用所学知识进行品牌扩张。
3. 能够熟练运用品牌扩张的技巧和策略。

任务一　品牌传播概述

案例导入

利用总统当推销员

美国一出版商有一批滞销书久久不能脱手，他忽然想出了一个主意：给总统送去一本书，并三番五次去征求意见。忙于政务的总统不愿与他所纠缠，便回了一句：“这本书不错。”出版商便大做广告，“现有总统喜爱的书出售”，于是，这些书被一抢而空。

不久，这个出版商又有书卖不出去，又送一本给总统，总统上过一回当，想奚落他，就说："这书糟透了。"出版商闻之，脑子一转，又做广告："现有总统讨厌的书出售。"不少人出于好奇争相抢购，书又售尽。

第三次，出版商将书送给总统，总统接受了前两次的教训，便不予任何答复，出版商却大做广告："现有令总统难以下结论的书，欲购从速。"居然又被一抢而空，总统哭笑不得，商人大发其财。

资料来源：根据互联网公开信息改编。

一、品牌传播的定义

品牌传播（Brand Communication）是指企业告知消费者品牌信息，劝说其购买品牌以及维持品牌记忆的各种直接及间接的方法。

品牌传播是企业的核心战略，也是超越营销的不二法则。品牌传播的最终目的就是要发挥创意的力量，利用各种有效发声点在市场上形成品牌声浪，有声浪就有话语权。传播是品牌力塑造的主要途径。品牌传播是企业满足消费者需要，培养消费者忠诚度的有效手段，是目前企业家们高擎的一面大旗。

品牌传播是运用媒体新闻为企业宣传的一种推广方式，相对于硬性广告或传统的 B2B 平台宣传等，消费者对新闻这一推广方式的接受程度要高很多。同样是开展宣传和营销，同样是希望找到并影响、打动潜在消费者，以新闻的形式做宣传，让消费者在不知不觉中接收信息，就是品牌传播最新趋势。

二、品牌传播的特点

（一）信息的聚合性

品牌传播是动态的，其信息的聚合性，是由静态品牌的信息聚合性所决定的。菲利普·科特勒所描述的品牌表层因素如名称、图案、色彩、包装等，其信息含量尚是有限的，但"产品的特点""利益与服务的允诺""品牌认知""品牌联想"等品牌深层次的因素，却无疑聚合了丰富的信息。而它们构成了品牌传播的信息源，也就决定了品牌传播本身信息的聚合性和受众的目标性。

（二）媒介的多元性

加拿大的传播学家马歇尔·麦克卢汉（Marshall McLuhan）有句名言——"媒介即讯息"，也就是说，媒介技术往往决定着所传播的讯息本身。例如：电视媒介传播了超出报刊、广播多得多的讯息，而网络媒介又传播了兼容所有媒介讯息的讯息。而在传播技术正得到革命性变更的今天，新媒介的诞生与传统媒介的新生，则共同打造出了一个传播媒介多元化的新格局。这为品牌传播提供了机遇，也对媒介运用的多元化整合提出了新挑战。

传统的大众传播媒介，如报纸、杂志、电视、广播、路牌、海报、车体、灯箱等，对现代社会的受众来说，魅力犹存，对它们的选择组合本身就具有多元性；而新媒体的诞生，则使品牌传播的媒介多元性更加突出。如此，品牌传播在新旧媒介的选择中，就有了多元性的前提。

（三）操作的系统性

在品牌传播中，其系统的构成主要为品牌的拥有者与品牌的受众，二者由特定的信息、特定的媒介、特定的传播方式、相应的传播效果（如受众对品牌产品的消费、对品牌的评价）、相应的传播反馈等信息互动环节构成。

由于品牌传播追求的不仅是近期传播效果的最佳化，还追求长远的品牌效应，因此品牌传播总是在品牌拥有者与受众的互动关系中，遵循系统性原则进行操作。

三、品牌传播的意义

传播对品牌力的塑造起着关键性的作用。

（一）只有在传播中才能体现出品牌力

我们知道，品牌力主要是站在消费者的角度提出的，而要使有关品牌的信息进入消费者的心智，唯一的途径是通过传播媒介。如果少了传播这一环节，那么消费者将无从对产品的效用、品质有进一步的了解；会忽略产品的定位和产品的特定目标市场；品牌文化和品牌联想的建立则几乎是不可能的。

（二）传播过程中的竞争与反馈对品牌力有很大的影响

传播是由传播者、媒体、传播内容、受众等方面构成的一个循环往复的过程，其中充满竞争和反馈。在现代“传播过多”的社会中，人们不能企望接受所有信息，而是逐渐学会了有选择地记取、接受，即只接受那些对他们有用或吸引他们、满足他们需要的信息。例如：在电视机前，当你不满某个品牌的广告时，就会对该品牌的产品不满。如果绝大多数的人都产生这样的情绪，传播者在销售的压力下，就不得不重新考虑其传播的内容。同样，如果只有一个人不满企业的一个公关活动，传播者则会站在目标消费者群体的角度坚持这个活动，不会因为一个人而改变其运行。因此，在传播中塑造品牌力就必须考虑如何才能吸引、打动品牌的目标消费者，考虑如何在传播中体现出能满足更大需求的价值。

（三）传播过程受外界影响

传播过程是一个开放的过程，随时可能受到外界环境的影响。在现实生活中，外界环境通常会对传播过程产生制约、干扰，从而影响传播的进行。

【训练任务】

品牌传播概述训练。

【训练目标】

帮助学生在实践中掌握品牌传播的定义、特点和意义。

【任务要求】

1. 由授课老师主持训练。
2. 如全班48人，自由分组，形成6组。
3. 小组成员讨论品牌传播的定义、品牌传播的特点、品牌传播的意义。
4. 每组安排一名同学负责记录、汇总。
5. 活动结束后，要求每组选出一名代表在课堂上汇报讨论的心得。
6. 准备时间为10分钟。

【任务组织】

任务组织如表5-1所示。

表5-1　品牌传播概述训练任务组织表

活动项目	具体实施	时间	备注
品牌传播概述训练	1. 全班48人，自由分组，形成6组。 2. 小组成员讨论品牌传播的定义、品牌传播的特点、品牌传播的意义。 3. 6个小组在教师的指导下，同时进行讨论。 4. 组织学生讨论品牌传播概述训练过程中遇到的问题。	30分钟	教室中每组一桌八椅

【任务评价】

任务评价如表5-2所示。

表5-2　品牌传播概述训练任务评价表

评价指标	评价标准	分值（100分）	评估成绩	权重
品牌传播概述训练效果	1. 理解品牌传播的定义、品牌传播的特点、品牌传播的意义。	20		70%
	2. 能识别品牌传播概述训练易犯错误。	20		
	3. 能灵活运用品牌传播概述训练的应对策略。	20		
	4. 遵守活动时间。	10		
	5. 讨论积极。	10		
	6. 效果明显。	10		
	7. 汇报得当。	10		
教学过程	出勤、态度和热情	100		30%
小组综合得分				

超链接

品牌与广告的关系

由于现代传媒发展迅猛，广告与品牌的关系已经密不可分了。

广告的目的是短期内提升销量和建立品牌的长期价值。塑造品牌形象是广告最主要的目标。广告就是要力图使品牌具有并且维持一个高知名度的形象。广告大师大卫·奥格威指出："广告传播是品牌形象塑造的重要环节，每一个广告都是对品牌形象的长远投资。"从长远的观点看，广告必须力求维护一个好的品牌形象。而品牌建设也对广告业的发展产生巨大影响，品牌的成功推广为广告人与广告主提供了更多合作的机会，推动广告业的进步。

显而易见，科技含量高、专业性强的企业，本身就可成为一个品牌，例如：微软公司、苹果公司旗下研发的产品一直被模仿，从未被超越，广告对其的作用只不过是锦上添花而已。反观那些技术含量不高的企业，如何在市场中立足就成为一桩难事。在这一点上，可口可乐的成功为世界做出了榜样。作为饮料产品，其科技含量并不高，竞争对手容易模仿，且对产品进行升级改进的空间不大，这样一来，维持产品长期销售是很难的事。而广告成为可口可乐的"保鲜剂"，从一开始的产品属性介绍到后来上升到情感诉求，其广告也从单一性向多元化转变，如今可口可乐的广告涉及环保、人权、奥运等诸多方面，多角度地塑造了可口可乐公司的企业文化和品牌形象，经久不衰。与其异曲同工的是农夫山泉，作为饮用水的后起之秀，凭借"农夫山泉有点甜"迅速树立了自己在行业中的差异化形象。接着又以悉尼奥运会赞助中国奥运代表团的机会，叫响了"每喝一杯农夫山泉，就为中国奥运捐出一分钱"的广告语，使消费者联想到农夫山泉为中国奥运事业做出的贡献，一下子拉近了农夫山泉与消费者的距离，提升了它的品牌形象。

"成也萧何败也萧何"，如果没有考虑周全，广告也可能产生负面影响。当年，"恒源祥，羊羊羊"的特别的广告方式，曾成就了中国一大品牌。"恒源祥，羊羊羊"作为经典广告语被人传诵一时。但在2008年的除夕之夜，恒源祥却爆出"重复门"——广告中一个男声说："恒源祥，北京奥运会赞助商！"接着一个童声叫道："鼠鼠鼠！"同时画面上跳出几只小老鼠。不要以为这就结束了，下面的广告重复了"恒源祥，北京奥运会赞助商！牛牛牛！"画面上又跑出几只牛。如此反复，一直到"猪猪猪！"才结束，历时1分钟，让观众有种砸电视机的冲动。也许这种高曝光能让恒源祥的产品短期内销售可观，但从长远看却影响了其品牌建设。

总之，广告不是万能的，但没有广告是万万不能的。一个品牌的经营需要广告来推动，好比划船需要船桨，但也要提防广告这支船桨划错方向。

资料来源：根据互联网公开信息改编。

任务二 品牌传播的方式

毛姆的征婚广告

某一天，英国各大报纸不约而同地登出一则征婚广告，寥寥数语："本人喜欢音乐和运动，是个年轻又有教养的百万富翁，希望能和毛姆小说中的女主角完全一样的女性结婚。"

一时间，这则征婚广告在英国引起轰动，那些日夜想嫁给"年轻又有教养的百万富翁"的小姐们，纷纷将毛姆小说购回藏于香闺；那些时刻惦记女儿命运、千方百计要给女儿安排个好归宿的太太们，则遍索毛姆小说赠送女儿作礼品或教本。几天之内，伦敦各书店毛姆小说被抢购一空，并在畅销书中独占鳌头。其实，刊登这则征婚广告的不是别人，正是毛姆自己。

资料来源：根据互联网公开信息改编。

一、品牌传播的传统方式

（一）广告传播

广告作为一种主要的品牌传播手段，是指品牌所有者以付费方式，委托广告经营部门通过传播媒介，以策划为主体、创意为中心，对目标受众所进行的以品牌名称、品牌标志、品牌定位、品牌个性等为主要内容的宣传活动。

对品牌而言，广告是最重要的传播方式，有人甚至认为：品牌＝产品＋广告，由此可见，广告对于品牌传播的重要性。根据资料显示，在美国排名前 20 位的品牌，每个品牌平均每年广告费用为 3 亿美元。

人们要了解一个品牌，绝大多数信息是通过广告获得的，广告也是提高品牌知名度、信任度、忠诚度，塑造品牌形象和个性的强有力的工具，由此可见，广告可以称得上是品牌传播的重心所在。鉴于广告对于品牌传播的重要性，企业在做广告时一定要把握以下几项内容：

1. 要做市场研究

做广告时，要先寻找一个有潜力的市场，进行市场研究，了解市场消费需求、消费心理和消费习惯，再运用广告等手段来宣传和美化产品以吸引消费者，最后找到一个好的卖点。

2. 要把握住时机

做广告时，企业要根据不同的市场时期，对广告的制作和发布采取不同的策略应对。

3. 要连续进行

广告有滞后性，如果一个广告播放一段时间效果不明显就不播了，这是很不明智的选择。因为这样会使之前的广告投入全部打水漂。所以，广告投放一定要持续，千万不能随意停下来，否则就会引起很多臆测，给企业和品牌带来不利影响。

4. 要把握性价比

在做广告时，一定要注意广告媒介的选择和资源投入的比例，因为在广告传播活动中，媒介的传播价值往往是不均等的。

（二）公共关系传播

公共关系传播是组织通过报纸、广播、电视等大众传播媒介，辅之以人际传播的手段，向其内部及外部公众传递有关组织各方面信息的共享过程。它的目的是沟通传播者与公众之间的信息联系，使组织在公众中树立良好的形象。

公共关系传播的基本形式主要有：

1. 人内传播

人内传播，即传播的“双方”集于一身的主我（I）与宾我（Me）之间的内向沟通，是人类传播的基本形式。其表现形式是自言自语、自问自答、自我发泄、自我陶醉、自我反省等。

2. 人际传播

人际传播，即个体与个体之间的沟通交流。人际传播方便易行，效率高，包括面对面、非面对面的形式。

3. 组织传播

组织传播，即组织与其成员、组织与其所处环境之间的传播与沟通。从公共关系的角度看，组织传播是疏通组织的内部沟通渠道、密切组织内外关系的一种重要传播方式。

4. 大众传播

大众传播，即通过大众传播媒介（如报纸杂志、广播电视、网络等），将复制的信息传递给分散的大众。大众传播是公共关系传播的最主要方式，大众传播媒体是组织进行公关活动的主要载体。

品牌故事分享

新飞“爱心水窖”的公益传播

2005年5月，新飞电器捐建“大地之爱——母亲水窖”首批工程奠基仪式在革命圣地延安举行，新飞计划通过义卖捐出不少于100万元的款项，在陕西、四川、云南、河北四省修建1 000余眼水窖，改善中西部地区的用水条件。

在我国西北部分地区，人、畜用水几乎全靠蓄积雨水，人们在地下修建的蓄积雨水的容器被称为“水窖”。因为没有足够的资金对这种水窖内部进行混凝土硬化，所以会很快出现渗漏。为帮助当地群众特别是妇女迅速摆脱因严重缺水带来的贫困，中国妇女发展基金会从2001年开始实施“大地之爱——母亲水窖”工程，向社会募集善款捐建混凝土构造的水窖。

新飞作为中国名牌、国内著名环保品牌，始终如一地关注、关爱社会公益事业，截至2005年，先后多次向教育、环保等爱心工程及赈灾救助贫困民众等社会公益事业捐款捐物共计5 000多万元，不断回报广大消费者对新飞品牌的厚爱。在2004年底得知中国妇女发展基金会正在为西部修建水窖募捐后，新飞决定一年内捐出100万元爱心善款，为此，新飞电器从2005年1月1日起发起了爱心义卖活动，只要购买新飞指定产品，新飞就将以客户名义捐出10元人民币，用于为缺水地区修建水窖。

企业存在于社会中，其生命更维系于社会，一个不懂得主动回馈社会的企业是不可能拥有长久生命力的。福特（Ford）、微软（Microsoft）等国际品牌企业是如此；海尔、娃哈哈等诸多国内优秀企业也不例外，而新飞又本着对西北人民生活的真心关爱，为改变西北百姓缺水状况助力，此心可敬，此情可亲，是一项利民利己的公益之举。

资料来源：根据互联网公开信息改编。

（三）销售促进传播

销售促进传播是指通过鼓励对产品和服务进行尝试或促进销售等活动而进行品牌传播的一种方式，简称促销传播，其主要工具有：赠券、赠品、抽奖等。

尽管促销传播有着很长的历史，但是长期以来，它并没有被人们所重视，直到近20年，许多品牌才开始采用这种手段进行品牌传播。

促销传播主要用来吸引品牌转换者。它在短期内能产生较好的销售反应，但很少有长久的效益和好处，尤其对品牌形象而言，大量的促销会降低品牌忠诚度，强化消费者对价格的敏感，淡化品牌的质量概念，促使企业偏重短期行为和效益。不过对小品牌来说，促销传播会带来很大好处，因为它负担不起与市场领导者相匹配的大笔广告费，通过销售方面的刺激，可以吸引消费者使用该品牌。

（四）人际传播

人际传播是人与人之间直接沟通，主要是通过企业人员的讲解咨询、示范操作、服务等，使公众了解和认识企业，并形成对企业的印象和评价，这种评价将直接影响企业形象。

人际传播是形成品牌美誉度的重要途径，在品牌传播的方式中，人际传播最易为消费者接受。不过，人际传播要想取得好的效果，就必须提高人员的素质，只有这样才能发挥其积极作用。

品牌传播与传播方式的选择及设计密切相关，如果传播方式选择不当、设计不合理，就不可能收到好的传播效果。因此，企业在进行品牌传播时一定要把传播方式的选择和设计放在重要的位置上。

二、品牌传播的新方式

品牌影响力离不开企业的优质产品和良好的品牌形象，优质的产品和完善的售后服务是企业知名度提升的硬性条件，而品牌形象的打造也离不开系统和精细的品牌建设和营销策略。

营销界普遍认同的一个理论是：品牌精神可以带给消费者感动，所以品牌精神的提升越来越受到消费者的青睐。而品牌精神又可以理解为品牌感情和品牌形象，其提升策略也就相应区分为品牌感情强化和品牌形象提升。那么具体应如何传播品牌精神呢？

（一）基于信条的传播方式

我们都知道，信条可以给人以形象、个性、身份。听一个人说什么话，我们就不难想象他是个什么样的人，包括他是如何穿戴、如何生活的，他的喜好是什么。因此，我们可以用一个简明扼要、个性鲜明的信条来标榜企业的品牌，让这一信条赋予企业产品消费者个性鲜明的身份。

（二）基于缺憾的传播方式

这种方式是以缺憾补偿法则为依据，让品牌帮助目标消费者抵消令其感到困扰的内心缺憾。主要的操作方式是：让品牌有的放矢地传递目标消费者最渴望拥有的性格。一个品牌如能赋予其目标消费者某种强烈的性格，便是提供了一个颇为诱人的购买动机。

当然，不应该过分补偿消费者的内心缺憾，因为心理学研究已经证明，至善至美的品牌反而让消费者感到承受不起。消费者会感到自己无法达到品牌传递的高质量要求，提升的成功与否往往取决于品牌形象意蕴能在多大程度上弥补消费者内心缺憾。

（三）明星推广的方式

追星族对明星的狂热崇拜在普通人看来是不能被理解的，如果品牌也能在消费者心中有明星的地位，那么品牌的影响力将会非常大。如何把自己的品牌打造成明星式的品牌呢？这有多种操作方法，例如：可以借助好莱坞明星成名的经历，利用电影来让亿万观众熟知品牌。

三、品牌传播的内容

品牌的传播涉及许多方面，其中与品牌力密切相关的两个内容，一是广告，二是公共关系。广告与公共关系不仅是品牌信息传播的主要途径，而且在传播中还会建立品牌文化与品牌联想等，创造品牌新的价值。

（一）广告

对绝大多数的产品而言，广告是决定性的促销工具。在非处方药（OTC）、日化、房地产等行业，广告在缩短产品与消费者的距离、帮助大众做出购买决策等方面发挥着重要的作用。可以这么说，竞争越激烈的行业，品牌就越重要，广告对品牌力的影响也越深刻。

首先，广告告知目标消费者产品的特点和概念。广告通过向消费者提供产品的信息来指导消费，同时广告也在很大程度上创造着人们的需求。它向消费者提供购买的理由，引发他们的购买动机和购买行为。广告向目标市场诉求产品的功效、品质和定位，以及不同品牌之间的差异，强化产品与消费者之间的联系，使产品的定位在大众心智上确立起来。

其次，品牌文化在很大程度上是通过广告来设计创造的。与其他信息相比，广告是在研究心理学、传播学、市场营销学等基础上形成的，是唯一有着强烈说服策略、传达策略的，向大众传播的信息。因此，广告对消费者的影响很大。由于品牌文化是无形的，在一开始，消费者很难从产品身上体会到，而通过广告将它所指向的某种生活方式或价值取向明示出来，是一条最直接的途径。这样可以让目标消费者通过认同广告中的价值取向，而迅速认同品牌。例如：台湾一家广告公司在为统一企业推广其奶茶时，就在广告中设计了一家“左岸咖啡馆”，刻意营造出一种极其雅致的文化氛围，结果使销售大涨，甚至不少电视观众纷纷向企业打听这家咖啡馆在什么地方。

在通过广告进行品牌传播时，要注意以下几点：

1. 围绕品牌力进行广告创作

考察当前广告与品牌的关系，我们发现除了诸如海尔（如图 5－1 所示）、养生堂等少数企业在广告中体现着一贯、和谐的品牌形象外，绝大多数国内企业的广告中存在品牌个性频繁变动的现象。大卫·奥格威认为：“市场上的广告 95%在创作时是缺乏长远打算、仓促推出的。年复一年，这样的广告始终没有为产品树立具体的形象。”

造成品牌个性频繁变动的原因，一方面是企业主尚未清晰地意识到坚持品牌个性的重

图 5-1　海尔广告

要性，另一方面是企业不断更换广告公司的结果。不同广告公司会提出自己对广告定位的看法和对创意的主张，从而在广告中始终无法确立明确的品牌形象。与此相反，很多世界著名的企业都很注重与广告公司的长期合作。如菲利普·莫里斯公司和成功地为万宝路烟草创造“万宝路牛仔”形象的李奥贝纳广告公司（Leo Burnett）一直合作至今；著名的宝洁公司（P&G）为各个品牌聘用的广告公司平均使用期也高达 37 年。正是品牌经营者在谨慎选择广告公司之后坚持长期合作，使广告公司也放心地从长远的角度来制定广告战略，从而避免了“营销近视”。

2. 广告对品牌性格的投资应持之以恒

大卫·奥格威提到，金宝汤罐头公司（Campbell's Soup Cans）、象牙香皂（Ivory）、埃克森美孚公司（ExxonMobil Corporation）等企业正是由于塑造协调一致的形象并能持之以恒地在广告中实施而取得成功。最终决定品牌市场地位的是品牌总体上的性格，而不是产品间微不足道的差异。事实上，品牌性格是形成在消费者心理上的一个品牌概念，与品牌力有着密切的联系。一个品牌要在消费者心智中牢牢地占据一席之地，具有强大的品牌力，不仅要求品牌个性的鲜明与独特，而且这个品牌形象的推广也应持之以恒，这样才能做到深入人心。

对品牌的个性投资，最好是能在广告中塑造一种品牌文化。一个成功的品牌不单是成功的产品，还意味着一种与品牌联想相吻合的积极向上的文化理念。“化妆品公司出售的并不是香水，而是某种文化、某种期待、某种联想和某种荣誉。”在广告中注入更多的文化意蕴，可以在潜移默化中培养人们对品牌的好感和忠诚。

3. 成功的广告定位是提高品牌力的利器

20 世纪 70 年代早期，人们提出定位的概念。定位就是用广告为产品在消费者的心智中找出一个位置。例如：高路华定位为“老百姓买得起的名牌”，在众多彩电品牌中，强调优质低价的品牌形象。在产品既定情况下的广告定位就是“去操纵已经存在于心中的东西，去重新结合已存在的联结关系”。这时定位就是找出产品“与生俱来的戏剧性”，并让消费者铭记这种能产生促销效果的戏剧性。例如：乐百氏（如图 5-2 所示）在推广中以“27 层纯净”作为定位策略，七喜在广告中以“非可乐”作为定位。要进行成功的广告定位必须事先了解产品的特点和竞争品牌的优劣，挖掘消费者心智中的空白从而对其进行“猛攻”。

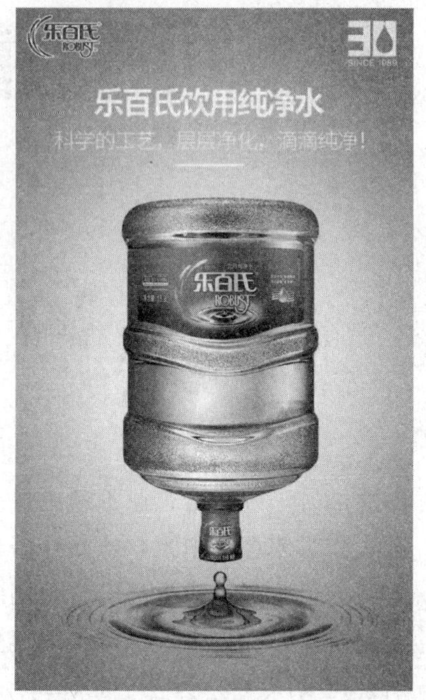

图 5-2　乐百氏广告

（二）公共关系

公共关系是品牌传播战略的重要组成部分。开展公关活动时要注意以下几个方面：

1. 公关活动应为品牌力提供强大的支持和保护

公关活动在许多情况下可起到保护品牌不受损害的作用。例如：当企业与公众发生冲突，或发生突发事件，使得公众舆论反应强烈的时候，如果处理不当，最直接与最明显的后果便是品牌力被削弱，产品的销售受到影响。此时，应针对造成危机的不同起因，例如企业行为不当、突发事件或失实报道等，动员各种力量及传媒来处理危机，协调、平衡企业与公众之间的紧张关系，使品牌力免受、少受损害。

2. 公关活动应使品牌人格化

公关活动能使品牌人格化，以文化的力量来培养公众的好感。品牌人格化，使品牌脱离商业味，产生人情味，从而更容易赢得公众的信任。

3. 公关活动应以培养品牌力为中心

站在品牌力的角度来看，我国公共关系活动策划中存在一个很大的问题：品牌不够突出。在我们所看到的众多公关策划中，企业尤其是企业家的风采往往要盖过品牌给消费者留下的印象。国内一些企业主很少从品牌创建这一角度来考虑将品牌作为公关活动的主角。事实上，即使是对企业或企业家的宣传，其主要目的也还是塑造品牌形象。因此，公关活动应让公众的注意力集中到品牌身上。例如：海尔在中央电视台推出动画片《海尔兄弟》，就以海尔的品牌角色为主角，将海尔这一品牌灌输给儿童。这样的公关活动无疑是有远见卓识的。

4. 公关活动应尽量与品牌联想结合起来

如耐克（NIKE）成为世界杯的赞助商，就将耐克与运动、健康等概念联系在了一起。相反，国内诸多企业在进行公关策划时，就很少考虑这一点。

【训练任务】

品牌传播的方式训练。

【训练目标】

帮助学生在实践中掌握品牌传播的方式。

【任务要求】

1. 由授课老师主持训练。
2. 如全班48人，自由分组，形成6组。
3. 小组成员讨论品牌传播的传统方式、品牌传播的新方式、品牌传播的内容。
4. 每组安排一名同学负责记录、汇总。
5. 活动结束后，要求每组选出一名代表在课堂上汇报讨论的心得。
6. 准备时间为10分钟。

【任务组织】

任务组织如表5-3所示。

表5-3　品牌传播的方式训练任务组织表

活动项目	具体实施	时间	备注
品牌传播的方式训练	1. 如全班48人，自由分组，形成6组。 2. 小组成员讨论品牌传播的传统方式、品牌传播的新方式、品牌传播的内容。 3. 6个小组在教师的指导下，同时进行讨论。 4. 组织学生讨论品牌传播的方式训练过程中遇到的问题。	30分钟	教室中每组一桌八椅

【任务评价】

任务评价如表5-4所示。

表5-4　品牌传播的方式训练任务评价表

评价指标	评价标准	分值（100分）	评估成绩	权重
品牌传播的方式训练效果	1. 理解品牌传播的传统方式、品牌传播的新方式、品牌传播的内容。	20		70%
	2. 能识别品牌传播的方式训练易犯错误。	20		
	3. 能灵活运用品牌传播的方式训练的应对策略。	20		
	4. 遵守活动时间。	10		
	5. 讨论积极。	10		
	6. 效果明显。	10		
	7. 汇报得当。	10		
教学过程	出勤、态度和热情	100		30%
小组综合得分				

超链接

华为：用绿色的理念让科技更美好

华为创立于1987年，是全球领先的ICT（信息与通信）基础设施和智能终端提供商，目前有18.8万名员工，业务遍及170多个国家和地区，服务30多亿人口。2018年，华为实现销售收入7 212亿元人民币，较2017年增长19.5%。

华为董事长梁华认为，经济社会的可持续发展，也是技术创新的可持续发展。华为从产品规划、设计、研发、制造、交付以及运维，一直追求绿色、环保的理念，怀着“让世界更美好”的愿景，向消费者提供领先的节能环保产品和解决方案。

一、用旧手机“拯救”雨林

2019年4月，华为在“世界地球日”前发布了题为《用聆听拯救雨林》的视频，引起了广泛热议。视频中所展现的，正是华为联合Rainforest Connection雨林保护组织（以下简称RFCx）共同参与的公益活动，是用旧手机“拯救”雨林的全新尝试。

这次公益活动以哥斯达黎加热带雨林为主要区域。这片雨林是地球上生态最丰富的地方，但正因为盗伐和偷猎，逐渐消失。其中，蜘蛛猴是这片雨林重要的“种子播种小能手”，但也基于栖息地被不断破坏等原因，数量急剧减少，被列入《世界自然保护联盟濒危物种红色名录》。

RFCx负责人认为，如果能更好地倾听和解读雨林的声音，包括动物叫声、水声等自然声音和伐木、盗猎等人为声音，就能更多地了解雨林的情况，保护雨林动植物生态。

为此，华为联合RFCx完成了两个任务：“听见”雨林，“听懂”雨林。华为将用旧手机改造而成的太阳能式雨林监听系统运用到项目中，这些旧手机会被放进盒子架设到树上，在雨林高温高湿、无固定电源的环境中持续稳定地收集、传输声音数据。它们每天工作24小时，可以持续工作两年。由此，华为的旧手机变成雨林的“耳朵”，华为云也成为雨林的“大脑”，可以进行数据储存和分析。

二、华为保护生态环境的其他行动

华为的“拯救雨林运动”并非偶然为之，而是华为Tech4All大型公益计划的一部分。这项公益计划试图通过技术、应用、技能三方面，在未来，让5亿人受益于数字技术。

除此之外，华为也将绿色发展融入日常生产，以一以贯之的品牌形象获得了消费者的信任。2018年，华为使用了9.32亿kWh清洁能源电量，实现碳减排约45万吨，并在国内引进800多辆新能源穿梭班车，打造绿色园区。华为还推出Three—Star解决方案，采用创新设计为偏远农村提供经济节能的网络连接，并为城市提供空间利用率高的基站，大幅减少占地面积，显著降低碳排放。同时，华为鼓励供应商制定节能减排计划，2018年，华为的20家供应商参与计划，累计减少碳排放逾5万吨。除了这些举措，华为还在终端产品中逐步用生物基原料替代石油基原料，采用森林管理委员会（FSC）认证纸张做彩盒包装，并主动建设全球终端产品回收体系，目前已建成1 300多家回收中心，覆盖48个国家和地区。

资料来源：根据互联网公开信息改编。

任务三　品牌扩张概述

案例导入

海尔的扩张之路

海尔集团是我国著名的企业。20 世纪 80 年代中期，海尔推出其海尔系列冰箱，经过努力树立了海尔品牌的知名度、美誉度以及顾客信任度、忠诚度。随着“海尔”的深入人心，海尔集团适时推出海尔洗衣机、海尔电视机等众多产品，人们带着对海尔冰箱的赞誉、信任去消费海尔的其他产品，认为海尔的其他产品也是高质量的、可靠的、值得信赖的。

资料来源：根据互联网公开信息改编。

一、品牌扩张的定义

品牌扩张（Brand Stretching）是一个具有广泛含义的概念，它涉及的活动范围比较广，但具体来说，它是指运用品牌及其包含的资本进行发展、推广的活动，包括品牌的延伸、品牌资本的运作、品牌的市场扩张等内容，也具体指品牌的转让、品牌的授权或现有品牌进入完全不相关的市场等活动。

21 世纪是品牌纵横的世纪，品牌已成为企业最有潜力的资产，品牌扩张成为企业发展、品牌壮大的有效途径。众多企业利用品牌扩张使销量增加、企业壮大，获得了很好的经济效益和社会效益。然而，也有一些企业在品牌扩张方面盲目运作，缺少策略，出现了对企业发展、品牌发展的不良影响。所以说，品牌扩张是一门科学、一种技术，需要注重方法的使用。

品牌故事分享

品牌扩张的故事

例如：雅马哈（Yamaha）早先是日本一家摩托车生产厂商，后来进入音响、钢琴、电子琴等领域，这就是典型的品牌扩张行为。又如：日本索尼公司（SONY）从收音机到录音机，再到电视机的品牌扩张；美国桂格麦片（Quaker）从燕麦片到能量棒进行扩张；中国春都从火腿肠扩张到春都饮品；娃哈哈从儿童饮品扩张到老年人饮品、老年人保健品，甚至其他行业产品等。再如：麦当劳（McDonald's）利用其品牌优势开展特许经营、加盟连锁，在全世界范围内扩张。

资料来源：根据互联网公开信息改编。

二、品牌扩张的原因

经济学研究资源的合理配置与利用，只有配置合理，才能充分发挥资源的效用。品牌作为企业重要的资源，甚至对于一些企业而言，品牌是其最主要的资源，应该充分、合理地利用，使它发挥最大的经济效益。那么品牌扩张的原因是什么？为什么众多世界名牌纷纷实施扩张策略呢？其中的原因有很多方面。

（一）品牌扩张的消费者心理基础

消费者使用某个品牌产品或接受某种服务并获得了满意的效果后，就会对此种品牌形成较好的评价，良好的消费经验也会影响其之后的消费行为。尤其消费者在消费了某一名牌并获得了良好体验后，会形成一种名牌的“光环效应”，有利于这一种品牌下的其他产品或服务的销售。例如：人们购买了耐克（如图 5－3 所示）运动鞋，使用后非常满意（认为其质量好、保护脚等），由此会对其他款式的耐克鞋产生好感，对耐克的其他产品如运动服、体育器材等也产生偏好，并影响将来对此类产品的消费行为。中国有句成语“爱屋及乌”便说明了这种心理效应。

图 5－3　耐克的标志

（二）企业实力的推动

从企业内部讲，企业发展到一定阶段，积累了一定的实力，形成了一定的优势，如企业积累了一定的资金、人才、技术、管理经验后，既为品牌扩张提供了可能，也提出了扩张要求。特别是一些名牌企业，它们一般具有较大的规模和较强的经济实力，这为实行品牌扩张提供了条件。在企业实力的推动下，企业主动地进行品牌扩张，以充分利用企业资源，在这方面的表现主要是：利用品牌优势，扩大产品线或控制上游供应企业，或向下游发展，或是几者的综合。众多企业在积累了一定的实力后，纷纷采用品牌扩张的战略。例如：TCL集团在家电方面取得了优秀的业绩、形成实力后，又向信息产业进军。

品牌故事分享

中国家电销售巨头的品牌扩张

消费升级、产业升级正在成为家电行业的发展引擎。2019年2月，中国家用电器研究院和全国家用电器工业信息中心联合发布的《2018年中国家电行业年度报告》显示，2018年我国家电市场规模稳步增长，达到8 104亿元。

全国家用电器工业信息中心研究部部长宋敬学说，线下市场仍然占据家电行业较大市场份额，但苏宁、国美、京东、天猫等全渠道平台的力量也不可忽视。例如：苏宁目前有4 000余家苏宁小店，1 600多家易购云店，另外还有400家大润发店。又如：京东目前有1 800多家京东之家和京东专卖店。天猫除了县级服务中心和村级服务站以外，还在大力地发展菜鸟网络，覆盖全国250多个城市，拥有9万多条的配送线路。

资料来源：根据互联网公开信息改编。

（三）市场竞争的压力

企业的生存与发展是在市场竞争中进行的。品牌的生存发展也同样摆脱不了市场竞争。市场竞争的压力常会引发品牌扩张的行为，市场竞争压力下的品牌扩张主要指由于竞争对手在某些方面做出了调整，或进行了品牌延伸、市场扩大，迫使企业不得不采取相应的品牌扩张措施。例如：麦当劳（McDonald's）由美国走向世界进行全球性的品牌扩张，其销售额、利润都获得了巨幅提升，品牌知名度也在世界范围打响。作为其主要竞争对手的肯德基（KFC）在这种竞争态势下也必须采取相应的措施，实施品牌扩张战略。否则，肯德基便会在这场竞争中处于下风，并可能导致失败。这种现象也存在于可口可乐公司与百事可乐公司的竞争中。

另外，当企业产品竞争的市场集中度很高时，各竞争者间势均力敌，形成了一种僵持状态，此时企业若想再提高市场占有率就有很大困难，而常用的市场竞争方法——广告战、价格战不仅耗损巨大，而且收效甚微，甚至还会造成“两败俱伤”的局面。于是，企业就要在这种竞争压力下，采取品牌扩张的方法进入其他行业、其他项目，以图发展。世界最大的摄影器材公司——美国柯达胶卷（Kodak）长期以来占据着世界胶卷市场90%以上的市场份额。在日本富士胶卷（Fujifilm）的冲击下，其市场占有率有所下降。与富士大打“胶卷战”（如图5-4所示）的同时，柯达的经营方向开始向摄影范围以外转移。1997年，柯达公司收购了王安电脑公司的软件部，希望通过在这一新行业的扩张，寻找企业的新增长点。

图5-4　柯达与富士之争

（四）外界环境的压力

企业是在一定的外界环境中生存、发展的，外界环境会对企业的发展、品牌的扩张产生重大影响，外界环境的压力常常也是企业进行品牌扩张的原因之一。企业生存的外部环境主要指影响企业的宏观环境，如政治环境、自然环境等，这些因素对企业来说是不可控的，某一环境因素的变化都可能导致企业进行适应性变革，这些变革很多是品牌扩张的内容。例如：对于石油产业，当石油资源枯竭时，企业必须进行品牌扩张，向新的产业转移；对于一家企业，其供应商出现变化而影响企业时，企业也需要做出相应调整，以适应这种变化的要求。

品牌故事分享

美国杜邦公司（DuPont）的扩张

美国杜邦公司在20世纪70年代面对石油危机时一时无法应对，其产品的营销和价格都变得混乱不堪，仅仅两年的时间，利润就下降了2.7亿美元。企业的外部环境发生了变化，杜邦这样的公司——80%的产品原料是石油，70%的收益来自石油制品——必须进行品牌扩张。经过利弊权衡后，杜邦公司决定兼并美国第九大石油公司，并创立自己的品牌。此举通过品牌扩张，实现了原料的自给自足，不但降低了成本，而且摆脱了国际市场原油的控制，使杜邦公司在化学工业市场上立于不败之地。

资料来源：根据互联网公开信息改编。

（五）产品生命周期的结果

企业的产品总有一个生命周期，对于企业来说这是不容回避的现实。当产品在生命周期的成熟阶段或衰退阶段时，市场需求会停止增长并开始下降，这时企业应考虑如何推出新产品或进入新的市场领域，从而避免产品生命周期给企业带来的灾难。实际上，当企业产品处于成熟期或衰退期时，企业就可以开始考虑品牌扩张，通过品牌扩张推出新产品或转入新行业，从而使企业或品牌继续生存和发展下去。另外，科技的进步，使一些产品的生命周期大大缩短，这更需要企业提早准备，积极进行品牌扩张。联想集团曾以联想汉卡称霸国内市场多年，但随着技术的进步，汉卡的体积越来越小，最后因被集成在芯片上面走到生命的尽头。联想集团较早地看到了这一点，在汉卡销售正旺时就着手研制自己的电脑，当汉卡市场萎缩时，联想电脑已成为企业的第二代拳头产品了。

（六）规避经营风险的需要

企业的经营常会遇到各种风险，其中一种便是单一的产品、项目或业务经营的失败给企业带来的致命打击。也就是说，对于单项经营的企业来说，单项业务的失败，会使企业唯一的经营活动失败，从而给企业带来严重的损失。由此，众多的企业在发展中往往采用品牌扩张的策略，进行多元化经营，从而规避经营风险。实施品牌扩张，可保证企业平稳发展。美国吉列（Gillette）公司前任董事长勒克勒在1978年时就提出："本公司不应再以刀片作为唯一的事业了。"于是，吉列公司在继续研制新型剃刀的同时，大刀阔斧地进行了品牌扩张，企业经营转向了化妆品、医药及生活用品等多个方面，并在这些行业中取得了成功。到了1980年，吉列的剃须刀和刀片的销量额在其海外业务的总销售额中占比还不到35%。正是由于实施单一经营向多元化经营的战略调整，吉列开始多条腿走路，吉列的"剃须刀王国"也更加巩固。

正是基于以上种种原因，众多大企业积极地开展品牌扩张，品牌扩张已成为其发展战略的核心。日本三菱重工拥有多达700种产品，小至收音机，大至核电站成套设备，有"机械产品的百货商店"之称。宝马这一世界顶级汽车品牌，也在服装、钟表、眼镜、领带、笔甚至化妆盒等业务领域进行扩张，向人们展示了一个完整的宝马品牌。

三、品牌扩张的价值

在市场经济不断发展的今天，品牌代表着企业拥有的市场，在一定程度上也代表着企业的实力。品牌需要培养，需要耐心、勇气、财力、物力等多方面、长时间的投入。如何对现有品牌进行开发和利用，更好地发挥品牌的作用，是企业经营战略中不可回避的课题。实际上，利用品牌资源实施品牌扩张，已成为企业发展的核心战略，也是企业界常用的、对名牌进行开发利用的策略。众多企业正是因为成功地运用了品牌扩张策略，才取得了市场竞争的优势地位。从已有的实践来看，品牌扩张对企业的意义主要体现在：

（一）优化资源配置，充分利用品牌资源

经济学讲究资源的合理配置，企业只有合理配置各种资源，使其充分发挥作用才能走上良性发展道路。品牌是企业重要的资源，企业在发展品牌战略中可能出现各种各样的问题，如品牌资源闲置等。遇到这样的情况，品牌扩张战略正可以促进资源合理利用，增强企业实力。例如：针对品牌资源闲置，可以进行对外扩张、特许经营、品牌延伸等，从而达到有效、充分利用企业品牌资源的目的。世界著名的时装品牌如香奈儿、范思哲（VERSACE）、阿玛尼（Armani）等，都具有极高的知名度、美誉度，若只在服装领域里开拓，而不进入相关产品领域，则消费者对其的忠诚、赞誉便会无形中损失掉。

（二）借助品牌忠诚，降低新品“入市”成本

据心理学对消费者的研究，消费者往往具有某种忠诚的心理，即在购买商品时，多次表现出对某一品牌的偏向性行为反应。这种忠诚心理，为该品牌新产品上市扫清了消费者的心理障碍，并提供了稳定的消费者群体，从而保证了该品牌产品的基本市场占有率。品牌扩张常利用已有品牌及产品的美誉度、知名度、追随度来提携新产品，为新产品上市服务。因此，当企业进行品牌扩张，对新产品冠以同一品牌名投放市场时，就可以利用消费者对该品牌已有的信任度及忠诚心理，以最少的广告、公关、营业促销等方面的投入，迅速进入市场，提高新产品的上市成功度。海尔集团在空调、冰箱行业具有相当的竞争优势，并建立了海尔品牌的知名度、美誉度。近几年来，海尔又开发出彩电、空调、电脑、手机等新产品，借助“海尔”的知名度、美誉度和消费者信任度，迅速打开市场，得到了消费者的认可，成为这些行业的“后起之秀”。而长虹、海信也把空调行业作为品牌扩张的新领域，TCL、康佳等则把品牌扩张到手机领域。在这些新领域的扩张，使它们利用了原有品牌的优势，减少了扩张的成本和失败的可能性。

（三）提高市场占有率

品牌扩张能给品牌以新鲜感，使其更丰富，从而提高市场占有率。品牌内容长期一成不变会使消费者生厌而移情别恋，品牌扩张能使品牌概念不断增加新的内涵，让消费者感到这一品牌在不断发展、不断创新，这让该品牌能够紧紧抓住消费者，牢牢占领市场。品牌的扩张更为目标市场扩大了领域，为消费者提供了更多的选择对象，增强了品牌的竞争力。品牌扩张能使品牌群体更加丰富，对消费者的吸引力更大。小天鹅集团是波轮式洗衣机的国内“老大”，为了进一步占领国内洗衣机市场，该集团积极地进行品牌扩张，一方面与武汉荷花洗衣机厂实行强弱合作，输出商标、品牌、管理和市场营销网络，定牌生产双缸洗衣机；另一方面，小天鹅选择了西门子（Siemens）、惠而浦（Whirlpool）、梅洛尼（Merloni）3 家国际知名企业，定牌生产滚筒式洗衣机。此举令“小天鹅”品牌遍布洗衣

机领域，多年来市场综合占有率一直名列国内同行前茅。小天鹅集团的品牌扩张使其品牌产品更丰富，品牌内涵更新鲜、丰满，从而也使其市场占有率得到了进一步提高。

（四）增强企业实力，实现收益最大化

规模经济可以实现企业运营的最低成本，从而使企业低成本扩张，扩大生产能力，增强企业实力，实现收益最大化。品牌扩张在一定程度上使企业规模扩大，充分利用闲置资源，合理进行闲置配置，实现规模效益。同时，企业在品牌扩张中实现了"多条腿走路"，企业在多个方面发展，降低了单一经营带来的风险，抵御外界变动的能力也增强，从而提高了企业整体实力。品牌扩张也就是在某种程度上发挥核心产品、品牌的形象价值，充分利用品牌资源，提高品牌的整体投资效益，使得企业产销达到理想的规模，实现收益的最大化。上海恒源祥公司利用老字号品牌的丰富资源，先后与30多家绒线生产企业结成战略联盟，联盟内部实行专业分工生产，统一品牌销售，从而使得资源配置得到了最大限度的优化。恒源祥在这一过程中集合了多种社会资源，形成了集约生产，增强了公司实力，也使恒源祥收益达到了相应的最大化，由此被国际羊毛局认定为"全世界最大的生产和经销全羊毛和混纺毛线的企业"。

总之，品牌扩张是企业发展的重要手段，如果运用得当，会大幅度提高产品及企业的实力和竞争力，并扩大企业效益。品牌扩张可以带来利润、市场占有率、市场竞争力、市场亲和力、企业效益等多方面的提升，这已成为企业发展战略的核心内容。

品牌扩张可以给企业带来巨大效益，但也伴随着巨大的风险，品牌扩张应在一定的科学思想指导下进行，以减少或避免给企业带来风险。品牌扩张应运用一定的技巧以增加成功的可能性。

【训练任务】

品牌扩张概述训练。

【训练目标】

帮助学生在实践中掌握品牌扩张的定义、品牌扩张的原因、品牌扩张的价值。

【任务要求】

1. 由授课老师主持训练。
2. 如全班48人，自由分组，形成6组。
3. 小组成员讨论品牌扩张的定义、品牌扩张的原因、品牌扩张的价值。
4. 每组安排一名同学负责记录、汇总。
5. 活动结束后，要求每组选出一名代表在课堂上汇报讨论的心得。
6. 准备时间为10分钟。

【任务组织】

任务组织如表5-5所示。

表 5-5　　品牌扩张概述训练任务组织表

活动项目	具体实施	时间	备注
品牌扩张概述训练	1. 全班48人，自由分组，形成6组。 2. 小组成员讨论品牌扩张的定义、品牌扩张的原因、品牌扩张的价值。 3. 6个小组在教师的指导下，同时进行讨论。 4. 组织学生讨论品牌扩张概述训练过程中遇到的问题。	30分钟	教室中每组一桌八椅

【任务评价】

任务评价如表 5-6 所示。

表 5-6　　品牌扩张概述训练任务评价表

评价指标	评价标准	分值（100分）	评估成绩	权重
品牌扩张概述训练效果	1. 理解品牌扩张的定义、品牌扩张的原因、品牌扩张的价值。	20		70%
	2. 能识别品牌扩张概述训练易犯错误。	20		
	3. 能灵活运用品牌扩张概述训练的应对策略。	20		
	4. 遵守活动时间。	10		
	5. 讨论积极。	10		
	6. 效果明显。	10		
	7. 汇报得当。	10		
教学过程	出勤、态度和热情	100		30%
小组综合得分				

超链接

茅台和五粮液的品牌战略

2019年6月，世界品牌实验室发布了2019年《中国500最具价值品牌》分析报告。报告显示，2019年度《中国500最具价值品牌》的总价值为218 710.33亿元，较2018年增长了18.57%。其中，茅台位居第17位，品牌价值为2 185.15亿元。五粮液位居第19位，品牌价值为2 165.98亿元。

一、茅台和五粮液的品牌历史

1. “国酒”茅台

茅台是一张香飘世界的“国家名片”。从行业看，2018年，茅台酒单品销售额稳居全球蒸馏酒业第一，茅台营收、净利润、股票市值稳居国内酒业第一，净利润、市值位居全球蒸馏酒业第一。从品牌看，自2013年以来，茅台5次入选“BrandZ全球最具价值品牌100强”，2018年位居榜单第34位，位列全球酒类品牌价值第一；自2015年来，连续3年位居“全球烈酒品牌价值50强”榜首；连续8年稳居“华樽杯”酒类企业200强榜首。

2.“国家级非物质文化遗产”五粮液

作为中国白酒的典型代表，从1915年巴拿马万国博览会扬名世界至今，五粮液已先后获得国家名酒、国家质量管理奖、中国最佳诚信企业、百年世博·百年金奖等上百项国内、国际荣誉。2008年，五粮液传统酿造技艺被列入国家级非物质文化遗产名录。2019年，五粮液实现销售收入931亿元，同比增长16%；品牌获“亚洲品牌500强”第40名、“2019全球最有价值的50大烈酒品牌”第2位。

二、茅台的品牌战略

1. 始终保持高度的品牌自信

从2012年下半年开始持续几年的中国白酒业深度调整中，茅台首当其冲，其间有过跌宕起伏。但茅台始终坚信自己的品牌，坚信自己产品的市场前景。在似乎看不清未来市场前景的日子里，茅台仍紧锣密鼓筹划发展扩大产能。虽然面临种种质疑——酿那么多酒有市场吗？有人买吗？这不是犯傻吗？——茅台始终保持高度的品牌自信。近年来，茅台在国内销售爆棚，一瓶难求。事实对这些质疑做出了最有力的回答。正是应了那句人们常说的话：风雨之后是阳光、是彩虹。

2. 匠心沉淀，精益求精

优秀的民族品牌总是在不断精进，茅台也不例外。尽管它“国酒”名声历史悠久，但为了能够让酱香型白酒从经验酿造走向科学酿造，提升品质口感，茅台积极与高校展开多层次、全方位合作，签署战略合作协议，重点围绕白酒固态发酵开展深入合作，以关键共性技术、前沿引领技术、现代工程技术、颠覆性技术创新为突破口，引领全球酿酒技术和固态发酵技术的发展，助推行业发展，开创酱香白酒新时代。

3. 调整产品结构，形成多元化发展格局

茅台在转型期积极调整产业结构，变主要是单品独斗为“多品开花”，特别是着力打造茅台酱香酒集群。现在核心产品——茅台酒成为市场大热门，供不应求。酱香系列酒全线井喷，量效齐升。

4. 一品为主、系列开发，保证品牌的高端性

目前，茅台集团以茅台系列酒品牌、习酒品牌为战略品牌，实施了系列酒“一曲三茅四将”的产品战略和习酒“品牌与市场建设双促进”战略，逐步形成了层次分明、关系清晰、兼顾品牌资源共享与行业属性彰显的“大茅台品牌家族”：坚持一品为主、系列开发，确保做好酒内文章；做精主业、上下延伸，理性拓展酒外天地。

三、五粮液的品牌战略

1. 重视品牌文化，善于立体传播

五粮液非常重视品牌文化，强调历史和现代的融合。在进行产品宣传和企业宣传时，五粮液有两大独到之处：一是善于通过事件营销实现推广目的；二是着眼长远发展。五粮液在传播上通过大制作、大广告、大公关、大网点，在电视、报纸、网络、楼

宇等各类媒体上进行立体传播，形成了强大的品牌攻势。同时，五粮液还通过“68度原浆酒创造吉尼斯纪录”“国际孔子文化节祭孔大典唯一祭祀酒”等新闻，巧妙地将事件与品牌战略相结合。

2. 站在消费者角度，有效细分市场

五粮液针对销售区域、企业地位、产品档次、消费者偏好等方面进行了有效的细分，从而开发不同的品牌去满足消费者多样的需求。不同子品牌的酒横跨多级市场，大大提高了公司的市场占有率。与此同时，五粮液公司旗下的各子品牌均是有针对性地生产适销对路的产品，例如浏阳河酒。五粮液的各子品牌都是通过收购地方品牌或与各地酒类经销商联手创立的，具有浓厚的地方文化感染力，又通过和当地经销商联手，在地区市场上获得强有力的销售支持。

3. 多品牌战略创新升级，集中资源打造重点品牌

五粮液的多品牌战略也随着市场的变化不断创新升级。由于前期的无限制扩张，五粮液产品的品质曾受到了一定的冲击，差异性不大导致消费者难以区分。为形成地域区隔而推出的“一地一牌”也由于经营商不遵守地域原则，给品牌带来了不良的影响。为进行品牌的统一管理，近年来，五粮液主要实行“1+9+8”的品牌战略，“1”是指将五粮液打造成世界品牌，“9”是指做好9个全国性的品牌，“8”是指将全国市场分为8个区域，推出8个区域性品牌，满足不同消费者的需求。2019年，在“1+9+8”品牌战略基础上，五粮液又提出了“4+4”的系列酒品牌矩阵，即五粮春、五粮醇、五粮头特曲、尖庄4个全国性大单品，以及五粮人家、百家宴、友酒、火爆4个区域性的单品，以集中资源打造重点品牌。

四、茅台和五粮液品牌战略的启示

茅台和五粮液的品牌都拥有深厚的文化底蕴，在品牌发展过程中虽面临各自不同的挑战，但也都成为白酒品牌中的佼佼者。从两个品牌的发展中，我们了解到，企业在进行具体的品牌运作时，应考虑企业实际和市场情况，应根据自身的特色制定相应的品牌战略，而不是盲目跟风，争相攀比。

（1）应调整企业管理机制，加强品牌协作。企业进行品牌扩张、运作多品牌的原因可能不同，有的是为了开发新的业务领域或新市场实行了品牌收购，有的是通过二级特许或合作方式引进他人的品牌为自己所用，有的是为了适应某个细分市场的需求而进行品牌延伸。无论什么原因形成了多品牌，在多品牌运作的起始阶段，公司内部的管理机制和组织结构都要适应新出现的多品牌运作的要求，使多个品牌在一套组织体系内和谐发展。

（2）应优化品牌结构，建立家族品牌。一是优化品牌结构。要求不同的品牌针对不同的目标市场，如果两个以上品牌服务于同样的目标市场，那么，就很可能造成自我竞争的局面，而且在多品牌运作上也会造成很大的不经济。如五粮液前几年大量的延伸品牌都是针对的同一目标市场，除了名称不同，其他并无差异性。那么，就必须通过合并、

整合达到优化品牌结构的目的。二是建立家族品牌。在品牌命名时，使各个品牌之间具有关联性。如五粮液的“五系列”和茅台直接以“茅台”二字打头的延伸品牌。

资料来源：根据互联网公开信息改编。

品牌扩张的技巧

日本精工表（SEIKO）

日本精工牌手表（如图 5－5 所示）在 20 世纪 70 年代后期的钟表业市场竞争中采用了双向扩张策略。当时正逐渐形成高精度、低价格的数字式手表的需求市场，精工看到了高档手表市场的高额利润，于是以“脉冲星”为品牌推出了一系列低价表，从而渗透了低档产品市场。同时，精工收购了一家瑞士公司，连续推出了一系列高档表，其中一款售价高达 5 000 美元的超薄型手表进入最高档手表市场。精工的双向扩张使其抓住了来自各方面的机遇，但在双向中它并没有使用相同的子品牌。

图 5－5　精工表广告

资料来源：根据互联网公开信息改编。

一、相似性技巧

品牌扩张不应毫无方向、盲目地开展，而应遵循一定的技巧。其中相似性技巧是最主要、也是最重要的一个技巧。相似性技巧就是要求品牌扩张坚持一些相同或相似的基本元素，如品牌定位、品牌价值、服务、技术、消费群体等，从而使品牌扩张更顺利地进行，并获得成功。

（一）有共同的主要成分

品牌扩张时，原有品牌及产品应与扩张后的产品或品牌有相关性，即双方应当有共同的成分，让消费者理解两种产品存在于同一品牌之下的原因。如春都牌鸡肉肠、猪肉肠延伸出鱼肉肠、腊肉、烤肉等产品，人们就不会感到勉强，因为它们同为肉制品。而春都牌延伸到保健品，例如补肾品，则失去了其原有的意义及定位，不能很好地利用品牌扩张的优势。品牌扩张利用共同的主要成分，其目的是将新产品或品牌与现有品牌产品的好印象连接起来，起到事半功倍的效果，若品牌扩张有共同的主要成分，则扩张就容易成功，若两者的共同主要成分太少了，甚至没有，扩张就失去了效果，同时将会给主力产品的品牌带来负面影响。

（二）有相同的销售渠道

品牌扩张的目的是要达到各品牌及产品之间相辅相成的整体效果，使消费者在接触到一个品牌及产品时能够联想到另一个品牌及产品。如果销售渠道不同，核心品牌、产品与扩张品牌、产品的目标消费者也就不同，也就无法达到品牌扩张“由此及彼”的效果，品牌扩张也就实现不了上述目的。宝马（BMW）是世界著名汽车品牌，但它有时装、表等类产品，从宝马汽车到宝马服装、宝马表的扩张并不能利用同一销售渠道，这就使宝马品牌的扩张加大了投入、增强了未知性，对于宝马汽车的宣传投入，往往不能惠及宝马服装、宝马表。宝马服装展示图如图 5-6 所示。

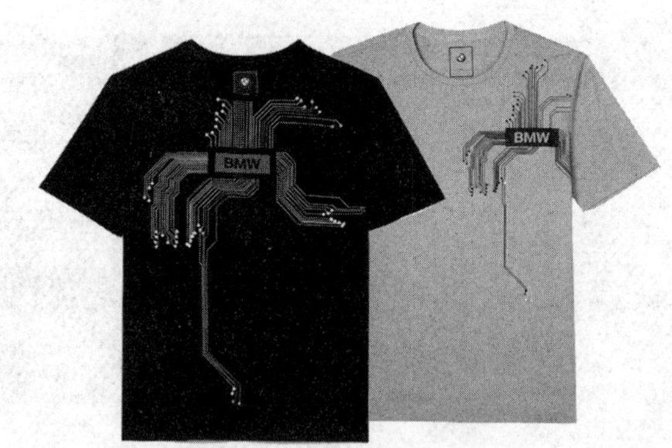

图 5-6　宝马服装展示图

（三）有相同的服务系统

品牌扩张就是能找到主力品牌产品与扩张品牌产品相联系的地方，联系部分越多则越容易成功。相同服务系统中的品牌扩张容易让人接受，而品牌在相去甚远的服务系统中寻找共同点，往往会显得牵强、不伦不类。企业为找到相同的服务系统中消费者最赞赏、最认同的相关环节，可能花费很大的精力进行调查研究，但这些基础工作是必要的。

一些品牌在扩张中没有寻找到相同的服务系统，因而不能利用这方面的优势，而另一些品牌成功利用相同的服务系统进行扩张，取得了很好的效果。巨人集团从汉卡扩张到“巨人脑黄金”（营养品），蓝宝石集团从手表扩张到“生命红景天”（营养保健品），从机械用品行业到保健品行业，两者在服务体系方面很难找到相同部分，因而不能利用相同的服务系统进行有效扩张。而雅戈尔从衬衣扩张到西装、领带，就寻找到营销和服务的共同之处，就可以利用服务系统的相同而有效扩张，取得成功。

（四）有相似的消费群

使用者在同一消费层面，即目标市场基本相同或相似的情况下，品牌扩张也易成功。例如：皮尔·卡丹从服装到皮包等都紧紧围绕成功人士进行定位、扩张，自然容易获得认同；三笑从牙刷到牙膏，雅戈尔从衬衣到西装，都是面对同一消费群，就更易成功。

（五）技术上密切相关

主力品牌与扩张品牌的产品在技术上的相关度也是影响品牌扩张成败的重要因素，新产品、新品牌与主力品牌在技术上相近，易使人产生信任感；若相差悬殊，就失去了技术认同的效果。例如：日本本田（Honda）在发动机技术上非常优秀，就可以将品牌之伞扩张到从普通摩托车到赛车、从家用汽车到比赛用车等多种产品线上，并能取得成功的扩张效果。然而，春兰空调在“春兰虎”“春兰豹”摩托车领域的扩张，就很难使人们将对春兰空调技术的认同延伸到春兰摩托车上。

（六）质量档次相当

质量是品牌的生命，是其生存和发展的基础，若新扩张的产品或品牌质量与原有产品或品牌相当，就可以借现有品牌促进新品上市，成功实现延伸。原有品牌在质量、档次上已得到认同，新品牌或产品与其相当，使人们容易形成联想，增加成功的可能性。例如：金利来从领带到腰带、衬衣、皮包，都紧紧围绕高质量、高档次的定位，得到了白领和绅士阶层的认同，使其品牌的扩张取得了成功。

二、规避技巧

规避技巧是指品牌扩张时，应避免扩张在人们心目中高度定位或有特殊地位的品牌。

（一）回避已高度定位的品牌

若某品牌已成为这个产品的代名词，或形成了一种固定的、不可破坏的定位，其在消费者中确立的固定形象就不应冠于他物。提起好莱坞，人人都知道是美国电影城，就不应该唐突地把它扩展到好莱坞汽车、卫生纸等方面，这种扩张不仅不能延伸原有品牌资源，还有可能使原有形象受到破坏，失去原有的消费群。某品牌高度定位后，在人们心目中就是一个固定的、完整的形象存在，品牌完全取代了产品作用，若强求品牌的扩张，产品将会受到不良影响。索尼公司的产品系列化十分精细，其在家电业的成功扩张使其成了家电视听产品的代名词，提到索尼自然会想到家电视听产品。索尼公司经营几十年来，从未渗透到其他行业领域，就是为了保证其品牌形象的一致性。

（二）回避已在消费者心目中树立的固定形象

一些品牌及产品在目标消费群中已树立某种牢固不变的形象，并且这种形象对消费群的心理影响非常大，例如一种产品的使用象征地位、身份、阶层等，这类品牌及产品就不易再向一些方向扩张，例如向低档发展、成为大众化产品等。这一规避技巧主要是回避消费者的某种特定心理。在消费心理中，某些消费群常用固定的品牌、产品来显示其身份、地位，若这类品牌或产品向大众化方向扩张，他们会放弃原有品牌或产品，而改变消费对象。

三、联想技巧

品牌联想技巧就是指品牌扩张基于主体产品进行拓展。联想技巧是基本的品牌扩张技巧，在品牌扩张中经常会用到。例如：一提到IBM这一品牌（如图5－7所示），人们马上会想到其主体产品——电脑，IBM这一品牌可以在人们的联想条件下向与电脑相关的行业去拓展，如个人电脑、笔记本电脑、外围设备，甚至相关信息产业中的内容。这种联想技巧，容易使人们把对原有商用机器的美誉感、信任度延伸到新产品上去，IBM利用这一技巧，增强扩张的联想性、相关性，使品牌扩张成功地进行。

图5－7　IBM的广告图

四、操作技巧

为了便于进行品牌扩张，拓展工作思路，下面介绍一些常见的品牌扩张的操作技巧。

（一）产业上扩张

从产业相关性分析，品牌扩张可向上、向下或同时向上、向下进行。例如：石油加工业向原油开采业的扩张是向上扩张，向石油精细加工或销售流通业的扩张是向下扩张，同时向原油开采和精细加工或流通业的扩张便是既向上又向下的双向扩张，采用这一扩张方法，企业可以向上控制原材料供应，向下控制产品的销售网络。另一种扩张方法是平行扩张，也可以称为平面扩张，是向同一层面的扩张。例如：果奶向鲜奶、酸奶的扩张。平行扩张的前提是具有相同或相近的目标市场或销售渠道，特别是与主力品牌相竞争的品牌或行业。产业上的扩张往往使企业更庞大、更丰富，形成集团力量，加强风险抵御能力。

（二）档次上扩张

在产品线上增加高档次产品项目，使产品、品牌进入高档市场，是向上扩张的档次扩张技巧。日本企业在汽车、摩托车、电视机、收音机和复印机行业都采用了这一方式。许多发展中国家从发达国家引入先进的高档生产线，在高档次上扩张，均是采用这一技巧。而 20 世纪 60 年代率先打入美国摩托车市场的本田公司将其产品系列从低于 125cc 延伸到 1 000cc 的摩托车，雅马哈（Yamaha）也紧跟本田陆续推出了 500cc、600cc、700cc 的摩托车，还推出了更高档的三缸四冲程轴驱动摩托车，从而使品牌向高档次扩张，加入了大型摩托车市场的争夺。

在产品线里增加较低档的产品，使品牌向下发展，是档次扩张的向下扩张技巧。这种技巧主要是利用上游高档名牌的声誉，及人们的慕名心理，吸引购买力水平较低的消费者，购买这些“名牌”中的低档廉价产品，但这种做法风险很大，极易损害名牌高品位的信誉。

还有另一种情况，如同产业扩张一样，档次扩张也可以双向扩张，即原来的中档品牌向产品线的上下两个方向扩张，一方面增加高档产品项目，另一方面增加低档产品项目。

（三）其他相关扩张

除了前面介绍的两方面品牌扩张操作技巧外，还有扩散法扩张，它对于新成长起来的品牌非常有意义，主要包含三层内容：

第一，单一品牌可以扩张到多种产品上去，成为名牌系列。例如：金利来开始以领带品牌成名，之后扩散到金利来皮鞋、服装、箱包等产品上。

第二，一种品牌可以向不同行业扩散，在一个总的品牌树下形成品牌集群。例如：在联想总的品牌下，可以向高、中、低档发展，也可以向其他行业（如金融业等）发展。

第三，一国一地的品牌可以扩散到世界，成为世界名牌。可口可乐的市场区域由美国的一个小城逐渐扩散到全国，最后成为世界性品牌。

品牌无论如何扩张，使企业获益，被消费者接受、认可是最终目的，扩张技巧的使用有助于这一目的的实现。

训练营

【训练任务】

品牌扩张的技巧训练。

【训练目标】

帮助学生在实践中进行品牌扩张的技巧训练。

【任务要求】

1. 由授课老师主持训练。
2. 如全班48人，自由分组，形成6组。
3. 小组成员讨论品牌扩张的相似性技巧、规避技巧、联想技巧、操作技巧。
4. 每组安排一名同学负责记录、汇总。
5. 活动结束后，要求每组选出一名代表在课堂上汇报讨论的心得。
6. 准备时间为10分钟。

【任务组织】

任务组织如表5-7所示。

表5-7　品牌扩张的技巧训练任务组织表

活动项目	具体实施	时间	备注
品牌扩张的技巧训练	1. 如全班48人，自由分组，形成6组。 2. 小组成员讨论品牌扩张的相似性技巧、规避技巧、联想技巧、操作技巧。 3. 6个小组在教师的指导下，同时进行讨论。 4. 组织学生讨论品牌扩张的技巧训练过程中遇到的问题。	30分钟	教室中每组一桌八椅

【任务评价】

任务评价如表5-8所示。

表5-8　品牌扩张的技巧训练任务评价表

评价指标	评价标准	分值（100分）	评估成绩	权重
品牌扩张的技巧训练效果	1. 理解品牌扩张的相似性技巧、规避技巧、联想技巧、操作技巧。	20		70%
	2. 能识别品牌扩张的技巧训练易犯错误。	20		
	3. 能灵活运用品牌扩张的技巧训练的应对策略。	20		
	4. 遵守活动时间。	10		
	5. 讨论积极。	10		
	6. 效果明显。	10		
	7. 汇报得当。	10		
教学过程	出勤、态度和热情	100		30%
小组综合得分				

超链接

台新银行玫瑰卡发行策略

台新银行玫瑰卡自1995年7月上市以来，曾在短短的一年半时间里突破10万张的发卡量，台新银行因此成为中国台湾第三大发卡银行。玫瑰卡以准确的市场定位和一系列独特而有针对性的促销活动，成功建立了自身在中国台湾女性信用卡市场的领导地位。

在台新银行加入发卡行列之前，中国台湾的信用卡市场几乎是花旗银行与中信银行的天下。

资料显示，女性持卡人往往拥有较好的信用历史，工作稳定，发生呆账情形少。女性消费者较容易被营销诉求所感动，进而产生认同，尤其是年轻女性较易被新营销活动所吸引。同时，女性消费能力不断提升，由此，台新银行预测女性的信用卡市场将有很大的发展空间，因而将女性作为台新银行信用卡的主要目标群体。

台新银行玫瑰卡的发行具体策略有：(1) 产品优势促销；(2) 人员推广促销，首创业务员现场办卡、分行推广的人海战术；(3) 数据库促销，即以银行现有客户进行名单促销活动，员工推荐亲朋好友申请，会员推荐亲友申请等；(4) 细分市场促销，即针对不同的女性开展有针对性的推广；(5) 异业结合促销，即与其他产业结合，共创商机；(6) 节庆促销，如情人节促销；(7) 公关促销。

资料来源：根据互联网公开信息改编。

品牌扩张的策略

华为："以消费者为中心"的品牌扩张

近年以来，华为的产品线战略更加清晰。在手机领域，华为已经形成了Mate系列走商务高端路线、P系列走高端年轻化路线、nova面向年轻市场等成熟产品系列。2019年4月，华为在上海举办了主题为"智享生活，融聚未来"的全场景智慧生活渠道峰会，向人们全面展示了华为面向下一个五年着力打造的增长引擎——高品质全场景智慧生活战略。这是华为以消费者为中心，立足消费者的服务和体验，以技术创新和生态方面协同牵引消费者的重要里程碑。

华为提出的“1+8+N”全场景智慧生活战略，将手机、平板、电脑等与泛 IoT 硬件有机连接起来。在华为的体验店里，众多产品用场景化、沉浸式的体验展示出来，让华为的消费者体验到了真正的全场景智能生活。同时，华为还专门设立“华为学堂”（如图 5－8 所示），针对新产品不同消费者群体开发了多样化的课程，让消费者充分了解和更简单地使用华为手机、电脑、平板、可穿戴设备等终端产品，掌握产品的功能，学习不同领域的知识和技能，方便和丰富消费者的生活，同时激发学习、创造和分享。

图 5－8　华为学堂

资料来源：根据互联网公开信息改编。

一、品牌扩张策略的种类

品牌扩张的策略主要有以下几种：

（一）单一品牌策略

单一品牌策略就是品牌扩张时，多种产品使用同一品牌，按其单一程度的不同，可将单一品牌策略细分为：产品项目品牌扩张策略，产品线品牌扩张策略，伞状品牌扩张策略。

1. 产品项目品牌扩张策略

产品项目品牌扩张策略，是指品牌扩张时，使用单一品牌，对企业同一产品线上的产品进行扩张。

同一产品线的产品面对的往往是同一消费群，产品的生产技术在某些方面也存在联系，在功能上相互补充，都是用来满足同一消费群体不同方面的需求，因而产品项目品牌扩张策略扩张相关性较强，容易取得成功。

品牌故事分享

山西东湖集团的产品项目品牌扩张

山西东湖集团是一家著名的醋生产企业，企业围绕醋做文章，进行了产品项目的扩张，开发出饺子醋、面食醋、姜味醋、保健醋等多种产品，使“东湖”这一品牌在同一产品线内进行着强势扩张。由于产品质量好，也因为“东湖”的声誉，这一相关性极强的产品项目品牌扩张策略成功地得以实施。

资料来源：根据互联网公开信息改编。

产品项目品牌扩张策略可以有效地促进品牌扩张，但运用时应注意：

第一，产品线是相对有限的，因而会限制已有品牌资源的扩张范围，使品牌不能发挥其最大的潜在价值。

第二，产品项目品牌策略要求与已有产品相近或相关，有重大创新的突破性新产品常在扩张中受到影响，这样会阻碍企业的创新步伐。

第三，不同产品使用同一品牌，若其中一种广告出现问题，其他产品也会受到不良影响。

2. 产品线品牌扩张策略

产品线品牌扩张策略，是指品牌扩张跨越产品线，不同产品线中的产品使用同一品牌。

企业品牌扩张使用产品线品牌扩张策略，也要寻找一定的前后相关性，使品牌的基本元素相似或相同。

3. 伞状品牌扩张策略

伞状品牌扩张策略，是在宣传上使用的一种品牌扩张策略，也就是企业所有产品不论相关与否均使用同一品牌。

品牌故事分享

伞状品牌扩张策略

实行该品牌扩张策略较为成功的典型例子是飞利浦（Philips），该公司生产的音响、电视、灯壶、手机等产品，都冠以同一品牌。飞利浦公司的成功经营使其品牌产品畅销全球。另外，雅马哈（Yamaha）生产的摩托车、钢琴、电子琴都以“Yamaha”为品牌进行销售。这两家企业都成功使用了伞状品牌扩张策略。但也有些企业的扩张是比较牵强的，不能完全令消费者接受。例如：三九集团以药业为核心产业，“999”这一品牌给人们的印象是一种药用品牌。而三九集团推出“999 冰啤酒”，进行伞状品牌扩张，使人们把啤酒与药品联系到一起，效果不佳。

资料来源：根据互联网公开信息改编。

（二）多品牌策略

随着消费需求的多元化，一个消费群体分离成不同偏好的几个群体，单一品牌策略往往不能迎合偏好的多元化，且容易造成品牌个性不明显及品牌形象混乱，而多品牌策略正好能解决这一问题。

多品牌策略，也称为产品品牌策略，是指赋予每一种产品一个品牌，不同产品品牌有不同的品牌扩张策略，一个品牌只适用于一种产品和一个市场定位，最大限度地显示品牌的差异化与个性。多品牌策略强调品牌的特色，并使这些特色伴随品牌深深地植入消费者的记忆中。

多品牌策略虽有诸多好处，但其对企业实力、管理能力要求较高，也要求较大的市场规模，因此，采取此品牌策略应慎重考虑。

（三）复合品牌策略

复合品牌策略是指赋予同一种产品两个或两个以上的品牌，即在一种产品上同时使用两个或两个以上的品牌。根据品牌间的关系可将复合品牌策略细分为注释品牌策略和合作品牌策略。

1. 注释品牌策略

注释品牌策略是指在同一种产品上同时出现两个或两个以上的品牌，其中一个是注释品牌，其他的是主导品牌。主导品牌说明产品的功能、价值和购买对象，注释品牌则为主导品牌提供支持和信用。注释品牌通常是企业品牌，在企业的众多产品中均出现。注释品牌策略可将具体的产品和企业组织联系在一起，用企业品牌增强商品信誉。例如：吉列公司生产的刀片品牌名称为“Gillette Sensor”，其中“Gillette”是注释品牌，表明是吉列公司出品，为该产品提供吉列公司的信用、品质支持；而“Sensor”是主导品牌，显示该产品的特点。

2. 合作品牌策略

合作品牌策略也是一种复合品牌策略，指两个或两个以上企业的品牌同时出现在一个产品上。一种产品同时使用企业合作的品牌是现代市场竞争的结果，也是企业品牌相互扩张的结果。这种品牌策略现在很常见，例如一汽大众、上海通用、松下小天鹅等。

二、品牌扩张的陷阱

品牌扩张是企业发展战略的核心，众多的企业成功地进行了品牌扩张，取得了骄人的成绩，然而品牌扩张失败的案例也比比皆是。品牌扩张不当会给企业带来很大风险，它并非任何企业发展的良药，品牌扩张路上充满陷阱。

（一）损害原品牌的高品质形象

如果品牌沿档次由高向低扩张，即高档品牌使用在低档产品上，就有可能坠入这种陷阱。作为第一个给国人留下时装印象的国际品牌，皮尔·卡丹（pierre cardin，如图 5-9 所示）曾经影响了 20 世纪八九十年代的中国消费者。有媒体报道称，在 20 世纪 90 年代前后，皮尔·卡丹在中国的市场份额曾高达 40%。如今，皮尔·卡丹早已今非昔比，主要原因就在其“撒网式”授权的销售模式上。据报道，2009 年，皮尔·卡丹仅在中国就有 24 个代理商，品牌被授权用到了男装、牛仔装、童装、箱包、领带、雨

pierre cardin

图 5-9　皮尔·卡丹品牌标志

伞、毛巾等800多种产品之上。这一做法虽然短时间放大了企业的效应，但也让品牌在消费者心目中的印象受到了严重的破坏。加之近年来，皮尔·卡丹旗下多款服装多次被查出质量问题，其品牌价值也在消费者心中大打折扣。

（二）淡化品牌定位

前些年，美国美能公司推出了一种洗发精和润发乳二合一的产品，取名为“蛋白21”。这一独特定位，让产品很快在市场上打开销路，并取得了13%的商场占有率，“蛋白21”成为知名品牌。公司受到品牌扩张的诱惑，又接连用这一品牌推出发胶、润发乳、浓缩洗发精等产品。结果事与愿违，由于品牌扩张模糊了“蛋白21”作为二合一洗发护发用品的独特特征，从而也淡化了消费者对它的独特偏好，结果“蛋白21”从13%的市场占有率降为2%。

（三）造成消费者心理冲突

美国金佰利公司生产的舒洁牌卫生纸，本是卫生纸市场上的头号品牌，但随着舒洁牌餐巾纸的出现，消费者的心理发生了微妙的变化。对此，美国广告学专家艾·里斯幽默地评价说：“舒洁餐巾纸与舒洁卫生纸，究竟哪个才是为鼻子策划的?”结果，舒洁卫生纸的头牌位置很快被宝洁公司的同类产品所取代。

品牌故事分享

三九集团品牌扩张的失败

三九集团以“999”胃泰起家，是著名的药业企业，其品牌经营很成功，消费者把“999”视为药品类产品的首选品牌，这应是很多品牌追求的境界。然而，三九集团进行的品牌扩张，把“999”延伸到啤酒行业，就让消费者不知所措了。三九啤酒的广告词是“九九九冰啤酒，四季伴君好享受”，但是消费者一拿起啤酒，第一个潜意识的反应还是会联想到三九的药品，喝这种带有“心理药味”的酒自然不是“好享受”。如果进一步联想到饮酒会伤胃，那么三九集团的定位在哪里？是卖药救人，还是卖酒伤人？其形象定位不冲突、不矛盾吗？这说明品牌的不当扩张对人们的消费会产生不良影响。

资料来源：根据互联网公开信息改编。

（四）“跷跷板”现象

在美国市场上，亨氏（Heinz）原本是腌菜的品牌，且占有最大的市场份额。后来，公司将亨氏这一品牌扩展到番茄酱产品上，做得十分成功，亨氏由此成为番茄酱品牌的第一名。然而，与此同时，亨氏丧失了腌菜市场上的主导地位，被“Vlasic”取代。这就是艾·里斯所说的“跷跷板效应”：一个名称不能同时代表两个完全不同的产品，当一种上来时，另一种就要下去。很多品牌在扩张中的不当，就会使这种情况经常出现。

除了以上介绍的四种陷阱以外，品牌扩张的风险还有很多。因此，企业品牌扩张中应积极开展调研，了解企业定位、消费者心理，不盲目进行品牌的扩张。

训练营

【训练任务】

品牌扩张的策略训练。

【训练目标】

帮助学生在实践中掌握品牌扩张的策略。

【任务要求】

1. 由授课老师主持训练。
2. 如全班48人，自由分组，形成6组。
3. 小组成员讨论品牌扩张的策略、品牌扩张的陷阱。
4. 每组安排一名同学负责记录、汇总。
5. 活动结束后，要求每组选出一名代表在课堂上汇报讨论的心得。
6. 准备时间为10分钟。

【任务组织】

任务组织如表5-9所示。

表5-9　品牌扩张的策略训练任务组织表

活动项目	具体实施	时间	备注
品牌扩张的策略训练	1. 如全班48人，自由分组，形成6组。 2. 小组成员讨论品牌扩张的策略、品牌扩张的陷阱。 3. 6个小组在教师的指导下，同时进行讨论。 4. 组织学生讨论品牌扩张的策略训练过程中遇到的问题。	30分钟	教室中每组一桌八椅

【任务评价】

任务评价如表5-10所示。

表5-10　品牌扩张的策略训练任务评价表

评价指标	评价标准	分值（100分）	评估成绩	权重
品牌扩张的策略训练效果	1. 理解品牌扩张的策略、品牌扩张的陷阱。	20		70%
	2. 能识别品牌扩张的策略训练易犯错误。	20		
	3. 能灵活运用品牌扩张的策略训练的应对策略。	20		
	4. 遵守活动时间。	10		
	5. 讨论积极。	10		
	6. 效果明显。	10		
	7. 汇报得当。	10		
教学过程	出勤、态度和热情	100		30%
小组综合得分				

超链接

让独角兽立于不败之地：耐克与阿迪达斯的品牌战略分析

当今世界的第一运动品牌是什么？有人会说是阿迪达斯，也有人会说耐克。相比之下，耐克更加注重创新，重视研发部门，强调市场的细分；而阿迪达斯侧重于差异化，强调扩大经营获得新兴市场。而配合各自资源，两家公司在不同的基础上建立了各自的竞争优势。

创新是耐克的第一大战略核心。耐克的研发核心在于，尽最大努力减轻或消除鞋类及其他运动装备对身体的伤害，最大限度地提升舒适度。耐克的第二大战略是高级定价。针对与产品已经形成特殊亲密关系的客户，发展出极高的忠诚度。利用忠诚度的优势将消费者与产品的价格联系起来。与此同时，在市场细分方面，耐克的战略较为常规，比如通过与运动明星、职业俱乐部、大学生运动队之间签订赞助协议宣传其产品。

相比之下，阿迪达斯的战略侧重于差异化服务。阿迪达斯在企业层面长期致力于服务和流程的优化，以应对竞争。2014 年，阿迪达斯开启了集中销售战略以支撑全球市场。集团独立出一个全球销售部门，负责商业活动和品牌推广。这个全球销售部门分为批发和零售两个下属机构，以满足两种商业模式的需求。同时，多元化品牌组合也使阿迪达斯能够满足从职业运动员到几乎每一名消费者的所有市场需求，让阿迪达斯在行业中保持了一种独特的身份，以维持其核心竞争力。

资料来源：根据互联网公开信息改编。

项目小结

品牌传播是指企业告知消费者品牌信息，劝说其购买品牌以及维持品牌记忆的各种直接及间接的方法。品牌传播的特点包括：信息的聚合性，媒介的多元性，操作的系统性。品牌传播意义包括：只有在传播中才能体现出品牌力，传播过程中的竞争与反馈对品牌力有很大的影响，传播过程受外界影响。

品牌传播的传统方式有：广告传播，公共关系传播，销售促进传播，人际传播。品牌传播的新方式包括：基于信条的传播方式，基于缺憾的传播方式，明星推广的方式。品牌传播的内容主要包括广告和公共关系两个部分。

品牌扩张是一个具有广泛含义的概念，它涉及的活动范围比较广，但具体来说，品牌扩张指运用品牌及其包含的资本进行发展、推广的活动。品牌扩张的原因包括：品牌扩张的消费者心理基础，企业实力的推动，市场竞争的压力，外界环境的压力，产品生命周期的结果，规避经营风险的需要。品牌扩张的价值有：优化资源配置，充分利用品牌资源；借助品牌忠诚，降低新品“入市”成本；提高市场占有率；增强企业实力，实现收益最大化。

品牌扩张的技巧有：(1) 相似性技巧，即有共同的主要成分，有相同的销售渠道，有相同的服务系统，有相似的消费群，技术上密切相关，质量档次相当；(2) 规避技巧，即回避已高度定位的品牌，回避已在消费者心目中树立的固定形象；(3) 联想技巧，即基于品牌主体产品进行拓展；(4) 操作技巧，即产业上扩张，档次上扩张，其他相关扩张。

品牌扩张的策略有：(1) 单一品牌策略，包括产品项目品牌扩张策略、产品线品牌扩张策略、伞状品牌扩张策略；(2) 多品牌策略；(3) 复合品牌策略，包括注释品牌策略、合作品牌策略。品牌扩张的陷阱有：损害原品牌的高品质形象，淡化品牌定位，造成消费者心理冲突，"跷跷板"现象。

相关概念

品牌传播　广告传播　公共关系传播　人内传播
人际传播　组织传播　大众传播　销售促进传播
品牌扩张　相似性技巧　规避技巧　联想技巧
操作技巧　单一品牌策略　产品项目品牌扩张策略
产品线品牌扩张策略　伞状品牌扩张策略
多品牌策略　复合品牌策略

课后习题

一、单项选择题

1.（　　）是指企业告知消费者品牌信息，劝说其购买品牌以及维持品牌记忆的各种直接及间接的方法。

A. 品牌传播　B. 品牌扩张　C. 品牌传递　D. 品牌定位

2. 品牌传播是动态的，其（　　）的聚合性，是由静态品牌的信息聚合性所决定的。

A. 信息　B. 媒介　C. 操作　D. 传播

3. 加拿大的传播学家麦克卢汉有句名言——"（　　）即讯息"，也就是说，（　　）技术往往决定着所传播的讯息本身。

A. 信息　B. 媒介　C. 操作　D. 传播

4. 由于品牌传播追求的不仅是近期传播效果的最佳化，还追求长远的品牌效应，因此品牌传播总是在品牌拥有者与受众的互动关系中，遵循系统性原则进行（　　）。

A. 信息　B. 媒介　C. 操作　D. 传播

5. 品牌力主要是站在消费者的角度提出的，而要使有关品牌的信息进入消费者的心智，唯一的途径是通过传播媒介。这是因为（　　）。

A. 只有在传播中才能体现出品牌力

B. 传播过程中的竞争与反馈对品牌力有很大的影响

C. 传播过程受外界影响

D. 传播对品牌力的塑造起着关键性的作用

6. 传播是由传播者、媒体、传播内容、受众等方面构成的一个循环往复的过程，其中充满竞争和反馈。这是指(　　)。

A. 只有在传播中才能体现出品牌力

B. 传播过程中的竞争与反馈对品牌力有很大的影响

C. 传播过程受外界影响

D. 传播对品牌力的塑造起着关键性的作用

7. 传播过程是一个开放的过程，所以(　　)。

A. 只有在传播中才能体现出品牌力

B. 传播过程中的竞争与反馈对品牌力有很大的影响

C. 传播过程受外界影响

D. 传播对品牌力的塑造起着关键性的作用

8. (　　)作为一种主要的品牌传播手段，是指品牌所有者以付费方式，委托广告经营部门通过传播媒介，以策划为主体、创意为中心，对目标受众所进行的以品牌名称、品牌标志、品牌定位、品牌个性等为主要内容的宣传活动。

A. 广告　　B. 公共关系　　C. 销售促进　　D. 人际传播

9. (　　)传播是组织通过报纸、广播、电视等大众传播媒介，辅之以人际传播的手段，向其内部及外部公众传递有关组织各方面信息的共享过程。

A. 广告　　B. 公共关系　　C. 销售促进　　D. 人际传播

10. (　　)传播是指通过鼓励对产品和服务进行尝试或促进销售等活动而进行品牌传播的一种方式，其主要工具有：赠券、赠品、抽奖等。

A. 广告　　B. 公共关系　　C. 销售促进　　D. 人际传播

11. (　　)是人与人之间直接沟通，主要是通过企业人员的讲解咨询、示范操作、服务等，使公众了解和认识企业，并形成对企业的印象和评价，这种评价将直接影响企业形象。

A. 广告　　B. 公共关系　　C. 销售促进　　D. 人际传播

12. 做广告时，要先寻找一个有潜力的市场，(　　)，了解市场消费需求、消费心理和消费习惯，再运用广告等手段来宣传和美化产品以吸引消费者，最后找到一个好的卖点。

A. 要做市场研究　　B. 要把握住时机　　C. 要连续进行　　D. 要把握性价比

13. 做广告时，企业(　　)，要根据不同的市场时期，对广告的制作和发布采取不同的策略应对。

A. 要做市场研究　　B. 要把握住时机　　C. 要连续进行　　D. 要把握性价比

14. 由于广告有滞后性，因此广告传播(　　)，如果一个广告播放一段时间效果不明显就不播了，这是很不明智的选择。

A. 要做市场研究　　B. 要把握住时机　　C. 要连续进行　　D. 要把握性价比

15. 在做广告时一定要注意广告媒介的选择和资源投入的比例，(　　)。因为在广告传播活动中，媒介的传播价值往往是不均等的。

A. 要做市场研究　　B. 要把握住时机　　C. 要连续进行　　D. 要把握性价比

16. (　　)是指人的内向交流，即传播的“双方”集于一身的主我（I）与宾我（Me）之间的内向沟通，是人类传播的基本形式。

A. 人内传播　　B. 人际传播　　C. 组织传播　　D. 大众传播

17. (　　)，即个体与个体之间的沟通交流，其交流方便易行，效率高，包括面对面、非面对面的形式。

A. 人内传播　　B. 人际传播　　C. 组织传播　　D. 大众传播

18. (　　)，即组织与其成员、组织与其所处环境之间的传播与沟通。

A. 人内传播　　B. 人际传播　　C. 组织传播　　D. 大众传播

19. (　　)，即通过大众传播媒介（如报纸杂志、广播电视、网络等），将复制的信息传递给分散的大众。

A. 人内传播　　B. 人际传播　　C. 组织传播　　D. 大众传播

20. 我们都知道，信条可以给人以形象、个性、身份。听一个人说什么话，我们就不难想象他是个什么样的人，包括他是如何穿戴、如何生活的，他的喜好是什么。这是(　　)。

A. 基于信条的品牌传播方式　　B. 基于缺憾的品牌传播方式

C. 明星推广的方式　　D. 品牌传播的新方式

21. (　　)是让品牌帮助目标客户抵消令其感到困扰的内心缺憾。主要的操作方式是：让企业公司品牌有的放矢地传递目标客户最渴望拥有的性格。

A. 基于信条的品牌传播方式　　B. 基于缺憾的品牌传播方式

C. 明星推广的方式　　D. 品牌传播的新方式

22. 追星族对明星的狂热崇拜在普通人看来是不能被理解的，如果品牌也能在消费者心中有明星的地位，那么品牌的影响力将会非常大。这是(　　)。

A. 基于信条的品牌传播方式　　B. 基于缺憾的品牌传播方式

C. 明星推广的方式　　D. 品牌传播的新方式

23. 在通过广告进行品牌传播时，要注意以下几点，其中(　　)不正确。

A. 围绕品牌力进行广告创作

B. 广告对品牌性格的投资应持之以恒

C. 成功的广告定位是提高品牌力的利器

D. 广告对品牌性格的投资越贵越好

24. 公关活动在许多情况下可起到保护品牌不受损害的作用。例如：当企业与公众发生冲突，或发生突发事件，使得公众舆论反应强烈的时候，如果处理不当，最直接与最明显的后果便是品牌力被削弱，产品的销售受到影响。这是指(　　)。

A. 公关活动应为品牌力提供强大的支持和保护

B. 公关活动应使品牌人格化

C. 公关活动应以培养品牌力为中心

D. 公关活动应尽量与品牌联想结合起来

25. (　　)，以文化的力量来培养公众的好感。品牌人格化，使品牌脱离商业味，产生人情味，从而更容易赢得公众的信任。

A. 公关活动应为品牌力提供强大的支持和保护

B. 公关活动应使品牌人格化

C. 公关活动应以培养品牌力为中心

D. 公关活动应尽量与品牌联想结合起来

26. (　　)，我国公共关系活动策划中存在一个很大的问题：品牌不够突出。在我们所看到的众多公关策划中，企业尤其是企业家的风采往往要盖过品牌给消费者留下的印象。

A. 公关活动应为品牌力提供强大的支持和保护

B. 公关活动应使品牌人格化

C. 公关活动应以培养品牌力为中心

D. 公关活动应尽量与品牌联想结合起来

27. (　　)，如耐克成为世界杯的赞助商，就将耐克与运动、健康等概念联系在了一起。相反，国内诸多企业在进行公关策划时，就很少考虑这一点。

A. 公关活动应为品牌力提供强大的支持和保护

B. 公关活动应使品牌人格化

C. 公关活动应以培养品牌力为中心

D. 公关活动应尽量与品牌联想结合起来

28. (　　)是一个具有广泛含义的概念，它涉及的活动范围比较广，但具体来说，它是指运用品牌及其包含的资本进行发展、推广的活动。

A. 品牌扩张　　B. 品牌传播　　C. 品牌定位　　D. 品牌形象

29. (　　)早先是日本一家摩托车生产厂商，后来进入音响、钢琴、电子琴等领域。

A. 雅马哈　　B. 海尔　　C. 索尼　　D. 娃哈哈

30. (　　)最先推广推出冰箱，取得成功后，又进行品牌扩张，不失时机地推出了洗衣机、电视、空调、电脑和手机等产品。

A. 雅马哈　　B. 海尔　　C. 索尼　　D. 娃哈哈

31. (　　)从收音机到录音机，再到电视机进行了品牌扩张。

A. 雅马哈　　B. 海尔　　C. 索尼　　D. 娃哈哈

32. (　　)从儿童饮品到老年人饮品、老年人保健品，甚至其他行业产品等进行品牌扩张。

A. 雅马哈　　B. 海尔　　C. 索尼　　D. 娃哈哈

33. 人们购买了耐克运动鞋，使用后非常满意，由此会对其他款式的耐克鞋产生好感，对耐克的其他产品如运动服、体育器材等也产生偏好，并影响将来对此类产品的消费行为。这是(　　)。

A. 品牌扩张的消费者心理基础　　B. 企业实力推动的品牌扩张

C. 市场竞争压力下的品牌扩张　　D. 外界环境压力下的品牌扩张

34. TCL 集团在家电方面取得了优秀的业绩，形成实力后，又向信息产业进军。这是(　　)。

A. 品牌扩张的消费者心理基础　　B. 企业实力推动的品牌扩张

C. 市场竞争压力下的品牌扩张　　D. 外界环境压力下的品牌扩张

35. 麦当劳由美国走向世界进行全球性的品牌扩张，其销售额、利润都获得了巨幅提升，品牌知名度也在世界范围打响。作为其主要竞争对手的肯德基在这种竞争态势下也必须采取相应的措施，实施品牌扩张战略。这是(　　)。

A. 品牌扩张的消费者心理基础　　B. 企业实力推动的品牌扩张

C. 市场竞争压力下的品牌扩张　　D. 外界环境压力下的品牌扩张

36. 美国杜邦公司在 20 世纪 70 年代面对石油危机时，决定兼并美国第九大石油公司，并创立自己的品牌。此举通过品牌扩张，实现了原料的自给自足。这是(　　)。

A. 品牌扩张的消费者心理基础　　B. 企业实力推动的品牌扩张

C. 市场竞争压力下的品牌扩张　　D. 外界环境压力下的品牌扩张

37. 联想集团在汉卡销售正旺时就着手研制自己的电脑，当汉卡市场萎缩时，联想电脑已成为企业的第二代拳头产品了。这是(　　)。

A. 品牌扩张的消费者心理基础　　B. 企业实力推动的品牌扩张

C. 产品生命周期的结果　　D. 规避经营风险的需要

38. 吉列公司在继续研制新型剃刀的同时，大刀阔斧地进行了品牌扩张，企业经营转向了化妆品、医药及生活用品等多个方面，并在这些行业中取得了成功。这是基于(　　)。

A. 品牌扩张的消费者心理基础　　B. 企业实力推动的品牌扩张

C. 产品生命周期的结果　　D. 规避经营风险的需要

39. 世界著名的时装品牌如香奈儿、范思哲、阿玛尼等，都具有极高的知名度、美誉度，若只在服装领域里开拓，而不进入相关产品领域，则消费者对其的忠诚、赞誉便会无形中损失掉。这是指(　　)。

A. 优化资源配置，充分利用品牌资源

B. 借助品牌忠诚，降低新品“入市”成本

C. 提高市场占有率

D. 增强企业实力，实现收益最大化

40. 近几年来，海尔又开发出彩电、空调、电脑、手机等新产品，借助“海尔”的知名度、美誉度和消费者信任度，迅速打开市场，得到了消费者的认可，成为这些行业的后起之秀。这是指(　　)。

A. 优化资源配置，充分利用品牌资源

B. 借助品牌忠诚，降低新品“入市”成本

C. 提高市场占有率

D. 增强企业实力，实现收益最大化

41. 小天鹅集团是波轮式洗衣机的国内“老大”，为了进一步占领国内洗衣机市场，该集团积极地进行品牌扩张，选择了西门子、惠而浦、梅洛尼 3 家国际知名企业，定牌生产滚筒式洗衣机。此举令“小天鹅”品牌遍布洗衣机领域，多年来市场综合占有率一直名列国内同行前茅。这是指(　　)。

A. 优化资源配置，充分利用品牌资源

B. 借助品牌忠诚，降低新品“入市”成本

C. 提高市场占有率

D. 增强企业实力，实现收益最大化

42. 上海恒源祥公司利用老字号品牌的丰富资源，先后与 30 多家绒线生产企业结成战略联盟，联盟内部实行专业分工生产，统一品牌销售，从而使得资源配置得到了最大限度的优化。恒源祥在这一过程中集合了多种社会资源，形成了集约生产，增强了公司实力，也使公司和收益达到了相应的最大化，由此被国际羊毛局认定为“全世界最大的生产和经销全羊毛和混纺毛线的企业”。这是指(　　)。

A. 优化资源配置，充分利用品牌资源

B. 借助品牌忠诚，降低新品“入市”成本

C. 提高市场占有率

D. 增强企业实力，实现收益最大化

43. 品牌扩张时，原有品牌及产品应与扩张后的产品或品牌有相关性，即双方应当(　　)，让消费者理解两种产品同存在于同一品牌之下的原因。

A. 有共同的主要成分　　B. 有相同的销售渠道

C. 有相同的服务系统　　D. 有相似的消费群

44. 品牌扩张的目的是要达到各品牌及产品之间相辅相成的整体效果，使消费者在接触到一个品牌及产品时能够联想到另一个品牌及产品。这需要各品牌及产品之间(　　)。

A. 有共同的主要成分　　B. 有相同的销售渠道

C. 有相同的服务系统　　D. 有相似的消费群

45. 品牌扩张就是能找到主力品牌产品与扩张品牌产品相联系的地方，联系部分越多

则越容易成功。(　　)的品牌扩张容易让人接受。

A. 有共同的主要成分　　B. 有相同的销售渠道

C. 有相同的服务系统　　D. 有相似的消费群

46. 三笑从牙刷到牙膏，雅戈尔从衬衣到西装，都是(　　)，就更易成功。

A. 有共同的主要成分　　B. 有相同的销售渠道

C. 有相同的服务系统　　D. 有相似的消费群

47. 日本本田在发动机技术上非常优秀，就可以将品牌之伞扩张到从普通摩托车到赛车、从家用汽车到比赛用车等多种产品线上，并能取得成功的扩张效果。正是由于旗下各产品之间(　　)。

A. 有共同的主要成分　　B. 有相同的销售渠道

C. 技术上密切相关　　D. 质量档次相当

48. 金利来从领带到腰带、衬衣、皮包，都紧紧围绕高质量、高档次的定位，得到了白领和绅士阶层的认同，使其品牌的扩张取得了成功。这是指这些产品(　　)。

A. 有共同的主要成分　　B. 有相同的销售渠道

C. 技术上密切相关　　D. 质量档次相当

49. 提到索尼自然会想到家电视听产品。索尼公司经营几十年来，从未渗透到其他行业领域，其原因是(　　)。

A. 回避已高度定位的品牌

B. 回避已在消费者心目中树立的固定形象

C. 联想技巧

D. 操作技巧

50. 一些品牌及产品在目标消费群中已树立某种牢固不变的形象，并且这种形象对消费群的心理影响非常大，例如一种产品的使用象征地位、身份、阶层等，需要(　　)。

A. 回避已高度定位的品牌

B. 回避已在消费者心目中树立的固定形象

C. 联想技巧

D. 操作技巧

51. 一提到IBM这一品牌，人们马上会想到其主体产品——电脑，IBM这一品牌可以在人们的联想条件下向与电脑相关的行业去拓展，如个人电脑、笔记本电脑、外围设备，甚至相关信息产业中的内容。这是(　　)。

A. 回避已高度定位的品牌

B. 回避已在消费者心目中树立的固定形象

C. 联想技巧

D. 操作技巧

52. 石油加工业向原油开采业的扩张是向上扩张，向石油精细加工或销售流通业的扩张是向下扩张，同时向原油开采和精细加工或流通业的扩张便是既向上又向下的双向扩张，采用这一扩张方法，企业可以向上控制原材料供应，向下控制产品的销售网络。这是(　　)。

A. 产业上扩张　B. 档次上扩张　C. 其他相关扩张　D. 品牌扩张

53. 20 世纪 60 年代率先打入美国摩托车市场的本田公司将其产品系列从低于 125cc 延伸到 1 000cc 的摩托车，雅马哈也紧跟本田陆续推出了 500cc、600cc、700cc 的摩托车，还推出了更高档的三缸四冲程轴驱动摩托车，从而使品牌向高档次扩张，加入了大型摩托车市场的争夺。这是(　　)。

A. 产业上扩张　B. 档次上扩张　C. 其他相关扩张　D. 品牌扩张

54. 金利来开始以领带品牌成名，之后扩散到金利来皮鞋、服装、箱包等产品上。这是(　　)。

A. 产业上扩张　B. 档次上扩张　C. 其他相关扩张　D. 品牌扩张

55. (　　)是指品牌扩张时，使用单一品牌，对企业同一产品线上的产品进行扩张。

A. 产品项目品牌扩张策略　B. 产品线品牌扩张策略

C. 伞状品牌扩张策略　D. 单一品牌策略

56. (　　)是指品牌扩张跨越产品线，不同产品线中的产品使用同一品牌。

A. 产品项目品牌扩张策略　B. 产品线品牌扩张策略

C. 伞状品牌扩张策略　D. 单一品牌策略

57. (　　)是在宣传上使用的一种品牌扩张策略，也就是企业所有产品不论相关与否均使用同一品牌。

A. 产品项目品牌扩张策略　B. 产品线品牌扩张策略

C. 伞状品牌扩张策略　D. 单一品牌策略

58. (　　)是品牌扩张时，多种产品使用同一品牌。

A. 单一品牌策略　B. 多品牌策略

C. 复合品牌策略　D. 合作品牌策略

59. (　　)也称为产品品牌策略，是指赋予每一种产品一个品牌，不同产品品牌有不同的品牌扩张策略，一个品牌只适用于一种产品。

A. 单一品牌策略　B. 多品牌策略

C. 复合品牌策略　D. 合作品牌策略

60. (　　) 是指赋予同一种产品两个或两个以上的品牌，即在一种产品上同时使用两个或两个以上的品牌。

A. 单一品牌策略　B. 多品牌策略

C. 复合品牌策略　D. 合作品牌策略

61. 如果品牌沿档次由高向低扩张，即高档品牌使用在低档产品上，就有可能坠入(　　)的陷阱。

A. 损害了原品牌的高品质形象　B. 淡化了品牌定位

C. 造成了消费者心理冲突　　　　　　D. “跷跷板”现象

62. 美国美能公司推出了一种洗发精和润发乳二合一的产品，取名为“蛋白 21”。这一独特定位，让产品很快在市场上打开销路，并取得了 13%的商场占有率，“蛋白 21”成为知名品牌。公司受到品牌扩张的诱惑，又接连用这一品牌推出发胶、润发乳、浓缩洗发精等产品。结果事与愿违，由于品牌扩张模糊了“蛋白 21”作为二合一洗发护发用品的独特特征，从而也淡化了消费者对它的独特偏好，结果“蛋白 21”从 13%的市场占有率降为 2%。这是由于(　　)。

A. 损害了原品牌的高品质形象　　　　B. 淡化了品牌定位

C. 造成了消费者心理冲突　　　　　　D. “跷跷板”现象

63. 美国金佰利公司生产的舒洁牌卫生纸，本是卫生纸市场上的头号品牌，但随着舒洁牌餐巾纸的出现，消费者的心理发生了微妙的变化。对此，美国广告学专家艾·里斯幽默地评价说：“舒洁餐巾纸与舒洁卫生纸，究竟哪个才是为鼻子策划的?”结果，舒洁卫生纸的头牌位置很快被宝洁公司的同类产品所取代。这是品牌扩张陷阱中的(　　)。

A. 损害原品牌的高品质形象　　　　B. 淡化品牌定位

C. 造成消费者心理冲突　　　　　　D. “跷跷板”现象

64. 在美国市场上，亨氏原本是腌菜的品牌，且占有最大的市场份额。后来，公司将亨氏这一品牌扩展到番茄酱产品上，做得十分成功，亨氏由此成为番茄酱品牌的第一名。然而，与此同时，亨氏丧失了腌菜市场上的主导地位，被“Vlasic”取代。这是由于(　　)。

A. 损害原品牌的高品质形象　　　　B. 淡化品牌定位

C. 造成消费者心理冲突　　　　　　D. “跷跷板”现象

二、思考题

1. 品牌传播的特点是什么?
2. 品牌传播的意义有哪些?
3. 品牌传播的传统方式有哪些?
4. 品牌传播的新方式有哪些?
5. 品牌传播的内容有哪些?
6. 品牌扩张的原因有哪些?
7. 品牌扩张的价值有哪些?
8. 品牌扩张的技巧有哪些?
9. 品牌扩张的策略有哪些?
10. 品牌扩张的陷阱有哪些?

三、案例分析题

善用传播：康乐氏橄榄油上市巧打“差异牌”

橄榄油以其独特的口味、丰富的营养、美容的功效和防治心脑血管病的保健功能而被誉为“液体黄金”。但是在橄榄油未进入中国市场之前，传统食用油花生油、豆油等油类完全占据了国内市场，消费者对橄榄油的认识仍然停留在美容、护肤的层面上，没有养成长期食用的习惯。比起与传统食用油的竞争，同行业橄榄油商的竞争更加激烈。在康乐氏进入中国橄榄油市场之前，早有其他众多国外橄榄油品牌入驻中国橄榄油市场。

（一）差异化定位：找到突破点

面对国内各大橄榄油品牌的竞争，康乐氏选择了差异化的产品定位，突出产品的天然、保健的优势，成功避免了中、低档橄榄油的低价威胁，以高品位和富有亲和力的品牌形象成功切入市场。

康乐氏极富创意地在北大、清华两大国内顶尖高校征集女博士来担任形象代言人，以树立其健康时尚的品牌形象。由于社会上对女博士话题的敏感性，消息一经传出就在网上引发了网友们的热烈讨论：世界上有三种人，男人、女人和女博士，女博士是灭绝师太，女博士担任形象代言人能否做好科研等。招募形象代言人的活动，首先就在国内高校及网络上引起了广泛的关注与讨论，成为红极一时的话题，从而有效地传播了康乐氏品牌，因此，选用代言人的过程为康乐氏做了一次成功又免费的广告宣传。

（二）个性化营销：找到启动力

第一，产品入市之初，康乐氏打出“纯天然”这张牌，采用喝“油”比赛验证产品品质和特色，支持康乐氏的品牌宣传，促进销量的提升。

活动结束后，“康乐氏橄榄油是能生喝的食用油”这一消息不胫而走，居民们对此啧啧称奇，康乐氏橄榄油也被冠以“神油”的称号，有力地支持了康乐氏的品牌宣传，促进了销量的提升。

第二，在销售淡季，清华男博士在广州上演“好男人”的体验式营销，让橄榄油走进“寻常百姓家”，扩大橄榄油的营销范围。

第三，康乐氏还冠名举办美容美体大赛，充分展示橄榄油美容塑身的神奇功效，让橄榄油所代表的健康理念深入人心。

第四，行业专著《亲亲橄榄油》的出版，增强了康乐氏在橄榄油领域的专业性与权威性。

（三）多样化渠道：找到推动力

康乐氏选用加盟连锁、传统分销体系、进入商超（商场与超市）三种渠道，推进康乐氏橄榄油形成快捷的销售网络。

（四）团队精品化：找到竞争力

建设一支精品团队对品牌的推广及建设会起到非常重要的作用。因此，康乐氏充分利用橄榄油销售淡季对公司销售团队和经销商团队进行持续的培训。

第一，公司将分驻在外地的商务代表召回总部，与总部营销部门的员工一起接受营销专家的统一培训，经过培训的员工，业务能力明显加强。

第二，公司建设了一个行业内独一无二的、完善的在线培训系统。

第三，公司总部的营销专家奔赴全国各地，针对当地的市场竞争情况对经销商进行现场培训。

资料来源：根据互联网公开信息改编。

要求：总结康乐氏品牌传播与扩张成功的经验。

项目五　品牌传播与扩张
课后习题参考答案

项目六　品牌维护与危机管理

知识目标

1. 掌握品牌的经营维护。
2. 熟悉品牌的自我保护。
3. 掌握品牌的社会责任维护。
4. 熟悉品牌的危机管理。

能力目标

1. 能够运用所学知识进行品牌维护。
2. 能够在实践中进行品牌的危机管理。

任务一　品牌的经营维护

案例导入

李维斯（Levi's）的故事

市场是无情的，不管是中国品牌还是世界品牌，只要违反了市场变化的规律，就必然导致企业经营的失败。李维斯（如图 6-1 所示）是大家十分熟悉的牛仔服装品牌，在 20 世纪 80 年代中期，随着美国摒弃正装，崇尚休闲流行，以及美国西部影片的全球热映，李维斯公司创下了在一年内股票狂升 100 多倍，市值由每股 2.53 美元上涨到每股 262 元的“李维斯神话”。然而，市场上没有永远的英雄品牌，由于李维斯品牌没有抓住其主要消费者，即 14～19 岁年轻人的心理，依然故步自封、我行我素，导致其风光不再。

20世纪90年代开始，李维斯逐步走向没落；到了1997年，李维斯公司被迫关闭了设在欧美地区的29家工厂，裁员1.6万人；1998年，李维斯公司的销售额又下降了13%。李维斯品牌的没落多半是其忽视了年轻消费者的心理变化，忽视了流行时尚，忽视了消费者偏好的变化而导致的。

图6-1　李维斯的广告

资料来源：根据互联网公开信息改编。

一、品牌经营维护的概念

品牌的经营维护，是指企业经营者在具体的营销活动中所采取的一系列维护品牌形象、保持品牌市场地位的活动。

品牌维护是品牌战略实施中的一项重要的工作。在市场经济的环境下，一个良好的品牌形象是一个企业在激烈竞争中强有力的资本。竞争是残酷的，俗话说“打天下难，守天下更难”，品牌也需要保养，需要经营，需要维护。不得当的品牌维护后果就是“千里之堤，溃于蚁穴”。我们已经非常熟悉这样的例子：一些著名品牌甚至百年老字号，由于没有监测市场的变化或者由于突发事件，因而造成品牌价值的损失甚至彻底破坏，如食品品牌中的冠生园、保健品品牌中的三株、酒类品牌中的秦池等。

二、品牌经营维护的内容

品牌作为企业和消费者沟通的最有效、最忠诚的载体，向来倍受重视。但品牌竞争力的形成却不是一朝一夕之功，很多品牌由于缺乏必要的前瞻性维护，在市场竞争中往往会“夭折”。还有很多企业由于缺乏对品牌理性建设的理解，一味贪大求全，反遭市场淹没。由此可见，现代市场竞争，品牌经营维护不容小觑。

（一）了解价值核心

品牌建设是一个漫长的过程，这个阶段的广告投入、企业文化塑造、品牌竞争力分析，都将对品牌的成长起到关键作用。广告投入引导消费者对品牌进行认知，企业文化塑造使得品牌深度得以扩张并趋于人性化，品牌竞争力分析则使品牌的内涵得以转化为营销力，帮助企业达到市场或利润最大化目标。品牌一旦为消费者广泛称道，就表示该品牌已经具有了一定的忠实消费群，有了无形价值。

（二）进行品牌细分

和产品一样，品牌也存在同质化现象。例如：现在很多的房地产公司，所售卖的房地产项目的全部诉求就是“居住”这一基本功能，没有很好地体现项目的附加值。一些眼光比较独到的开发商，开始关注并极力推崇诸如环境、交通、教育、人文、升值等附属特征。在开发成本相同的情况下，有附加意义的楼盘收益得到明显改善。这种现象说明，在任何市场，企业不是没有作为，而是没有真正了解品牌建设的趋势，没有认清品牌同样可以用细分法则来促进销售。

（三）品牌延伸

一个谙熟市场营销法则的企业可以同时运作几个品牌。不同品牌针对不同细分市场下消费者需求的异质性，以满足各类需求而达到垄断或市场最大化目的是跨国公司常用手法。需求的层次性决定了一个品牌不可能占据某款产品的各个细分市场，派克公司就曾经因为忽视这个问题而导致其市场占有率和消费者忠诚度全面滑坡。

（四）新品牌策略

在 20 世纪 80 年代以前，美国消费者认为日本是绝对不可能有高档车的，虽然本田、丰田在美国占有一定的市场份额，但全是中低档车市场。因此，日本车在美国消费者眼里一向是经济适用型的形象。然而，随着美国经济的发展，高档车的细分市场迅速升温，对于向来认为“销售不赚钱就是罪恶”的日本汽车厂商而言，抢占这个市场志在必得。当时，日产汽车最好的品牌是蓝鸟（LANNIA），而且基本销往汽车工业极端薄弱的中国。要抢占美国市场，必须开发新的品牌，让美国人走出“日产汽车低档”的模糊印象。因此，全新高档车品牌——凌志（LEXUS，现已更名为“雷克萨斯”）——应运而生。凌志从上市之初就着重对其豪华性进行宣传，只是在很小的地方标明由日本生产。慢慢地，美国人开始接受这个新豪华车品牌，丰田集团的新品牌策略得到了巨大成功。

（五）确定品牌属性

劳斯莱斯汽车（Rolls-Royce）的标语是“尊贵、独一无二”；奔驰（Mercedes-Benz）

主张“豪华和科技”；沃尔沃（VOLVO）以“安全”著称，主打“世界上最安全的车”；保时捷（Porsche）作为跑车，更注重的是“速度所带来的全新感受和驾驶乐趣”。可见，不同品牌的汽车，其品牌属性也大相径庭，没有任何一款汽车是全能的。

（六）品牌内涵推敲

品牌经营维护的先决条件是，企业必须客观地认识自身的品牌内涵。杉杉是国内一个著名的男装品牌，有着很高的美誉度。就其本身而言应该是一个较中性的品牌，性别区分不太明显。作为著名的服装公司，杉杉集团却对杉杉延伸至女装品牌进行了反复推敲，经过大量的调查认证，发现其中文名“杉杉”更适合男性服饰，于是在女装品牌上就有了杉杉的新名字“法涵诗”。

（七）草原现象

什么样的品牌最长久？实际上并没有最长久的品牌，除非拥有品牌的企业在时时刻刻维护着自己的“王牌”。品牌的建立需要不间断地进行宣传，这其中也包括公共宣传。公共宣传不完全是进行广告式的“狂轰乱炸”，也不是一厢情愿地标榜自己的“最好”，而是让消费者随着时间推移对品牌有更加全面和深刻的认知。有人说，正确的品牌宣传应该是一种草原现象，没有人留意草的生长，可当发现时，往往已经是广袤草原了。由此可见，品牌经营维护是从品牌诞生开始就要持续进行的一项长期性工作，任重道远。

（八）品牌推广磨合

虽然细分市场客观存在，并影响企业做出营销策略的调整，但有一点要认识到，多品牌并非适合所有公司。主力品牌之所以能在市场得以生存，因为它所占领的细分市场是总体市场份额中较多的一块，是保障企业实现发展目标的核心市场。由于企业在实力、营销水平方面的不均衡，一些企业是不适合采取多品牌战略的。当企业的主打品牌还处于和消费者的磨合期，品牌影响有限，市场有限时，就贸然设计新的品牌是不理智的，后果不堪设想。另外还要注意主打品牌是否是企业的最大技术优势所在。危机公关对于品牌经营维护而言，也是一项十分重要的内容。

品牌是企业进行市场竞争的核心，同时是企业的一项长期性任务。企业只有客观进行品牌细分，使品牌有归属感，进一步确定品牌的诉求内容，并实施一系列的品牌运动，使品牌卓然出众，才能在市场竞争中谋得一席之地。

三、品牌经营维护的策略

不同的品牌，其所面临的内部和外部环境有所差异，经营者所采取的保护活动自然也各不相同，但是不论采取何种经营活动对品牌进行保护，都必须以下列几点为基础：

(一) 以市场为中心，全面满足消费者需求

消费者是企业品牌经营者的上帝，以市场为中心，也就是以符合消费者需求为中心。要知道，品牌的经营维护是与消费者的兴趣、偏好密切相关的，消费者的口味是不断变化的，这就要求品牌内容随之做出相应的调整，否则，品牌就会被市场无情地淘汰。

几乎每一个知名品牌都在不断变化，以满足消费者的口味与偏好。可口可乐的口味、柯达的型号、海尔空调的品类、李维斯牛仔裤的式样等都在随着市场趋势而变化。就连曾说“福特汽车只有一种颜色，那就是黑色”的福特汽车也推出了不同颜色的汽车，以适应市场趋势的变化。以宝洁公司的碧浪洗衣粉为例，该品牌就已多次更新升级标志，从“碧浪”到“碧浪漂渍”再到“碧浪第二代”，可谓是花样不断翻新。

那些“抱着知名品牌吃一辈子，不防微杜渐，对市场变化莫衷一是”的思想，其实质是扼杀了品牌，品牌最终必将被市场所淘汰。这就是中国品牌大多是“各领风骚三五年”的缘故，大前门（如图6－2所示）、恒大、凤凰香烟已被人们遗忘；曾经红极一时的巴斯石英钟惨遭市场淘汰；蜂花洗发水也已是“度日如年”了。

图6－2　“大前门”香烟

以市场为中心，全面满足消费者需求，就是要求品牌经营者们建立完善的市场监察系统，随时了解市场上消费者的需求变化状况，及时地调整自己的品牌发展方向，以便使品牌在市场竞争当中获胜，顺利完成品牌保护的工作。

(二) 苦练内功，维持高质量的品牌形象

质量是品牌的灵魂，高质量的品牌往往拥有较高的市场份额。反之，一个品牌的知名度很高，但它的产品质量出了问题，就会大大降低品牌形象，使品牌受损。例如：豪门啤酒在20世纪90年代初曾经风靡一时，然而，由于其与河北、山东等省份某些酒厂合作生产后，没能控制好质量，严重影响了其高档啤酒的形象，充斥市场的大量劣质产品仅仅数

日就令豪门啤酒“风光不再”。

对品牌经营者而言，维持高质量的品牌形象，可以通过以下几方面进行：

1. 评估产品的质量

生产的品牌产品是否严格按照本企业的生产质量管理体系进行？与国际质量认证体系的标准是否还有差距？在品牌组合中，被消费者认为质量不高的是哪些品牌，是整个品牌还是某个方面？企业的销售人员是否完全掌握了与产品品牌有关的业务知识？品牌经营者应该全力贯彻实施内部质量管理体系，从根本上了解消费者对品牌产品的意见和建议。

2. 产品设计要考虑消费者的实际需要

例如：海尔集团针对不同地区、不同国家的实际需要，推出了“小小神童”洗衣机、可以洗红薯的洗衣机等，每一种新产品都颇受消费者的欢迎。

又如：东京麦肯锡顾问公司决定改进电动咖啡壶，以适应人性化需要。在设计时，该公司负责人大前研一先生问设计人员，哪些因素影响咖啡的味道？设计小组研究的结果表明，有很多因素会影响咖啡的味道：咖啡豆的品质和新鲜度、研磨方式、加水方式和水质等，其中水质是决定性的因素。所以设计师为新产品设计了一个去除水中氮化物的装置，并附有一个研磨装置。消费者要做的，只是加水和放咖啡豆。实践证明，改进后的电动咖啡壶受到了广大消费者的欢迎。

3. 建立独特的高质量形象

知名品牌主要由“品位高雅”“质量可靠”“设计入时”等内在因素树立形象，但品牌也要善于包装自己，也就是通过各种有效的手段把自己宣传出去。国美电器在这方面是相当成功的，它所经营产品的价格并非最低，质量也并非最好，但它通过媒介向消费者宣传自己，用彩电等几个家电品牌价格的低廉换取了消费者“国美的东西都便宜”的印象，从而扩大了企业的知名度，使国美成为电器销售终端的杰出代表。

4. 掌握消费者对质量要求的变化趋势

在 20 世纪 90 年代，装有豪华设备的小型轿车在西欧最受欢迎。1994 年上半年，德国新批准使用的轿车中，每三辆就有一辆是汽缸排气低于 1.4 升的小型车。越来越多的汽车出厂时都装上了豪华设备，标致汽车（PEUGEOT）的一位经理说：“空荡荡的汽车没有任何人想要。”

进口商和德国生产厂家都合力向这一趋势靠拢。红色安全带、光线柔和的刹车灯、电子控制升降窗、昂贵的立体声音响设备、车载电话和空调以及做工精良的方向盘、换挡杆、仪表盘、高级真皮包裹的座椅等充分体现了西欧消费者讲求舒适、豪华的心理。在标致汽车所售出的 106 系列车中，64%的名字叫“棕榈海滩”（配有玻璃箱盖）或“男孩”(用牛仔布做软垫)。标致汽车的这种海滩与青春的组合，被证明是非常成功的促销手段。

5. 让产品便于使用

如今人们似乎变得越来越懒，任何事都追求方便轻松。方便食品大受欢迎，技术产品一律“傻瓜”，一次性的日用产品“满天飞舞”。以智能家居的发展为例，近年来，在物联网技术、大数据技术的支撑下，智能音箱、智能门锁等家居产品越来越受欢迎。“智能家居，让家更懂你”“智能家居，革命你的生活”等宣传语，也都体现了当今社会对高效、舒适、安全、便捷的个性化家居生活的追求。

（三）严格管理，锻造强势品牌

企业品牌的经营保护最重要的就是对企业品牌进行全方位的严格管理，以便保持和提升品牌竞争力，使品牌更具活力和生命力，成为市场上的强势品牌。

1. 坚持全面质量管理和全员质量管理

“以质取胜，价格公道”是巧手产品品牌的广告语，大家都非常熟悉。为什么呢？因为“以质取胜”是永不过时的真理，要牢固树立“质量是企业的生命”的观念，并把它贯彻到企业的一切活动和全部过程之中。企业要制定切实可行的质量发展目标，积极采用国内外先进标准，形成高质量、高档次的名优产品，提高产品品牌的市场占有率。要深入开展全面质量管理、质量改进或降废减损活动，认真贯彻质量管理和质量保证系列国家标准，积极推进质量认证工作，并借鉴企业科学的质量管理新法，推行“零缺陷”和可靠性管理，提高企业的质量管理水平。

纵观国内外成功企业，无一例外地把提高产品质量和品牌体现一致作为企业生存发展的战略大计。荣事达公司自 20 世纪 90 年代初就引入了 ISO9000 质量体系，并推行“零缺陷”管理，将“用户是上帝”“下一道工序是用户”“换位思考”“100％合格”等质量意识转变为员工的自觉行动，创建了属于荣事达自己的“零缺陷”生产模式。与此相关的系列制度纷纷出台，从而实现了荣事达公司分散与集中、全员自控与专门控制、内在质量控制与系统信息反馈相组合的“零缺陷”生产质量管理体系。

“零缺陷”供应是“零缺陷”生产的前伸和保证，“零缺陷”服务则是“零缺陷”生产的后延。荣事达的售后服务——“红地毯”于 1997 年推出，按照“零缺陷”目标严格执行服务承诺，使消费者毫无后顾之忧，充分体验到“上帝”般的感受。

“零缺陷”员工则是“零缺陷”生产的根本保证，是企业贯彻全员管理的主体。荣事达以员工群体化为企业发展的根本，注重员工主体意识的培育，从而保证了整个企业推行“零缺陷”的良性循环。

反之，忽视质量控制，降低品牌产品质量，对于企业品牌来讲就是一种“自杀”行为。有的企业一看到市场紧俏，产品供不应求，就降低质量标准，其结果就是很快被抛弃，并最终被淘汰出局。

2. 坚持成本控制和成本管理

最低成本优势是企业品牌保护的一大法宝。优势品牌必须实施成本最低战略，采用先进技术，提高劳动生产率。格兰仕就是推行成本控制的最好例子，它通过规模扩张和成本控制成为微波炉行业龙头，在我国占有60%以上的市场份额，在欧洲的市场份额也在60%左右。在坚持成本控制的基础上，格兰仕加强企业的资金管理、费用管理、财务管理、劳动管理、设备管理、原材料管理和其他管理，把成本降到最低水平。

（四）实施差异化策略，进行品牌再定位

一种品牌在市场上的定位，往往会由于消费趋势的变化、消费者的兴趣变化、偏好转移以及市场占有率的变化而不得不进行重新定位或者实行差异化策略。

国内饮料市场被“国际两乐”占领了大半空间，达能（Danone）在国内连续收购更让众多民族品牌遭受毁灭性打击。在这种情况下，椰树集团凭借其独一无二的椰汁在国内饮料市场发展起来。在椰树牌椰汁进入市场之前，该类产品在市场上是一块空白，这使之具备完全差异化优势，最终跻身全国十大饮料企业之列。如果说椰树是依靠产品本身差异化取得成功的，那农夫山泉则是在产品本身差异不大的情况下，利用概念差异化取胜的案例。农夫山泉最初在瓶装水市场上毫无竞争优势，上有娃哈哈和乐百氏两大品牌，下有各地区域品牌，在这样竞争激烈的环境下，农夫山泉利用人们一直以来对“纯净水是否有益于身体健康”的疑虑，提出了“天然健康”的概念，通过一系列外在表现手段，提出“天然水”概念，大力宣传“千岛湖水下80米的天然水”，正是由于实施了差异化策略，进行了品牌再定位，使得农夫山泉在短时间内就崛起，并成为国内瓶装水市场的三强之一。

（五）不断创新，激发企业活力

创新是企业品牌的灵魂，是企业活力之源。只有不断创新，企业品牌才能具有无穷的生命力和永不枯竭的内在动力，不断发展和壮大。创新是企业经营保护当中最为有效的策略。

创新是一个系统工程，包括许多方面的内容，主要有观念创新、技术创新、质量创新、管理创新、服务创新、市场创新、组织创新、制度创新等。

（六）保持品牌的独立性

品牌的独立性是指品牌占有权的排他性、使用权的自主性以及转让权的合理性等方面内容。

保持品牌独立性是由于品牌是企业的无形资产。在市场上享有较高知名度和美誉度的品牌能给企业带来巨大的经济效益，只有保持品牌独立性，才能保持品牌形象，使品牌得以不断地发展壮大。

美国史丹利公司（The Stanley Works）于1843年初建立时，还仅仅是一家专门生产门闩的企业。如今，它已发展成为分公司遍及欧亚、拉美和大洋洲的国际性五金工具行业大公司。其销售额早在1992年就达到了22.2亿美元，该公司的经理认为，史丹利公司之所以生意能够兴隆这么多年，靠的就是保持了品牌独立。为保持品牌的独立性，史丹利仅在1991—1992年间就花费1 000多万美元，并挫败了其他公司对它的兼并企图。

然而，我国一些品牌的形势却不容乐观。一些由中国企业培育多年、享有较高知名度的品牌从市场上消失，究其原因多是在引进外资过程中，只注重眼前利益，没有保持品牌独立性，市场经济观念淡薄和市场经验的缺乏，导致经营保护的失败。例如："孔雀"是苏州电视机厂用于生产电视机的商标。20 世纪 80 年代末，"孔雀"牌电视机在全国享有较高的知名度，苏州电视机厂也成为一个经济效果显著、具有较好企业形象的企业。之后，苏州电视机厂与飞利浦公司合资，"孔雀"商标以 315 万美元无形资产的形式投入合资企业。飞利浦公司仅把合资企业当作生产零部件的组装厂，生产的产品只使用自己的商标，不使用"孔雀"商标，甚至连苏州电视机厂厂名也不能使用。因此，飞利浦公司在苏州合资后年产飞利浦彩色电视机近百万台，"孔雀"这一中国品牌却遭冷遇。

品牌发展需要大量资金和技术，能够吸引外资和技术是好事，但也应提高警惕，切不可盲目引资，把自己的品牌资产轻易葬送。发达国家对发展中国家的经济战略，通常采用输出产品、输出资本、输出品牌三种手段，而其中对发达国家最有利的就是输出品牌了。对此，我们要有清晰的认识和慎重的态度。

企业要保持品牌的独立性，实施有效的品牌保护策略，根本的办法和出路归纳起来有两条：一是"强身壮骨"，二是"联合抗衡"。"强身壮骨"就是千方百计发展自己。首先要扩大规模，走规模经济之路；其次要从产品质量、规模品种、生产成本、价格和销售渠道上下功夫，开拓市场、占领市场，提高品牌的知名度和美誉度。"联合抗衡"就是国内企业联合起来，以知名企业为中心，以名牌产品为依托，携手跨地区、跨行业的大企业集团，共同捍卫国家民族品牌。

（七）运用品牌延伸策略，主动进攻，捍卫品牌阵地

在 21 世纪，品牌已成为企业最有力的竞争武器。品牌不仅涵盖产品概念，更是一种人格化的体现，是消费者心中认可的一种印象。品牌要寻求更大发展，往往是通过品牌延伸和品牌扩张来进行的。实施品牌延伸和开展多元化经营有很多优点，如能够节省宣传推广费用，吸引原有品牌忠诚者，使新产品迅速进入市场以及可以较大范围内调动企业人力物力资源进行大规模建设等。

训练营

【训练任务】

品牌的经营维护训练。

【训练目标】

帮助学生在实践中掌握品牌的经营维护。

【任务要求】

1. 由授课老师主持训练。

2. 如全班 48 人，自由分组，形成 6 组。

3. 小组成员讨论品牌经营维护的概念、品牌经营维护的内容、品牌经营维护的策略。

4. 每组安排一名同学负责记录、汇总。

5. 活动结束后，要求每组选出一名代表在课堂上汇报讨论的心得。

6. 准备时间为 10 分钟。

【任务组织】

任务组织如表 6-1 所示。

表 6-1　品牌的经营维护训练任务组织表

活动项目	具体实施	时间	备注
品牌的经营维护训练	1. 如全班 48 人，自由分组，形成 6 组。 2. 小组成员讨论品牌经营维护的概念、品牌经营维护的内容、品牌经营维护的策略。 3. 6 个小组在教师的指导下，同时进行讨论。 4. 组织学生讨论品牌的经营维护训练过程中遇到的问题。	30 分钟	教室中每组一桌八椅

【任务评价】

任务评价如表 6-2 所示。

表 6-2　品牌的经营维护训练任务评价表

评价指标	评价标准	分值（100 分）	评估成绩	权重
品牌的经营维护训练效果	1. 理解品牌经营维护的概念、品牌经营维护的内容、品牌经营维护的策略。	20		70%
	2. 能识别品牌的经营维护训练易犯错误。	20		
	3. 能灵活运用品牌的经营维护训练的应对策略。	20		
	4. 遵守活动时间。	10		
	5. 讨论积极。	10		
	6. 效果明显。	10		
	7. 汇报得当。	10		
教学过程	出勤、态度和热情	100		30%
小组综合得分				

超链接

不断创新的长虹

创建于 1958 年的长虹，历经 60 余年的发展，从期初立业、彩电兴业，到如今的信息电子相关多元拓展，已成为集消费电子、核心器件研发与制造为一体的综合型跨国企业集团，并正向具有全球竞争力的信息家电内容与服务提供商挺进。

2019 年，长虹品牌价值达 1 572.89 亿元人民币，居中国电子百强第 7 位，居中国制造业 500 强第 53 位。

长虹成功的秘诀就在于不断地进行创新。新产品开发和技术创新是长虹发展之魂。

长虹人紧紧抓住“科技兴企”这条命脉，不断向高科技领域进军，“七五”期间就已投入技改资金2亿多元，“八五”期间投入已超过5亿元，10年间进行过三次重大的技术改造。自2004年起，长虹又通过三次重大战略调整和创新，为企业的持续良性发展打下了坚实基础。2004年，长虹提出“三坐标”的战略走向，按“有进有退，有所为有所不为”的基本思路，开始了全新的产业布局，在产业价值链、产业形态和商业模式上进行了一系列的产业结构调整；“十二五”期间，长虹又提出“三转型”的战略推进思路，即制造业转型、向服务业转型和国际化转型，为长虹实现千亿目标、实现价值、规模双增长提供了重要保障；2013年，长虹以拥抱互联网的态度和决心提出并发布了基于智能化、网络化、协同化维度的“新三坐标”智能战略，为消费者提供越来越智慧的终端及服务，并探索新的商业模式。正是有了如此强大的创新能力，长虹才不断地为消费者奉献精品产品，才拥有了今日的成就。

资料来源：http://group.changhong.com/xwzx_255/mtbd/201702/t20170217_66091.html.

品牌的自我保护

可口可乐（Coca-Cola）：口味还是老的好

可口可乐是美国具有百年历史的饮料。为了与百事可乐竞争，可口可乐于1985年4月23日宣布放弃传统配方，推出符合品牌消费者偏好口味的、更甜的“可口可乐1号”。百事可乐公司抓住这一机会，大力宣传：“大家知道，某种东西如果是好的就用不着改变它，百事可乐的成就迫使可口可乐出此下策。”

竞争对手的叫嚣并不可怕，可怕的是消费者对可口可乐的配方改变强烈不满。新可乐在上市4小时之内，就接到650个抗议电话；到5月中旬，可口可乐公司每天接到的批评电话多达5 000个；一些传统可乐的消费者还组成组织，准备在全国范围内抵制新可乐；就连可口可乐总裁的父亲也批评新可乐，并以不认儿子相威胁；各地的经销商纷纷要求销售传统可口可乐。在这种情况下，公司决定顺应顾客的传统习惯，恢复了原来的配方，这才解除了可口可乐的品牌危机。

资料来源：根据互联网公开信息改编。

一、品牌自我保护的概念

品牌自我保护，就是对品牌的所有人、合法使用人实行资格保护措施，以防范来自各方面的侵害和侵权行为。

假冒现象被一些经济学家称为“黑色经济”。目前，假冒商品已在世界某些地方形成了生产、运输、走私、批发、销售的严密网络。2019 年 3 月，欧盟知识产权局（EUIPO）及经济合作与发展组织（OECD）共同发布名为《假冒和盗版产品贸易趋势研究》（Trends in Trade in Counterfeit and Pirated Goods）的报告，该报告对全球贸易中假冒产品的价值、范围以及程度进行了量化分析。报告指出，全球贸易中的假冒产品问题已经变得越来越严重。全球的假冒及盗版产品的国际贸易额占世界贸易总额的 3.3%，较 2013 年（2.5%）明显增加。该报告还显示，越来越多的行业中发现了假冒产品，包括但不限于普通消费品（如鞋类、化妆品、玩具）、企业产品（如备件或化学品）、IT 产品（电话、电池）和奢侈品（时装或名牌手表）。同时，隐形眼镜、药品、婴儿配方奶粉等类型的假冒产品不断通过多种渠道进入市场，对消费者健康和安全造成了极大的危害。

假冒商品日益泛滥，成为我国经济生活中的一大“恶症”。假冒商品品种多、数量大，从生活日用品到生产资料，从一般商品到高档耐用消费品，从普通商品到高科技产品，从内销商品到外贸出口商品，假冒伪劣几乎无所不在，无所不有。其中又以制作容易、利润丰厚、销售快捷的假冒名烟、名酒和药品的问题最为严重，且假冒伪劣商品有向大商品和高科技产品方向发展的趋势。

二、品牌自我保护的步骤

（一）注册在先

树立一个牢固的品牌，商标保护至关重要。如果驰名商标不进行品牌保护的话，同样会面临被公众遗忘的危险。可口可乐能够经历百年长盛不衰，正是因为它的配方、商标、外观设计、包装技术、广告宣传的版权无一不受法律保护。然而，即使是非常重视品牌保护的可口可乐，也曾发生过著名的“诉‘百事可乐’侵权案”和“非常可乐事件”。由此可见，品牌保护是不容轻视的问题，要想保护自己的商标权益，首先要取得商标的专用权，其次要注意商标的类别组合注册，通过科学的组合注册，编织一张严密的保护网，确保他人难以“搭便车”获取利益。

商标权的取得并不是毫无限制的，我国在 2001 年修订《中华人民共和国商标法》（以下简称《商标法》）之前，采取的是严格的注册制度，即只有通过向工商局注册，才可以取得商标的专用权。修订之后，我国转为“以注册为主，兼顾使用在先”的原则。这一转变在某种程度上制止了恶意抢注现象。但这种保护毕竟只是一种手段，不是所有的注册商标都可以取得这样的保护，一旦出现商标权使用纠纷，商标使用人需要花大量精力来举证证明“使用在先”以及商标驰名程度，并且需经过法院的认定。所以，为了防患于未然，及时注册商标，防止他人的侵权行为才是明智之举。2019 年 4 月 23 日，第十三届全国人民代表大会常务委员会第十次会议通过了对《商标法》做出修改的决定。其中，第四条第一款修改为：“自然人、法人或者其他组织在生产经营活动中，对其商品或者服务需要取得商标专用权的，应当向商标局申请商标注册。不以使用为目的的恶意商标注册申请，应当予以驳回。”本次修改再次强调了商标注册应具有使用意图。

（二）制止混淆

制止混淆也是保护品牌的一个重要方面。根据《商标法》的规定，无论是在相同或者类似商品上复制、模仿或者翻译别人未在中国注册的商标，都是一种误导公众的行为。

品牌故事分享

《读者》品牌的自我保护

知名的杂志《读者》(如图 6－3 所示) 就曾遭遇过被人假冒商标的尴尬：海南出版社曾印刷《美文奇文妙文》和《红玫瑰》各一万套，销售额 18.36 万元。然而，海南出版社在这两套书的封面上重点突出“读者精华”四个字，而且极力模仿《读者》的装帧、排版风格，让购买者误认为是《读者》杂志的精华本。《读者》杂志依据当时的法律，向诉诸行政部门以求保护自己的利益。后来海南省工商认定：“读者”商标系《读者》杂志社在杂志上注册的商标，其商标专用权受法律保护，海南出版社违反了《商标法》的规定，属商标侵权行为。

图 6－3 《读者》杂志

资料来源：根据互联网公开信息改编。

在实践中，鉴于假冒、类似而被侵权的几乎都是驰名商标，《商标法》规定，驰名商标的保护范围已经不局限于一般的相同或类似商品，只要是可能造成对驰名商标的误认从而误导消费者的商标，驰名商标所有人都可以拿起法律的武器进行维权。

对于混淆的认定，随着社会的发展也越来越细化，介于侵权与非侵权之间的企业行为也越来越多。例如：荷兰著名的大型仓储式平价商场 makro（如图 6－4 所示），在中国落户时起了一个非常贴切响亮的名字——万客隆，并在中国取得了很大的成功。但是随之而来的就是各种各样的“客隆”遍地开花，“客隆”似乎也逐渐成为仓储式商场的代名词。还有些商标，和驰名商标也许称不上相同或者类似，但是消费者会觉得和原本的驰名商标有某种联系，因而会出于对原商标的信任和好奇而购买。对于这种情况，我们国家现行的法律是不认定为商标侵权的。但在有些国家，这种行为被认为是侵害了商标的正常权益，是一种侵权行为。

图 6－4　万客隆（makro）平价商场

品牌除商标外，另外一个重要组成部分是商号。由于商标和商号都有区分商品的功能，在某些情况下，商号（尤其是有名的字号）就难免发生与另一个企业的商标“撞车”的现象，在消费中引起混淆。特别是我国的企业注册实行的是分级注册制度，各个行政区独立注册，并通过企业名称的行政区划来识别，因此字号间也会出现相似的情况。一些不法分子则利用这种状况来打擦边球，以求非法牟利。1999 年，广东花都注册的一系列使用他人具有相当知名度的商标作为企业名称的情况被各大媒体曝光，这些商标包括先科、万利达、金正、步步高、新科等，其中万利达和新科已经认定为驰名商标。注册的企业名称为“花都万利达电子厂”“花都新科电子有限公司”等形式，让消费者普遍出现误认误购情况。对于这类商标和商号的冲突，一般是本着“保护在先”的原则，对不法者进行查处。

（三）预防反向假冒

除了商标、商号的混淆外，品牌保护还有一种值得被注意的商标侵权形式就是反向假冒。我国在1994年首例商标反向假冒案"'枫叶'诉'鳄鱼'案"后，引入了"反向假冒"这一概念，并由此成为知识产权领域争论的热点。1994年4月，取得新加坡鳄鱼公司内地销售权的北京同益公司在百盛购物中心设立专柜，与百盛购物中心联合销售鳄鱼牌及卡帝乐牌商品。同益公司工作人员将购买的北京市服装一厂生产的枫叶牌西裤的商标撤换为卡帝乐的商标，以高于原价198%的价格出售。

北京市服装一厂认为该行为侵犯其合法权益，遂将百盛购物中心、同益公司、鳄鱼公司及同益公司主管部门开发促进会作为被告，向北京市第一中级人民法院提起诉讼，要求被告人赔礼道歉、赔偿损失。此案由于案情新奇，法律适用困难，法学界对此发表了诸多观点，也致使此案几年悬而未决。1998年6月10日，北京市第一中级人民法院终于做出判决，依照《中华人民共和国民法通则》第四条、第一百三十四条第一款之第七、九、十项，以及《中华人民共和国反不正当竞争法》第二条之规定，判决被告——鳄鱼公司中国地区开发促进会代表其原下属企业同益公司赔礼道歉（同益公司已被注销），并赔偿原告损失。

如今，反向假冒已成为《商标法》规范中的重要内容。根据规定：未经注册商标人同意，更换其注册商标并将该更换商标的商品又投入市场的，属于侵犯注册商标专用权的行为。这一立法杜绝了有商业不良企图的人获得非正当利益的行为，对推动我国的品牌建设起到了至关重要的作用。

三、品牌自我保护的措施

品牌经营者致力于打造高知名度品牌，然而品牌的知名度越高，假冒者就越多，技术失窃的可能性也就越大，品牌搏杀竞争、品牌之间互相斗击、两败俱伤的现象也就越普遍，因此品牌经营者为使品牌健康成长，必须注意进行自我保护。

（一）让消费者识别品牌

当今社会，各种假品牌日益泛滥，已对各企业品牌造成极大的冲击，企业品牌经营者不能完全依靠政府提供保护，也不能静观消费者觉悟，而应该主动出击，做好防范工作，全力保护自身品牌。

1. 积极开发和应用专业防伪技术

有些品牌和包装的技术含量低，使制假者轻易伪冒，这是有些品牌的假冒伪劣产品屡禁不止的一个重要原因，所以必须采用高技术含量的防伪技术以有效保护企业品牌。

（1）防伪技术的概念、分类及技术类型。

防伪技术，是指能增加加工难度、降低制造仿真度的技术措施或手段。

防伪技术可以从不同角度进行分类。

一是从功能上分类，分为保真防伪和辨假防伪，也就是人们通常所说的积极防伪和消极防伪；

二是从应用领域分类，分为产品防伪、标识防伪、信息防伪；

三是从防伪技术使用与辨识的范围分类，分为公众防伪、专业防伪、特殊防伪。

防伪技术的主要类型包括：

一是物理学防伪技术，即应用物理学中结构、光、热、电、磁、声以及计算机辅助识别系统建立的防伪技术；

二是化学防伪技术，即在防伪标识中加入在一定条件下可引起化学反应的物质；

三是生物学防伪技术，即利用生物本身固有的特异性、标志性为防伪的措施；

四是多学科综合防伪技术，即综合利用两种或两种以上学科方法进行防伪。

（2）企业开发和应用防伪技术的有效途径。

一是企业自己独立开发和应用防伪技术；

二是企业与专门防伪技术部门合作开发和应用防伪技术；

三是企业直接向防伪专业部门定购已开发出的防伪技术产品。

不论哪种防伪方法，只要行之有效均可采用。采用现代高科技含量的防伪技术是有效保护品牌的重要手段，这要求企业品牌经营者们能够有清晰的认识、保持高度的警惕，综合运用多种高科技尖端技术，使一般人难以仿制。例如：娃哈哈纯净水就采用了电子印码、激光防伪、图案暗纹等多种防伪技术。事实上，世界上几乎所有的知名品牌都采用了各种防伪标志，对品牌保护起到了一定的积极作用。

然而，拥有防伪技术并不是万能的。有防伪技术，就会有反防伪技术、造假技术。我国产品市场上，防伪技术的应用比较混乱，防伪技术专业企业良莠不齐、管理失控，使这个本应具有严格保密措施的行业缺乏监控，许多防伪产品陷入了“防伪→假冒→再防伪→再假冒”的恶性循环，迫使一些企业频繁更换防伪标志，消费者难以鉴别、无所适从，监督部门也难以监督。所以，必须不断加强对防伪技术应用情况的监督和管理，使之真正成为防止假冒、保护名优产品的有力武器。同时，企业还应积极打假，把防伪与打假结合起来。

2. 运用法律武器参与打假

（1）提高认识，长期打假。假冒伪劣作为一种社会公害，是长期存在的，不可能一谈打假，假货就会退出市场。打击假冒伪劣绝对是一场长期的、持久的战斗，企业经营者要有长期作战的思想准备。

（2）多投入人力物力打假。云南玉溪卷烟厂生产的红塔山香烟，被称为“中国的万宝路”，深受消费者欢迎。但是，全国除西藏、新疆外，各地都发现了假冒的红塔山香烟。仅 1992 年 1 月至 11 月，该厂用于打假的费用就高达 500 万元。西安太阳食品集团公司生产的太阳牌锅巴曾经畅销全国，1990 年，该锅巴的产值已达 1.85 亿元，创利税 3 000 万元。然而，随着大量假冒太阳牌锅巴的出现，正宗太阳牌锅巴遭到严重冲击，每月销售量由 3 000 吨骤降至每月 300 吨。太阳食品集团公司为更新防伪技术，两年四次就耗资近

600 万元。所以，要打假就需要大量的资金投入。

(3) 成立打假办，有组织地进行打假。假冒伪劣历来都是一颗毒瘤，渗透在市场的每一个角落，若没有一定的机构和专门人员负责打假，其效果绝对大打折扣。鉴于此，我国许多知名企业都吸取了被假冒的经验教训，成立了专门打假机构，配备专职打假人员，积极参与打假，取得了显著成效。杭州娃哈哈集团公司为维护公司的商标权益和名誉，保护自己的名牌产品，于 1993 年 5 月成立了打假办公室，积极配合政府执法机关的打假工作，为公司挽回直接经济损失 320 万元。广东健力宝集团有限公司为了有效地做好反假防假工作，专门成立了缉查假冒产品办公室，公司副经理兼任办公室主任，另外还有 5 名专职人员，有效地打击了假冒健力宝的违法活动。

企业必须加强对知名品牌商标的管理，制定专门的商标管理制度，把商标管理纳入全面质量管理之中。对商标的使用、标识的印刷、出入库、废次标识的销毁等，企业都要进行严格管理。为了加强企业内部的商标管理，企业应设立科学的、完善的商标档案，设立专门的商标管理机构，配备熟悉商标知识和商标法规的管理人员，使他们成为品牌的捍卫者。

此外，还可以向消费者普及品牌的商品知识，以便让消费者了解正宗品牌的产品；与消费者结成联盟，协助有关部门打假，从而组成强大的社会监督和防护体系。

(二) 控制品牌机密

当今世界是信息的世界。美国著名作家阿尔文·托夫勒（Alvin Toffler）在《第三次浪潮》一书中曾说过，“谁掌握了信息，控制了网络，谁就拥有整个世界”。甚至可以说，信息是比资产更为重要的东西。在和平年代里，经济情报已成为商业间谍猎取的主要目标，这要求品牌经营者树立信息观念，保护自己品牌的秘密，防止丢失。

1. 要有保密意识

当今社会，各种间谍技术高超，信息手段发达，品牌秘密很难保住，稍不留神，就会给品牌造成不可估量的损失。

有时，重要信息的失窃是在没有保密意识下的不自觉行为造成的。20 世纪 80 年代末，我国成功地发射了一枚一箭多弹火箭，在国际上引起了巨大反响。国外情报部门纷纷指派情报人员搜集相关资料。正在情报人员一筹莫展之时，我国有位工程师在某全国大报上发表文章，详细介绍了这次发射情况，情报间谍们大喜过望，不费吹灰之力就获得了有关资料。

拥有高度的保密意识可以帮助企业迅速成长。旭日升冰茶的配方就保存得异常完好。河北旭日集团由一家乡镇小企业跃升为中国茶饮料的领头羊，秘诀就是其生产的旭日升茶饮料系列口味独特。针对《中华人民共和国专利法》的年限规定，旭日集团并没有申请产品专利，而是采取所有员工只了解部分工序，配方锁在公司保险库内，钥匙由两人分管等措施，使该品牌配方得以保存。也正因为此，旭日升系列茶饮料才能在中国饮料行业中异军突起，成为20世纪90年代茶饮料企业的明星。

2. 谢绝技术参观和考察

调查显示：在世界上，每一项新技术、新发明，都有40%左右的内容是通过各种情报手段获得的，而许多经济间谍正是打着参观的幌子盗取情报，所以，品牌经营者有必要谢绝技术性参观和考察。

对于无法谢绝的参观，各企业通常需要专人陪同进行监视，防止技术秘密外泄。一次，一批日本客人到法国一家著名的照相器材厂参观，在观看一种新的显影溶液时，一位客人俯身靠近盛溶液的器皿。精明的陪同人员发现，这个日本人的长领带已沾到了溶液，马上向一位服务员吩咐了一番，当那个日本人走到实验室门口时，服务员马上走到他跟前说："先生，您的领带脏了，请换条新的。"随后递上一条崭新的领带，保住了新型显影溶液的配方。

3. 严防"家贼"

正所谓"明枪易躲，暗箭难防"，品牌的失密常常是自家人所为。"家贼"又可分为两种：一种是竞争对手派来卧底的，另一种则原来是本企业的技术人员，为了更高待遇而跳槽到竞争对手那里。针对这两种情况，必须严格限制接触品牌秘密的人员范围。

（三）避免互相杀戮

随着经济的发展和市场的繁荣，品牌之间的竞争日益激烈。竞争自然是无可避免的，但要以正当竞争手段为前提，坚决避免品牌之间的互相杀戮。

1. 切忌价格战

价格是商品价值的货币表现形式，消费者常以价格的高低来判断商品质量的好坏。降价是一项极为有效的促销手段，可以增加企业产品的销售，我国的民族企业更是把它作为"杀手锏"来用。例如：格兰仕通过几乎每日的降价，"清洗"整个微波炉市场；联想集团、清华紫光用降价占领笔记本电脑市场；国美的发展壮大也是靠价格取胜的。然而价格绝不是万能工具，它极易破坏消费者的品牌忠诚，也会使品牌经营者受到巨大损失。

1992年的中原商战最后演变为降价大比武，先是紫荆商场推出"同类商品全市最低价格"，随后，商城大厦把价格降到最低，华联、商业大厦也加入战团，亚细亚更是宣称"只要你比我价格低我就还降价"。由此，郑州陷入了前所未有的大战，其结果是各商场利润下降，名誉受损，若不是后来商家们醒悟过来，恐怕得全军覆没。

2. 切忌互相攻击

品牌经营者们在激烈的市场竞争当中不应攻击竞争品牌，更不能互相诋毁，否则容易两败俱伤，成了搬起石头砸自己的脚。

前些年，麦当劳快餐店曾在荷兰各地推出一系列促销广告，其中一则广告上醒目地写着“不！不！不要吃中国餐!”，这一广告立刻引起荷兰华人社团的严重抗议，他们与法律顾问取得联系，准备诉诸法律，这一攻击行为导致麦当劳的形象和声誉都受到了严重的损害。

（四）保护品牌形象

品牌形象很重要，维护固定的品牌形象也往往没有错，然而在许多情况下，品牌的衰落是由于消费者的喜好、习惯发生了变化，而产品未能及时地、与之相适应地跟着改变。企业一味固守原有的经营观念，将造成无可挽回的损失。

美国一家救护公司，一直奉行“态度诚实、可靠服务”的宗旨，并把这四个词的英文开头字母“AIDS”印在救护车上，声誉很好。后来情况却急转而下，许多患者拒绝乘坐，连小孩都经常向救护车扔石头、吐唾沫，导致公司的生意日益冷清、名声衰落。后来，该公司发现造成这种情况的原因其实很简单：艾滋病的英文缩写恰巧也是“AIDS”，公众以为该车是运送艾滋病人的车。后来，公司去掉了“AIDS”的英文缩写才逐渐恢复了自己的声誉，结束了经营惨淡的局面。

提起品牌产品的质量，许多企业认为，产品自然是越坚固耐用越好。然而事实并非如此，可以试想，如果服装都坚固耐用犹如钢铁，十几年不坏，那消费者是否还要买新时装？企业若因循守旧，不随时代进步而变化，自然会在市场竞争中败下阵来。

四、品牌自我保护的意义

品牌作为企业的重要资产，其市场竞争力和价值来之不易。但是，市场不是一成不变的，因此需要企业持续不断地对品牌进行维护。品牌自我保护的意义如下：

（一）有利于巩固品牌的市场地位

企业品牌在竞争市场中的知名度、美誉度下降以及销售、市场占有率降低等品牌失落现象被称为“品牌老化”。任何品牌都存在老化的可能，尤其是在当今市场竞争如此激烈的情况下，不断对品牌进行维护，是避免品牌老化的重要手段。

（二）有利于保持和增强品牌生命力

品牌的生命力取决于消费者的需求。如果品牌能够满足消费者不断变化的需求，那么，这个品牌就在竞争市场上具有旺盛的生命力，反之就可能品牌老化。因此，不断对品牌进行维护以满足市场和消费者的需求是很有必要的。

（三）有利于预防和化解危机

市场风云变幻，消费者的维权意识也在不断增高，品牌面临来自各方面的挑战。一旦企业没有预测到危机的来临，或者没有应对危机的策略，就会面临极大的危险。

品牌的自我保护要求品牌产品或服务的质量不断提升，可以有效地防范由内部原因造成的品牌危机，同时加强品牌的核心价值。理性的品牌延伸和品牌扩张，有利于降低危机发生后的波及风险。

（四）有利于抵御竞争品牌

在市场竞争中，竞争品牌的市场表现将直接影响企业品牌的价值。不断对品牌进行维护，能够使品牌在市场中保持竞争力。同时，对于假冒品牌也会起到一定的抵御作用。

训练营

【训练任务】

品牌的自我保护训练。

【训练目标】

帮助学生在实践中进行品牌的自我保护。

【任务要求】

1. 由授课老师主持训练。
2. 如全班48人，自由分组，形成6组。
3. 小组成员讨论品牌自我保护的概念、品牌自我保护的步骤、品牌自我保护的措施、品牌自我保护的意义。
4. 每组安排一名同学负责记录、汇总。
5. 活动结束后，要求每组选出一名代表在课堂上汇报讨论的心得。
6. 准备时间为10分钟。

【任务组织】

任务组织如表6-3所示。

表6-3　品牌的自我保护训练任务组织表

活动项目	具体实施	时间	备注
品牌的自我保护训练	1. 如全班48人，自由分组，形成6组。 2. 小组成员讨论品牌自我保护的概念、品牌自我保护的步骤、品牌自我保护的措施、品牌自我保护的意义。 3. 6个小组在教师的指导下，同时进行讨论。 4. 组织学生讨论品牌的自我保护训练过程中遇到的问题。	30分钟	教室中每组一桌八椅

【任务评价】

任务评价如表6-4所示。

表 6-4 品牌的自我保护训练任务评价表

评价指标	评价标准	分值（100分）	评估成绩	权重
品牌的自我保护训练效果	1. 理解品牌自我保护的概念、品牌自我保护的步骤、品牌自我保护的措施、品牌自我保护的意义。	20		70%
	2. 能识别品牌的自我保护训练易犯错误。	20		
	3. 能灵活运用品牌的自我保护训练的应对策略。	20		
	4. 遵守活动时间。	10		
	5. 讨论积极。	10		
	6. 效果明显。	10		
	7. 汇报得当。	10		
教学过程	出勤、态度和热情	100		30%
小组综合得分				

超链接

妙用沟通——通用汽车（GM）的博客公关

通用汽车为了影响大众传媒对自身的报道，通过公关公司设立了专门的博客网站，让主流媒体记者在搜集信息时，可以获得有利于企业的资讯。

通用汽车的FastLane博客是最受欢迎的企业博客之一，通用北美公共关系副总裁盖瑞·葛雷特斯（Gary Grates）曾经这样回忆FastLane博客的诞生："鲍勃·鲁兹(Bob Lutz)，我们73岁的副主席，在一次坐飞机从欧洲回来时，看到一些博客有关于通用的帖子。他打算回应其中一些问题。他说：'可是我要怎么回应呢?'"这句话成了通用汽车FastLane的起点。2005年年初，通用公关部门的技术人员将鲁兹所写的关于新"土星"车型设计的文章输入一个可供阅读的模板中，FastLane就这样诞生了。

FastLane由汽车业传奇人物、通用汽车副总裁鲁兹主笔，话题集中在汽车设计、新产品、企业战略等方面。博客的日浏览量近5 000人，对每个话题的评论都有60到100条。消费者、行业分析人士、传统媒体都给予FastLane博客很高的评价。通用汽车是唯一一家愿意让消费者公开反馈意见的汽车公司，此举为通用汽车获得了极高的声誉。

2005年年初，通用汽车因为一篇报道，撤销了在《洛杉矶时报》的广告投入，这件事引起了很多负面评论。通用汽车就通过FastLane博客直接与消费者沟通，真诚表达自己的看法和意见，有效、漂亮地处理了这次危机，维护了通用汽车的品牌，赢得了消费者的理解和尊重。这个事件很好地体现了博客公关、处理危机的效果。实践证明，通用汽车的FastLane是一个以博客形式提升企业声誉和进行公关的良好渠道。

这个案例很好地体现了博客公关的成果。博客，在需要的时候，或许是一个最好的直接与受众沟通的渠道。对于汽车企业来说，没有比网络更有效的沟通渠道。有调查显示，76%的车主在购车前曾浏览汽车企业的网站，67%的人会浏览第三方网站查看相关的评论。

资料来源：根据互联网公开信息改编。

品牌的社会责任维护

德国拜耳（Bayer）的社会责任

德国拜耳（如图6-5所示）的理念是，不满足于单纯经济上的成功，而是希望更好地实现企业的社会价值，从而支撑起品牌的长久发展。拜耳坚信：始终保持高度的社会责任感有助于提高企业市场地位，并最终创造出更多的价值，将企业社会责任融入企业战略之中，并以战略性的高度将其付诸实施，这就是公司推行社会责任策略并由此获益的秘诀。正是这样的理念升华了拜耳的品牌价值，使它不仅是一个蕴涵科技属性的产品品牌，更是一个充满社会责任和文化内涵的精神品牌。

图6-5　德国拜耳标志图

资料来源：根据互联网公开信息改编。

一、品牌社会责任的概念

品牌社会责任的概念最早产生于英国，其主要观点是，主动承担社会责任来完成品牌营销的使命，是品牌打造的更高阶段和最前沿手段。

品牌社会责任的体现离不开其产品质量及服务质量的提高，也离不开品牌传播力度。社会责任将成为品牌的下一个争夺空间：永远不做大众，而要引领大众；不一样的价值观，才能成就不一样的品牌和非同凡响的企业。

二、品牌社会责任维护的相关事件

2006年在英国举行的一项针对品牌社会责任的消费者调查显示，麦当劳(McDonald's，如图6-6所示）由于被指提供“垃圾食品”，而成为英国消费者心中“最没有道德”的品牌。2007年，中国企业家调查系统公布的对4 586位企业经营者问卷调查结果表明，在企业经营者看来，企业履行社会责任首要动因是“提升企业品牌形象”，选择比重为71.3%，高于“为社会发展做贡献”和“更好地创造利润”等选项。任何一个不断成长的企业，都会强烈地感受到社会责任的推动力。唯有重视社会责任感，才会逐渐锻造出高质量的品牌，并使品牌走向世界而立于不败。社会责任感是企业不懈的动力，品牌不仅要为企业负责，更要为企业所在的社区、所在的国家以至全球负责。

图6-6　麦当劳的广告

21世纪的品牌营销是文化、价值和情感的营销。节能环保、人文关爱等价值观可以给人们带来精神上的巨大满足感，所以说，借助企业社会责任的品牌营销是最高级的营销，因为如果它直击人们的心灵，让受众产生情感上的依赖，那么这个品牌就可以建立起消费者忠诚，这是任何一个品牌都梦寐以求的目标。如今，企业竞争已从单纯的价格、质量和服务竞争转化为具有深厚文化内涵的品牌竞争。通过品牌背后富含社会责任的企业文化，赢得消费者对品牌的认同，已成为一种深层次、高水平和智慧型的竞争选择。我们期望企业在提升品牌影响力的进程中履行企业社会责任，在承担企业社会责任的过程中提升品牌影响力。

美国的家用清洁剂品牌美则（Method）一直以来提倡“让清洁用品不只是天然，更是时尚艺术品”，品牌的两位创始人——艾瑞克·莱恩（Eric Ryan）和亚当·劳瑞（Adam Lowry）——把握住人们的绿色健康生活和审美升级两大趋势，用“环保”“设计”两大理念迎战他们眼中的“黑心”产品，不仅为品牌收获了社会赞誉，更让品牌成为引领人们生活方式的旗帜。

可口可乐也正因为长期秉承责任理念，品牌形象深入人心。可口可乐公司的一位行政总裁早在1967年就大胆断言："假如可口可乐的所有工厂在一夜之间被大火全部烧毁，它也能一夜之间起死回生，这就是可口可乐的品牌形象所体现出来的实力。"这就是品牌社会责任的魅力所在。

三、品牌社会责任维护的影响

社会对企业公民、企业责任的呼声越来越高，消费者对企业社会责任和企业公众形象越来越重视，企业对其社会责任的履行状况也日益成为消费者评价一个品牌好坏的重要标准。由于市场上同质化的产品越来越多，企业的营销手段、营销水平常常难分伯仲，消费者在评价品牌并选购其产品时，企业的社会责任往往显得更加重要。

【训练任务】

品牌的社会责任维护训练。

【训练目标】

帮助学生在实践中掌握品牌的社会责任维护。

【任务要求】

1. 由授课老师主持训练。
2. 如全班48人，自由分组，形成6组。
3. 小组成员讨论品牌社会责任的概念、品牌社会责任维护的相关事件、品牌社会责任维护的影响。
4. 每组安排一名同学负责记录、汇总。
5. 活动结束后，要求每组选出一名代表在课堂上汇报讨论的心得。
6. 准备时间为10分钟。

【任务组织】

任务组织如表6-5所示。

表6-5　　品牌的社会责任维护训练任务组织表

活动项目	具体实施	时间	备注
品牌的社会责任维护训练	1. 如全班48人，自由分组，形成6组。 2. 小组成员讨论品牌社会责任的概念、品牌社会责任维护的相关事件、品牌社会责任维护的影响。 3. 6个小组在教师的指导下，同时进行讨论。 4. 组织学生讨论品牌的社会责任维护训练过程中遇到的问题。	30分钟	教室中每组一桌八椅

【任务评价】

任务评价如表6-6所示。

表6-6 品牌的社会责任维护训练任务评价表

评价指标	评价标准	分值（100分）	评估成绩	权重
品牌的社会责任维护训练效果	1. 理解品牌社会责任的概念、品牌社会责任维护的相关事件、品牌社会责任维护的影响。	20		70%
	2. 能识别品牌的社会责任维护训练易犯错误。	20		
	3. 能灵活运用品牌的社会责任维护训练的应对策略。	20		
	4. 遵守活动时间。	10		
	5. 讨论积极。	10		
	6. 效果明显。	10		
	7. 汇报得当。	10		
教学过程	出勤、态度和热情	100		30%
小组综合得分				

超链接

百事可乐（Pepsi-Cola）兑奖风波

1999年10月7日，一消费者在海口新世界购物中心参加百事可乐举办的有奖促销活动中获得一把折叠伞。但是百事可乐促销人员非但没给这位消费者兑现奖品，还与之发生了冲突。该消费者在《海口晚报》将此事予以曝光，新世界购物中心因此也受到牵连。

事件发生后，新世界购物中心十分重视并采取相应措施：(1) 向消费者道歉；(2) 处理事件涉及人员；(3) 致函百事可乐公司，敦促其及时兑现奖品，并在媒体向消费者和新世界购物中心道歉，澄清事实。

百事可乐广州公司对此也极为重视，专门派出一名高级公关经理赴海口处理此事：为消费者兑现奖品，并当面道歉；向当地有关媒体人员澄清事实，以求得媒体的谅解与支持，还特意给《海口晚报》写了一封感谢信。

但对于同是受害者的新世界购物中心，百事可乐广州公司却缺乏相应的安抚措施，令其极为不满。在新世界购物中心的一再要求下，百事可乐广州公司才寄去感谢信，表示尊重和歉意。

资料来源：根据互联网公开信息改编。

任务四 品牌的危机管理

《扁鹊见蔡桓公》中的危机意识

相信大家都熟悉《扁鹊见蔡桓公》的故事——

扁鹊见蔡桓公，立有间，扁鹊曰："君有疾在腠理，不治将恐深。"桓侯曰："寡人无疾。"扁鹊出，桓侯曰："医之好治不病以为功。"居十日，扁鹊复见，曰："君之病在肌肤，不治将益深。"桓侯不应。扁鹊出，桓侯又不悦。居十日，扁鹊复见，曰："君之病在肠胃，不治将益深。"桓侯又不应。扁鹊出，桓侯又不悦。居十日，扁鹊望桓侯而还走。桓侯故使人问之。扁鹊曰："疾在腠理，汤熨之所及也；在肌肤，针石之所及也；在肠胃，火齐之所及也；在骨髓，司命之所属，无奈何也。今在骨髓，臣是以无请也。"居五日，桓侯体痛，使人索扁鹊，已逃秦矣。桓侯遂死。

蔡桓公死亡的主要原因在于其没有危机意识，扁鹊多次提醒，其无动于衷。而具体到企业管理，也要树立危机意识：危机是不可避免的。

资料来源：根据互联网公开信息改编。

一、品牌危机管理概述

危机管理最早由史蒂文·芬克（Steven Fink）提出。危机管理在我国起步较晚，20世纪90年代才开始传入。目前，对企业进行危机管理已经是相当一部分企业的共识。海尔、华为等一些企业就很重视危机管理。品牌作为企业的一项无形资产，如何不让危机波及企业的品牌？这就涉及危机中的品牌管理。品牌危机管理，即企业在发生危机时对企业的品牌进行管理，让品牌资产保值增值。

张瑞敏曾经说过：永远战战兢兢，永远如履薄冰。比尔·盖茨（Bill Gates）也说：微软离破产永远只有十八个月。没有危机意识的个人，将随时面临困难；没有危机意识的企业，将随时面临经营的困境。正因为战战兢兢、如履薄冰，才成就了今日的海尔；正因为"十八个月破产临期"的观念，才缔造了微软巨大的电子帝国。

不仅企业的领导要具有危机意识，企业所有的员工也要具备这样的意识。企业里的任何一名员工都可能因失误或失职而令整个公司陷入危机，例如：生产车间的工作人员因失误少装了一颗螺丝，而影响产品的使用安全，给消费者造成伤害；终端销售人员夸大产品的功效，造成了消费者对公司的不信任，甚至告上法庭等。要想杜绝这种事情的发生，必须培养员工的忧患意识，让员工知道，他们的一言一行都代表着公司的形象，都会影响公众对公司的看法和印象。

二、品牌危机管理预警系统

虽然无法预见品牌危机会在何时何地发生，但其发生是必然的。有汽车就该想到会有交通事故发生，有水就该想到会淹死人，农民应该想到天灾，经营者就要想到各种可能损害企业的不利因素。预见品牌危机的价值在于，它为预防、避免品牌危机，化解品牌危机做了必要的准备。没有预见，就无法预警。要确保品牌延续，就要有风险意识。正如古人所说："思其所以危，则安矣；思其所以乱，则治矣；思其所以亡，则存矣。"

品牌危机管理的预警系统应包括四个方面：

（一）组建危机管理小组

组建一个由较高专业素质和较高领导职位的人士组成的品牌危机管理小组，制定和审核品牌危机处理方案，清理品牌危机险情，一旦发生品牌危机，及时进行处理，减少危机对品牌乃至整个企业的危害。

（二）建立信息监测系统

建立高度灵敏、准确的信息监测系统，及时收集相关信息并加以分析、研究和处理，查漏补缺，全面清晰地预测各种品牌危机情况，及早发现和捕捉品牌危机征兆，为处理潜在品牌危机制定对策方案，尽可能确保品牌危机不发生。

（三）建立诊断制度

建立品牌自我诊断制度，从不同层面、不同角度进行检查、剖析和评价，找出薄弱环节，及时采取必要措施予以纠正，从根本上减少乃至消除发生品牌危机的诱因。

（四）开展教育培训

开展员工品牌危机管理教育和培训，增强全体员工品牌危机管理的意识和技能，一旦品牌危机发生，员工要具备较强的心理承受能力和应变能力。

三、品牌危机公关方略

品牌危机一旦发生，就要遵循品牌危机管理纲要，在企业、受害者和社会公众三方面利益协调一致的前提下，为企业制造舆论、恢复声誉和形象。可以说，危机公关的成败很大程度是源于危机公关传播是否成功。危机发生之后，最迫切的任务就是表明企业的立场，通过传播媒介来阐明企业对于危机事件的基本态度与原则，表达企业对于危机事件的关注。有效的危机公关传播，应该遵循“以人为本”的基本企业原则，坦诚承认自己的错误，虚心接受公众的批评，并采取积极的挽救或改进措施，达到企业、受害者和社会公众的沟通理解，化解彼此间的误解或敌意，再建立起企业与公众之间的信任关系。

品牌危机公关方略主要有以下七个方面：

（一）企业高层管理人员出面

危机公关传播的主角应该按照危机的影响程度和范围来确定。一般是选择与危机影响相适应的管理层出面处理，往往越是高层管理人员出面，对于危机的消除益处越明显。企业应该在日常危机预防工作中，明确各种层次的危机应对方案，这样在应对危机时的策略就会有针对性。因而，设立应付危机的常设机构——危机管理小组就是非常有必要的，它可以由以下人员组成：企业领导人、公关专业工作人员、生产与品质保证人员、销售人员、人事内勤人员、消费者热线接待人员等。危机管理小组应保持独立的、具有足够权威的发言权，同时应保证畅通的联系渠道，使公关信息在企业内部传达顺利，尤其是要指定一位熟悉企业实际情况并对公共关系工作运用老练的管理层人士作为企业危机公关的新闻发言人。危机来临时，企业内部很容易陷入信息交杂的状态，不利于形成有效的危机传播，因而形成一个统一的对外传播声音是十分必要的。只有经过企业授权的发言人所发出的声音才是企业的最终决定，才是向新闻媒体公开的内容，其他人不能随意代表企业发表意见，只能维护、服从新闻代言人的权威。危机管理小组日常应考虑的问题是：组织危机应变能力如何；最有可能产生的危机内容有哪些，是否有相应的准备；如果所预测的危机爆发，具体的应对措施与程序如何等。这样，一个简单的顾客投诉，完全可以交给各职能部门处理，例如：顾客投诉产品有不影响正常使用的小缺陷，就可以派一个工作人员予以赔礼道歉，并及时更换以解决问题，不用过分兴师动众；但如果事情趋于恶化，影响范围扩大，就要有高层出面了。

品牌故事分享

可口可乐中毒事件

1999 年在比利时发生的可口可乐中毒事件的危机公关中，可口可乐公司派出了以行政总裁华莱士为首的公关团队来应付危机局面。在新闻发布活动中，高层人物的出面会加强媒体和公众对于企业负责任态度的好感，同时易于在危机尚未恶化的情况下做出表态承诺，改变事态发展方向。

对于企业来说，管理高层人物的出面，将会使品牌危机公关传播的效应更加卓越，对危机处理进程起着关键的推动作用，这是企业组建危机管理机构应该考虑的。

资料来源：根据互联网公开信息改编。

（二）开展有针对性的传播

企业一定要搞清楚危机传播的对象，开展有针对性的传播，使传播效用发挥到最大。危机发生后，最关注企业应对举措的不外乎是这几类群体：受害者、新闻媒体、竞争对手、社会公众。受害者是危机的直接受伤害者，对于企业给予一个明确回应的期望值最高，因为企业的态度将直接关系到他们的利益。受害者会积极地关注企业公关的每一个举措，并会对外发表自己的评价。信息社会里的一个必然现象就是，新闻媒体在社会中的地位和作用日趋重要，它们对于企业的评判往往会左右社会舆论，关系企业的声誉和品牌形象。在我国，新闻媒体会比企业更关心危机进程，也有媒体会提供应对措施给企业；同时，新闻媒体往往倾向于保护弱者，这无形中加大了企业危机管理的难度。另外，新闻媒体对于企业危机的敏锐反应和过度关注，可能会导致报道的失真或非理性化，因而能否争取到新闻媒体的真实客观报道，就是危机公关的第一道难题。与新闻媒体的关系处理绝不是一件一蹴而就的事，加强日常的情感联络是非常必要的，这样也有利于企业及早发现投诉事件的苗头，杜绝不利信息在新闻媒体中的传播，而不是在危机来临时才想起。对于竞争对手来说，危机的来临给其一个难得的市场进攻机会，可借机提高自己的影响力。

品牌故事分享

康泰克的危机公关

1996年，耶鲁大学的一个医学研究小组发现：过量服用苯丙醇胺（PPA）会使患者血压升高、肾功能衰竭、心律失常，严重者可导致因中风、心脏病而丧生。随即，该小组向美国药品和食品管理局提出了禁止使用PPA的建议。2000年11月，我国药品监督管理局发布了《关于暂停使用和销售含苯丙醇胺的药品制剂的通知》，其中包括中美史克的两个主打产品——康泰克（如图6-7所示）和康得。在这之前的11年，康泰克的销量达到了51亿粒，占据感冒药（非处方药）市场份额的40%。

PPA风波给康泰克带来的是致命打击。社会大众作为企业的外部公众，是企业生产、销售、公关的现有或潜在的对象，对企业会有无形的压力。危机也许只直接影响很少的一部分人，但是会影响所有潜在的消费者——他们会据此重新判断企业产品或服务的价值问题。企业要注意争取社会公众的理解、支持与信任，防止社会信任的丧失，这就意味着企业要积极主动地做出某种表示或说明来挽救品牌声誉。其中应特别引起重视的是政府机构的作用，尤其是某些行业管理部门对于企业的评价，往往具有起死回生的力量。例如：康泰克的危机完全来自政府，就是一纸禁令让一个品牌葬送了多年苦心经营的巨大市场。因而，向政府机构开展公关，让政府了解企业的难处，寻求其支持，是非常重要的。又如：面对政府根治白色污染的举措，康师傅方便面的碗面生产受到极大的冲击，向政府部门申诉成为康师傅公关的重点。

事实上，应对危机的一个关键也是争取权威机构的鉴定支持，他们的结论往往是公正评判的最终依据。

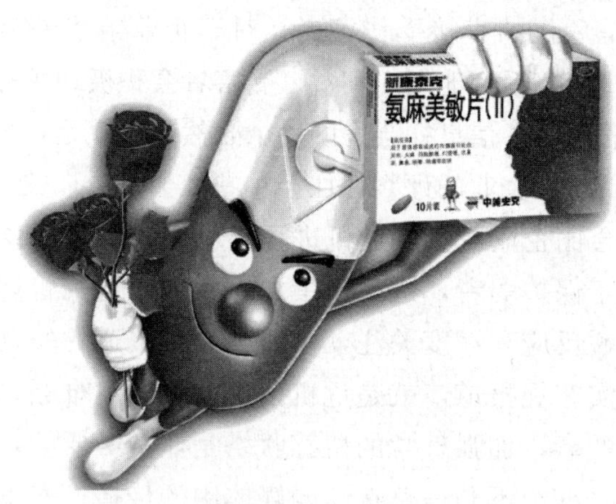

图 6-7　新康泰克

资料来源：根据互联网公开信息改编。

（三）准确选择公关传播的时机

危机公关的传播应该是迅速而准确的，这就有了两种时间选择：危机发生的第一时间和危机真相大白的时候。危机发生后，企业要以最快速度做出自己的判断，给危机事件定性，确定企业公关的原则立场、方案与程序；及时对危机事件的受害者予以安抚，避免事态的恶化；同时在最短时间内把企业已经掌握的危机概况和企业危机管理举措向新闻媒体做简短说明，阐明企业立场与态度，争取媒体的信任与支持。这里要避免一个误区：在真相大白之前，尽量避免接见媒体。其实，就算企业不接触媒体，媒体也会推测种种理由，国内不少危机的升级正是没有及时控制不利信息传播的结果。不要试图隐瞒，这样只会使事情越来越糟糕，不如及时与媒体接触，争取他们的客观、真实报道。重视危机管理的企业往往会及时设置危机信息传播热线，保证企业内部信息的畅通，回答消费者的质疑，为新闻媒体提供素材，发挥信息枢纽的作用。

品牌故事分享

中美史克的危机公关措施

康泰克被禁后，中美史克专门开通了800免费电话，为关心事件进展的人们解疑，取得了良好的传播、沟通效果。当危机来龙去脉全部搞清楚之后，企业最好要组织一次大规模的新闻发布会，把危机真相和最终结果汇报给公众，为危机公关圆满地画上句号。其实，很多危机风波最终不了了之，实在是不明智的，这样不但无益于品牌形象的恢复，反而会削弱品牌声誉。例如：2000年5月，因笔记本电脑软件有瑕疵，日本东芝公司向美国用户赔偿10.5亿美元，但使用同产品的中国用户却没有享受到同等待遇，引起中国各界强烈不满。这一风波在新闻媒体渐渐失去关注兴趣后，危机似乎远离了，但东芝以前的市场地位已无法挽回。

资料来源：根据互联网公开信息改编。

千万不要忘记，危机公关的一个重要原则：开诚布公。企业危机公关会伴随着种种猜疑而艰难地进行，企业要及时地把最新情况与进展通报给媒体，也可以设立专门的信息沟通渠道，方便新闻媒体和社会公众的探询，为真相大白做铺垫。

（四）尽可能选择广泛的传播渠道

危机信息的传播不外乎以下几种渠道：广播电视、报纸杂志、互联网、人际传播。企业也许无法控制人际传播，但完全可以通过公关活动影响大众传播媒介。

伴随着互联网的发展，网络新闻的影响逐步从虚拟走向现实，而且有着无法预测和难以控制的特点，东芝笔记本电脑危机就是从网上蔓延开来的。因此，企业也要注意监测和利用这条渠道。

值得注意的是，受害者的投诉反映和新闻媒体的人为炒作会导致危机的逐步升级。因而，危机公关传播应该注意，要及时地、有针对性地占领这些传播渠道，使危机信息的传播负面效应降到最低。

（五）高姿态承担责任

危机发生后，公众都是在等待企业的表态——是否愿意承认错误、是否愿意承担责任、是否愿意改进等，这些应该成为企业危机公关传播的核心内容。实际上，危机公关正是通过这些积极的努力来赢得消费者的谅解与信任。有一种观点认为：危机公关是良心的公关，是基于企业经营理念的公关。要进行有效的危机公关传播，花言巧语是没有用的，公众也不需要企业的“花样表演”，需要的是企业真诚的行动。行动是最关键的，不妨把企业的危机公关进程向公众说明，并在实施过程中切实地体现出来。危机公关要杜绝本末倒置、隔靴搔痒的现象，而是把事情的本源与企业最真诚的一面如实展现出来，“用我真心换你真心”，才是公关活动的本质。

品牌故事分享

日本航空危机事件的启示

在某一次日本航空危机事件中，日方几次出具调查报告，但一直对事实真相遮遮掩掩，并缺乏实质性的赔偿或赔礼道歉的条款与行动，引起中国消费者的极大愤慨。一起简单的投诉事件最终进入了没完没了的法律诉讼程序，这不能不说是危机公关的失败。其中一个原因在于，日本航空公司没有了解中国消费者的内在需求——赔礼道歉与赔偿，以及航空公司自身并没有认识到自己的错误，而是一味地推卸责任。除了了解消费者的内在需求，危机公关也要重塑良好的企业形象。公关危机的出现会使企业的形象受到不同程度的损害，虽然通过公关，危机得到了妥善处理，但并不等于企业的形象危机已经解除，企业还必须经过可能很漫长的时间才能彻底恢复和重建良好的公众形象。

资料来源：根据互联网公开信息改编。

企业要针对企业形象受损的内容和程度，重点开展弥补形象缺陷的公关关系活动，向公众进行有针对性的开放，欢迎公众参观和了解，告诉公众企业新的工作进展和经营状态，以过硬的产品质量和一流的服务重新征服公众。只有当良好的企业形象重新建立时，危机公关才能说是圆满完成。

（六）坦诚地自曝危机真相

对于品牌危机的产生，为了企业的长远发展，企业要思考原因，同样公众也会探究其缘由，双方关注的焦点都在于危机的源头。这是个敏感问题，企业往往会避而不谈，其实这种想法是错误的，与其掩耳盗铃，还不如大白真相，展现出企业的真诚。危机消除后，企业要善于通过新闻媒体把问题公开，是自己的责任，应当勇于向社会承认；如果是别人故意陷害，则应通过各种手段澄清。最重要的是，企业要随时向新闻界说明事态的发展及澄清无事实根据的小道消息及流言蜚语。企业坦诚的结果不仅不会是消费者的背离，反而让关心企业发展的人消除顾虑，重新建立对企业的信心，为企业赢得更多的好口碑。

可口可乐在比利时危机事件处理时，明确承认产品质量事故是车间隔离材料的问题和现场管理不严格的结果。在坦白了过错之后，可口可乐依然畅销于欧洲。

“人非圣贤，孰能无过”，企业也一样。我们不能避免工作可能产生的失误，但要敢于面对失误，分析原因、寻找差距并及时改进，这是企业最基本的经营理念。

（七）重视信息传播的主渠道

把企业的观点表达出去，通过什么渠道和以什么方式最合适呢？对于企业来说，危机发生后制定危机问题管理方案是个紧急任务，有效的危机管理可以防止危机的进一步蔓延。因而，企业应对危机时应首先考虑以下几个方面：检查所有可能造成公司与社会摩擦的问题或趋势；确定需要应对的具体问题；预计这些问题对公司的生存与发展的潜在影响；确定公司对各种问题的应对态度；决定对一些需要解决的问题采取的行动方针；实施具体的解决方案和行动计划；不断监控行动结果，获取反馈信息，根据需要修正具体方案。其中，最重要的就是把企业的努力传达出去，利用新闻媒体的客观报道影响更多人。企业要重视这条信息传播的主渠道，要善于开展记者公关。

品牌故事分享

麦当劳的公关方略

麦当劳在中国曾发生过几次品牌公关危机，但每次都能以最快速度搜索一切与危机有关的信息并挑选一个可靠的、有经验的发言人，将有关情况告知社会公众。通过举办新闻发布会或记者招待会，麦当劳会向公众说明真相以及正在进行补救的措施，做好与新闻媒介的联系使其及时准确报道，以此去影响公众、引导舆论，使不正确的、消极的公众反映和社会舆论转化为正确的、积极的公众反映和社会舆论，并使观望怀疑者消除疑虑，成为其忠实支持者。而当与当事者出现分歧、矛盾、误解甚至对立时，麦当劳也能够本着以诚相待、先利他人的原则，运用协商对话的方式，认真倾听和考虑对方意见，化解积怨、消除隔阂。

资料来源：根据互联网公开信息改编。

实际上，很多企业会犯的一个错误是：当媒体站在受害者的一方时，企业会采取对立的态度，而采用这一方式最终受伤害的只能是企业自身。如果条件成熟，企业可以邀请消费者代表赴企业参观，尤其是那些企业的忠实消费者，让企业用自身实力说话，并通过他们之口影响企业无法控制的人际传播范围。

无论怎样，品牌发生了危机，就意味着某些环节出了问题，这是绝对不能回避的，而危机公关传播只是在此前提下采取的挽救措施而已。决定传播效应好坏的关键，还在于企业是否具有健康向上的经营理念和举措。企业的本质应该是“为人民服务”的，是“以人为本”的，任何时候，企业一定不要忘记：真诚应该贯穿危机公关传播的全过程。

企业所面临的内部环境以及社会环境是十分复杂的，在发展过程中出现危急时刻是难免的。近几年，越来越多的企业和组织都已经意识到了危机公关的重要性，但是具体措施的实施却屡屡步入误区，使危机公关发挥不了应有的作用。公共关系实践活动向我们表明，诚实是危机公关中最重要的品质。

训练营

【训练任务】

品牌的危机管理训练。

【训练目标】

帮助学生在实践中进行品牌的危机管理。

【任务要求】

1. 由授课老师主持训练。
2. 如全班48人，自由分组，形成6组。
3. 小组成员讨论品牌危机管理、品牌危机管理预警系统、品牌危机公关方略。
4. 每组安排一名同学负责记录、汇总。
5. 活动结束后，要求每组选出一名代表在课堂上汇报讨论的心得。
6. 准备时间为10分钟。

【任务组织】

任务组织如表6-7所示。

表6-7　　品牌的危机管理训练任务组织表

活动项目	具体实施	时间	备注
品牌的危机管理训练	1. 如全班48人，自由分组，形成6组。 2. 小组成员讨论品牌危机管理、品牌危机管理预警系统、品牌危机公关方略。 3. 6个小组在教师的指导下，同时进行讨论。 4. 组织学生讨论品牌的危机管理训练过程中遇到的问题。	30分钟	教室中每组一桌八椅

【任务评价】

任务评价如表6-8所示。

表6-8　　品牌的危机管理训练任务评价表

评价指标	评价标准	分值（100分）	评估成绩	权重
品牌的危机管理训练效果	1. 理解品牌危机管理、品牌危机管理预警系统、品牌危机公关方略。	20		70%
	2. 能识别品牌的危机管理训练易犯错误。	20		
	3. 能灵活运用品牌的危机管理训练的应对策略。	20		
	4. 遵守活动时间。	10		
	5. 讨论积极。	10		
	6. 效果明显。	10		
	7. 汇报得当。	10		
教学过程	出勤、态度和热情	100		30%
小组综合得分				

超链接

泰诺药片中毒事件

美国强生公司因成功处理泰诺药片中毒事件赢得了公众和舆论的广泛同情，在品牌危机管理历史中被传为佳话。

1982年9月，美国芝加哥地区发生有人服用含氰化物的泰诺药片中毒死亡的严重事故，一开始死亡人数只有3人，后来却传说全美各地死亡人数高达250人。这一消息迅速扩散到全美各地，调查显示，有94%的消费者知道泰诺中毒事件。事件发生后，在首席执行官吉姆·博克（Jim Burke）的领导下，强生公司迅速采取了一系列有效措施。

强生公司立即抽调大批人马对所有药片进行检验。经过公司各部门的联合调查，在全部800万片药剂的检验中，发现所有受污染的药片只有一批药，总计不超过75片，并且全部在芝加哥地区，不会对全美其他地区有丝毫影响，而最终的死亡人数也确定为7人。但强生公司仍然按照公司最高危机方案原则，即“在遇到品牌危机管理时，公司应首先考虑公众和消费者利益”，不惜花巨资在最短时间内向各大药店收回了所有相关药片，并花50万美元向有关的医生、医院和经销商发出警报。

对此，《华尔街日报》报道说：“强生公司选择了一种自己承担巨大损失而使他人免受伤害的做法。如果昧着良心干，强生将会遇到很大的麻烦。”泰诺案例成功的关键是强生公司有一个“做最坏打算的品牌危机管理方案”。该计划的重点是首先考虑公众和消费者利益，这一信条最终拯救了强生公司的信誉。

事故发生前，泰诺在美国成人止痛药市场中占有35%的份额，年销售额高达4.5亿美元，占强生公司总利润的15%。事故发生后，泰诺的市场份额曾一度下降。当强生公司得知事态已稳定，并且向药片投毒的嫌疑人已被拘留时，并没有马上将产品再次投入市场。当时美国政府和芝加哥等地的地方政府正在制定新的药品安全法，要求药品生产企业采用“无污染包装”。强生公司看准了这一机会，立即率先响应新规定，结果在价值12亿美元的止痛片市场上挤走了竞争对手，仅用5个月的时间就夺回了原市场份额的70%。强生处理这一品牌危机的做法成功地向公众传达了企业的社会责任感，受到了消费者的欢迎和认可。强生还因此获得了美国公关协会颁发的“银钻奖”。原本一场“灭顶之灾”竟然奇迹般地为强生迎来了更高的声誉，这归功于强生在品牌危机管理中高超的技巧。

资料来源：根据互联网公开信息改编。

项目小结

品牌的经营维护，是指企业经营者在具体的营销活动中所采取的一系列维护品牌形象、保持品牌市场地位的活动。品牌经营维护的内容包括：了解价值核心，进行品牌细分，品牌延伸，新品牌策略，确定品牌属性，品牌内涵推敲，草原现象，品牌推广磨合。品牌经营维护的策略包括：以市场为中心，全面满足消费者需求；苦练内功，维持高质量的品牌形象；严格管理，锻造强势品牌；实施差异化策略，进行品牌再定位；不断创新，激发企业活力；保持品牌的独立性；运用品牌延伸策略，主动进攻，捍卫品牌阵地。

品牌自我保护，就是对品牌的所有人、合法使用人实行资格保护措施，以防范来自各方面的侵害和侵权行为。品牌自我保护的步骤包括：注册在先，制止混淆，预防反向假冒。品牌自我保护的措施有：让消费者识别品牌，控制品牌机密，避免互相杀戮，保护品牌形象。品牌自我保护的意义包括：有利于巩固品牌的市场地位，有利于保持和增强品牌生命力，有利于预防和化解危机，有利于抵御竞争品牌。

品牌社会责任的概念最早产生于英国，其主要观点是，主动承担社会责任来完成品牌营销的使命，是品牌打造的更高阶段和最前沿手段。在企业经营者看来，企业履行社会责任首要动因是“提升企业品牌形象”。21 世纪的品牌营销是文化、价值和情感的营销。企业的社会责任显得比以往任何时候都不可或缺。

危机管理最早由史蒂文·芬克提出。危机管理在我国起步较晚，20 世纪 90 年代才开始传入。不仅企业的领导要具有危机意识，企业所有的员工也要具备这样的意识。品牌危机管理的预警系统应包括四个方面：组建危机管理小组，建立信息监测系统，建立诊断制度，开展教育培训。品牌危机公关方略主要有以下七个方面：企业管理高层人物出面；开展有针对性的传播；准确选择公关传播的时机；尽可能选择广泛的传播渠道；高姿态承担责任；坦诚地自曝危机真相；重视信息传播的主渠道。

相关概念

品牌经营维护　　新品牌策略　　草原现象　　差异化策略
品牌自我保护　　反向假冒　　防伪技术　　品牌社会责任
危机管理

课后习题

一、单项选择题

1. 俗话说“打天下难，守天下更难”，品牌也需要保养，需要经营，需要（　　）。

A. 维护　　B. 经营维护　　C. 自我保护　　D. 危机管理

2. 品牌的（　　），是指企业经营者在具体的营销活动中所采取的一系列维护品牌形象、保持品牌市场地位的活动。

A. 维护　　B. 经营维护　　C. 自我保护　　D. 危机管理

3. 我们已经非常熟悉这样的例子：一些著名品牌甚至是百年老字号，由于没有监测市场的变化或者由于突发事件，因而造成品牌价值的损失甚至彻底破坏，如食品品牌中的(　　)。

A. 冠生园　　B. 三株　　C. 秦池　　D. 三鹿

4. 我们已经非常熟悉这样的例子：一些著名品牌甚至是百年老字号，由于没有监测市场的变化或者由于突发事件，因而造成品牌价值的损失甚至彻底破坏，如保健品品牌中的(　　)。

A. 冠生园　　B. 三株　　C. 秦池　　D. 三鹿

5. 我们已经非常熟悉这样的例子：一些著名品牌甚至是百年老字号，由于没有监测市场的变化或者由于突发事件，因而造成品牌价值的损失甚至彻底破坏，如酒类品牌中的(　　)。

A. 冠生园　　B. 三株　　C. 秦池　　D. 三鹿

6. 品牌建设是一个漫长的过程，这个阶段的广告投入、企业文化塑造、品牌竞争力分析，都将对品牌的成长起到关键作用。这属于品牌经营维护的(　　)。

A. 了解价值核心　　B. 进行品牌细分　　C. 品牌延伸　　D. 新品牌策略

7. 和产品一样，品牌也存在同质化现象。此时需要(　　)。

A. 了解价值核心　　B. 进行品牌细分　　C. 品牌延伸　　D. 新品牌策略

8. 一个谙熟市场营销法则的企业可以同时运作几个品牌，例如：在宝洁公司，洗衣粉有汰渍和碧浪，洗发水有飘柔、潘婷、海飞丝、沙宣等。这属于品牌经营维护的(　　)。

A. 了解价值核心　　B. 进行品牌细分　　C. 品牌延伸　　D. 新品牌策略

9. 慢慢地，美国人开始接受“凌志”(现已更名为“雷克萨斯”)这个新豪华车品牌，日产汽车的新品牌策略得到了巨大成功，这属于品牌经营维护的(　　)。

A. 了解价值核心　　B. 进行品牌细分　　C. 品牌延伸　　D. 新品牌策略

10. 劳斯莱斯汽车的标语是“尊贵、独一无二”；奔驰则主张“豪华和科技”。这属于品牌经营维护的(　　)。

A. 确定品牌属性　　B. 品牌内涵推敲

C. 草原现象　　D. 及时危机公关

11. 品牌经营维护的先决条件是，企业必须客观地认识自身的品牌内涵。这属于品牌经营维护的(　　)。

A. 确定品牌属性　　B. 品牌内涵推敲

C. 草原现象　　D. 及时危机公关

12. 什么样的品牌最长久？实际上并没有最长久的品牌，除非拥有品牌的企业在时时刻刻维护着自己的“王牌”。这属于品牌经营维护的(　　)。

A. 确定品牌属性　　B. 品牌内涵推敲

C. 草原现象　　D. 及时危机公关

13. 虽然细分市场客观存在，并影响企业做出营销策略的调整，但有一点要认识到，多品牌策略并非适合所有公司。这属于品牌经营维护的(　　)。

A. 确定品牌属性　　B. 品牌内涵推敲

C. 草原现象　　D. 品牌推广磨合

14. 消费者是企业品牌经营者的上帝，以市场为中心，也就是以符合消费者需求为中心。要知道，品牌的经营维护是与消费者的兴趣、偏好密切相关的，消费者的口味是不断变化的，此时需要(　　)。

A. 以市场为中心，全面满足消费者需求

B. 苦练内功，维持高质量的品牌形象

C. 严格管理，锻造强势品牌

D. 实施差异化策略，进行品牌再定位

15. 质量是品牌的灵魂，高质量的品牌往往拥有较高的市场份额。反之，一个品牌的知名度很高，但它的产品质量出了问题，就会大大降低品牌形象，使品牌受损。此时需要(　　)。

A. 以市场为中心，全面满足消费者需求

B. 苦练内功，维持高质量的品牌形象

C. 严格管理，锻造强势品牌

D. 实施差异化策略，进行品牌再定位

16. 企业品牌的经营保护最重要的就是对企业品牌进行全方位的严格管理，以便保持和提升品牌竞争力，使品牌更具活力和生命力，成为市场上的强势品牌。此时需要(　　)。

A. 以市场为中心，全面满足消费者需求

B. 苦练内功，维持高质量的品牌形象

C. 严格管理，锻造强势品牌

D. 实施差异化策略，进行品牌再定位

17. 一种品牌在市场上的定位，往往会由于消费趋势的变化、消费者的兴趣变化、偏好转移以及市场占有率的变化而不得不进行重新定位或者实行差异化策略。此时需要(　　)。

A. 以市场为中心，全面满足消费者需求

B. 苦练内功，维持高质量的品牌形象

C. 严格管理，锻造强势品牌

D. 实施差异化策略，进行品牌再定位

18. 创新是企业品牌的灵魂，是企业活力之源。只有不断创新，企业品牌才能具有无穷的生命力和永不枯竭的内在动力，不断发展和壮大。创新是企业经营保护当中最为有效的策略。此时需要(　　)。

A. 以市场为中心，全面满足消费者需求

B. 不断创新，激发企业活力

C. 严格管理，锻造强势品牌

D. 实施差异化策略，进行品牌再定位

19. 品牌是企业的无形资产。在市场上享有较高知名度和美誉度的品牌能给企业带来巨大的经济效益，只有（　　），才能保持品牌形象，使品牌不断地得以发展壮大。

A. 以市场为中心，全面满足消费者需求

B. 苦练内功，维持高质量的品牌形象

C. 严格管理，锻造强势品牌

D. 保持品牌的独立性

20. 在21世纪，品牌已成为企业最有力的竞争武器。品牌不仅涵盖产品概念，更是一种人格化的体现，是消费者心中认可的一种印象。品牌要寻求更大发展，往往需要(　　)。

A. 以市场为中心，全面满足消费者需求

B. 苦练内功，维持高质量的品牌形象

C. 严格管理，锻造强势品牌

D. 运用品牌延伸策略，主动进攻，捍卫品牌阵地

21. 品牌(　　)，就是对品牌的所有人、合法使用人实行资格保护措施，以防范来自各方面的侵害和侵权行为。

A. 自我保护　　B. 定位　　C. 传播　　D. 形象

22. 2019年3月，欧盟知识产权局（EUIPO）及（　　）共同发布名为《假冒和盗版商品贸易趋势研究》(Trends in Trade in Counterfeit and Pirated Goods）的报告。

A. 经济合作与发展组织（OECD)　　B. 世界贸易组织（WTO)

C. 亚洲太平洋经济合作组织（APEC)　　D. 世界银行（World Bank)

23. 根据《假冒和盗版商品贸易趋势研究》报告，全球的假冒及盗版商品的国际贸易额占世界贸易总额的（　　）。

A. 2.1%　　B. 3.3%　　C. 4.7%　　D. 5.9%

24. 树立一个牢固的品牌，商标保护至关重要。如果驰名商标不进行品牌保护的话，同样会面临被公众遗忘的危险，所以要(　　)。

A. 注册在先　　B. 制止混淆

C. 预防反向假冒　　D. 预防正向假冒

25. 我国在2001年修订《商标法》之后，商标权转为（　　）的原则。

A. 以注册为准　　B. 以使用在先为准

C. 以注册为主，兼顾使用在先　　D. 以使用在先为主，兼顾注册

26. (　　)也是保护品牌的一个重要方面。根据《商标法》的规定，无论是在相同或者类似商品上复制、模仿或者翻译别人未在中国注册的商标，都是一种误导公众的行为。

A. 注册在先　　B. 制止混淆

C. 预防反向假冒　　D. 预防正向假冒

27. 对于商标和商号的冲突，一般是本着（　　）的原则，对不法者进行查处。

A. 制止混淆　　B. 预防反向假冒
C. 预防正向假冒　　D. 保护在先

28. 我国在1994年首例商标(　　)案"'枫叶'诉'鳄鱼'案"后，引入了(　　)这一概念，并由此成为知识产权领域争论的热点。

A. 注册在先　　B. 制止混淆　　C. 反向假冒　　D. 正向假冒

29. 防伪技术可以从不同角度进行分类。从(　　)上分为保真防伪和辨假防伪，也就是人们通常所说的积极防伪和消极防伪。

A. 功能　　B. 应用领域
C. 防伪技术使用与辨识的范围　　D. 角度

30. 防伪技术可以从不同角度进行分类。从(　　)分类，分为产品防伪、标识防伪、信息防伪。

A. 功能　　B. 应用领域
C. 防伪技术使用与辨识的范围　　D. 角度

31. 防伪技术可以从不同角度进行分类。从(　　)分类，分为公众防伪、专业防伪、特殊防伪。

A. 功能　　B. 应用领域
C. 防伪技术使用与辨识的范围　　D. 角度

32. (　　)防伪技术，即应用物理学中结构、光、热、电、磁、声以及计算机辅助识别系统建立的防伪技术。

A. 物理学　　B. 化学　　C. 生物学　　D. 多学科综合

33. (　　)防伪技术，即在防伪标识中加入在一定条件下可引起化学反应的物质。

A. 物理学　　B. 化学　　C. 生物学　　D. 多学科综合

34. (　　)防伪技术，即利用生物本身固有的特异性、标志性为防伪的措施。

A. 物理学　　B. 化学　　C. 生物学　　D. 多学科综合

35. (　　)防伪技术，即综合利用两种或两种以上学科方法进行防伪的措施。

A. 物理学　　B. 化学　　C. 生物学　　D. 多学科综合

36. 当今社会，各种间谍技术高超，信息手段发达，品牌秘密很难保住，稍不留神，就会给品牌造成不可估量的损失，所以一定(　　)。

A. 要有保密意识　　B. 谢绝技术参观和考察
C. 严防"家贼"　　D. 严防"外贼"

37. 调查显示：在世界上，每一项新技术、新发明中，都有40%左右的内容是通过各种情报手段获得的，而许多经济间谍正是打着参观的幌子盗取情报，所以，品牌经营者有必要(　　)。

A. 要有保密意识　　B. 谢绝技术参观和考察
C. 严防"家贼"　　D. 严防"外贼"

38. 正所谓“明枪易躲，暗箭难防”，品牌的失密常常是自家人所为，所以有必要(　　)。

A. 要有保密意识　　B. 谢绝技术参观和考察

C. 严防“家贼”　　D. 严防“外贼”

39. (　　)通过几乎每日的降价，“清洗”整个微波炉市场。

A. 格兰仕　　B. 联想　　C. 国美　　D. 紫荆商场

40. (　　)用降价占领笔记本电脑市场。

A. 格兰仕　　B. 联想　　C. 国美　　D. 紫荆商场

41. (　　)靠价格战在电器市场取胜。

A. 格兰仕　　B. 联想　　C. 国美　　D. 紫荆商场

42. (　　)率先在郑州进行百货公司的降价大比武，这一事件后被称为“中原商战”。

A. 格兰仕　　B. 联想　　C. 国美　　D. 紫荆商场

43. 企业品牌在竞争市场中的知名度、美誉度下降以及销售、市场占有率降低等品牌失落现象被称为“品牌老化”。品牌保护有利于(　　)。

A. 巩固品牌的市场地位　　B. 保持和增强品牌生命力

C. 预防和化解危机　　D. 抵御竞争品牌

44. 品牌的生命力取决于消费者的需求。如果品牌能够满足消费者不断变化的需求，那么，这个品牌就在竞争市场上具有旺盛的生命力。品牌保护有利于(　　)。

A. 巩固品牌的市场地位　　B. 保持和增强品牌生命力

C. 预防和化解危机　　D. 抵御竞争品牌

45. 市场风云变幻，消费者的维权意识也在不断增高，品牌面临来自各方面的挑战。品牌保护有利于(　　)。

A. 巩固品牌的市场地位　　B. 保持和增强品牌生命力

C. 预防和化解危机　　D. 抵御竞争品牌

46. 在市场竞争中，竞争品牌的市场表现将直接影响企业品牌的价值。品牌保护有利于(　　)。

A. 巩固品牌的市场地位　　B. 保持和增强品牌生命力

C. 预防和化解危机　　D. 抵御竞争品牌

47. 品牌社会责任的概念最早产生于(　　)，其主要观点是，主动承担社会责任来完成品牌营销的使命，是品牌打造的更高阶段和最前沿手段。

A. 英国　　B. 美国　　C. 德国　　D. 意大利

48. 2006 年在英国举行的一项针对品牌社会责任的消费者调查显示，(　　)由于被指提供“垃圾食品”，而成为英国消费者心中“最没有道德”的品牌。

A. 麦当劳　　B. 奥美　　C. 可口可乐　　D. 百事可乐

49. 如今，通过具有（　　）的企业文化，赢得消费者对品牌的认同，已成为一种深层次、高水平和智慧型的竞争选择。

A. 质量保证　　B. 社会责任　　C. 时代精神　　D. 服务意识

50. 一位行政总裁在 1967 年曾大胆断言："假如(　　)的所有工厂在一夜之间被大火全部烧毁，它也能一夜之间起死回生，这就是品牌形象所体现出来的实力。"

A. 麦当劳　　B. 奥美　　C. 可口可乐　　D. 百事可乐

51. (　　)曾经说过：永远战战兢兢，永远如履薄冰。

A. 张瑞敏　　B. 比尔·盖茨　　C. 马云　　D. 马化腾

52. (　　)说：微软离破产永远只有十八个月。

A. 张瑞敏　　B. 比尔·盖茨　　C. 马云　　D. 马化腾

53. 组建一个具有较高专业素质和较高领导职位的人士组成的品牌(　　)，制定和审核品牌危机处理方案，清理品牌危机险情，一旦发生品牌危机，及时进行处理，减少危机对品牌乃至整个企业的危害。

A. 危机管理小组　　B. 信息监测系统　　C. 自我诊断制度　　D. 教育和培训

54. 建立高度灵敏、准确的(　　)，及时收集相关信息并加以分析、研究和处理，查漏补缺，全面清晰地预测各种品牌危机情况。

A. 危机管理小组　　B. 信息监测系统　　C. 自我诊断制度　　D. 教育和培训

55. 建立品牌(　　)，从不同层面、不同角度进行检查、剖析和评价，找出薄弱环节，及时采取必要措施予以纠正，从根本上减少乃至消除发生品牌危机的诱因。

A. 危机管理小组　　B. 信息监测系统　　C. 自我诊断制度　　D. 教育和培训

56. 开展员工品牌危机管理(　　)，增强全体员工品牌危机管理的意识和技能，一旦品牌危机发生，员工要具备较强的心理承受能力和应变能力。

A. 危机管理小组　　B. 信息监测系统　　C. 自我诊断制度　　D. 教育和培训

57. 危机公关传播的主角应该按照危机的影响程度和范围来确定。一般是选择与危机影响相适应的管理层次出面处理，往往越是(　　)，对于危机的消除益处越明显。

A. 企业高层管理人员出面　　B. 开展有针对性的传播

C. 准确选择公关传播的时机　　D. 尽可能选择广泛的传播渠道

58. 企业一定要搞清楚危机传播的对象，开展有针对性的传播，使传播效用发挥到最大。这是指(　　)。

A. 企业高层管理人员出面　　B. 开展有针对性的传播

C. 准确选择公关传播的时机　　D. 尽可能选择广泛的传播渠道

59. 危机公关的传播应该是迅速而准确的，并(　　)。

A. 由企业高层管理人员出面　　B. 开展有针对性的传播

C. 准确选择公关传播的时机　　D. 尽可能选择广泛的传播渠道

60. 危机信息的传播不外乎以下几种渠道：广播电视、报纸杂志、互联网、人际口传，应(　　)。

A. 由企业高层管理人员出面
B. 开展有针对性的传播
C. 准确选择公关传播的时机
D. 尽可能选择广泛的传播渠道

61. 危机发生后，公众都是在等待企业的表态——是否愿意承认错误、是否愿意承担责任、是否愿意改进等，这些应该成为企业危机公关传播的核心内容。因此，企业应(　　)。

A. 高姿态承担责任
B. 坦诚地自曝危机真相
C. 重视信息传播的主渠道
D. 尽可能选择广泛的传播渠道

62. 对于品牌危机的产生，为了企业的长远发展，企业要思考原因，同样公众也会探究其缘由，因此，企业应(　　)。

A. 高姿态承担责任
B. 坦诚地自曝危机真相
C. 重视信息传播的主渠道
D. 尽可能选择广泛的传播渠道

63. 把企业的观点表达出去，通过什么渠道和以什么方式最合适呢？对于企业来说，危机发生后制定危机问题管理方案是个紧急任务，有效的危机管理可以防止危机的进一步蔓延。因此，企业应(　　)。

A. 高姿态承担责任
B. 坦诚地自曝危机真相
C. 重视信息传播的主渠道
D. 尽可能选择广泛的传播渠道

二、思考题

1. 品牌经营维护的内容包括哪些？
2. 品牌经营维护的策略是什么？
3. 品牌自我保护的步骤有哪些？
4. 品牌自我保护的措施有哪些？
5. 品牌自我保护的意义有哪些？
6. 品牌危机管理的预警系统有哪些？
7. 品牌危机公关方略主要有哪几方面？

三、案例分析题

网络品牌保护

网络品牌保护（Online Brand Protection）是对品牌的所有人、合法使用人实行资格保护措施，以防范来自网络上的侵害和侵权行为，包括对企业的域名保护，企业名称、商标的线上保护，企业品牌舆情监控，DNS保护等。

(一) 企业进行网络品牌保护的原因

随着互联网竞争的日益激烈，域名的滥用、网站安全、品牌风险等问题不断增加，企业面临的一大挑战就是：面对网络诸多风险，如何保护好品牌。

品牌被滥用会造成收入损失，损害品牌美誉度和客户的信赖，增加法律风险。通过对域名、商标的保护、监控，可以防止和抵御品牌在网络中受到威胁和损害。

（二）企业实施网络品牌保护的措施

1. 积极注册域名、商标，为企业的品牌战略服务

对我国企业来说，拥有直接体现自己商标的域名是开展网络业务、树立网络品牌形象的最佳选择，对此，企业应该对域名保持密切关注，并积极注册与自己的商标、经营业务相关的域名。同时，网络时代的企业还应时刻保持对可能的域名侵权的警觉，一旦发现侵权，就应立即采取积极有力的措施夺回域名，以保护自身的无形资产不受侵害。

2. 实行针对域名的全网品牌保护

在新的互联网形势下，企业应当以品牌关键字为核心，对品牌实施“全网保护”措施，通过“商标＋域名网址资源”为手段来构建品牌体系，树立“商标、域名一个都不能少”的理念，阻止品牌资产流失。“全网保护”可以进一步完善企业在新网络时代的品牌保护体系，增强企业在新形势的抗风险能力和自主权，从而提升企业在新网络时代的竞争力。

3. 合理使用争议解决机制、仲裁和民事诉讼手段

为平衡商标、企业名称等民事权益人与互联网域名持有者之间的权益，《互联网域名管理办法》已于 2017 年 8 月 16 日审议通过并公布，并自 2017 年 11 月 1 日起全面实施。如果企业相关品牌域名被恶意注册或者使用，品牌受到侵害，可以选择通过域名争议、仲裁方式保护企业品牌。

4. 委托品牌保护机构保护相关域名

品牌保护机构作为专业的第三方机构，具有敏锐的市场嗅觉和前瞻、系统的保护意识，其专业建议可以帮助企业更好地保护网络知识产权。

5. 监控企业品牌舆情

对企业进行媒体监测，随时掌握企业自身、消费者、竞争对手等舆情动态，可以掌握先机，及时处理品牌危机，确保品牌声誉安全。

6. 做好 DNS 保护

对企业的域名解析进行操作管理、统一部署安排，保证域名使用规范和安全，同时防止由于误操作或恶意攻击篡改带来的风险和损失。

资料来源：根据互联网公开信息改编。

要求：结合实际，谈谈企业如何实施网络品牌保护。

项目六　品牌维护与危机管理

课后习题参考答案

参考文献

[1] [美] 约翰尼·K. 约翰逊，[美] 库尔特·A. 卡尔森. 现代品牌建设与管理 [M]. 李桂华，等译. 北京：经济管理出版社，2017.

[2] [英] 理查德·莫斯利. 雇主品牌管理 [M]. 苗月新，译. 北京：经济管理出版社，2017.

[3] [德] 沃尔夫冈·谢弗，[德] J. P. 库尔文. 品牌思维：世界一线品牌的 7 大不败奥秘 [M]. 李逊楠，译. 苏州：古吴轩出版社，2017.

[4] [法] 米歇尔·舍瓦利耶，[法] 热拉尔德·马扎罗夫，卢晓. 奢侈品品牌管理 [M]. 上海：格致出版社，2015.

[5] [美] 乔纳森·R. 卡普斯基. 品牌弹性：高速增长时代的风险管理与价值恢复 [M]. 姚王信，译. 北京：经济管理出版社，2017.

[6] [新] 保罗·藤甫诺. 高级品牌管理——实务与案例分析（第 2 版）[M]. 牛国朋，译. 北京：清华大学出版社，2010.

[7] [美] 艾·里斯，[美] 劳拉·里斯. 品牌的起源 [M]. 寿雯，译. 北京：机械工业出版社，2013.

[8] 张亚萍. 品牌传播管理 [M]. 北京：经济管理出版社，2012.

[9] 郭伟. 品牌管理——战略、方法、工具与执行 [M]. 北京：清华大学出版社，2016.

[10] 李杰. 战略性品牌管理与控制 [M]. 北京：机械工业出版社，2012.

[11] 侯立松. 品牌关系质量评价与管理研究 [M]. 北京：中国社会科学出版社，2018.

[12] 卫军英. 品牌营销管理 [M]. 北京：经济管理出版社，2012.

[13] 李左峰. 品牌管理 [M]. 北京：中国经济出版社，2014.

[14] 郑新安. 品牌管理的凤眼 [M]. 北京：中国财富出版社，2013.

[15] 瞿艳平. 品牌管理学 [M]. 厦门：厦门大学出版社，2012.

[16] 朱丽. 品牌管理案例精选 [M]. 广州：暨南大学出版社，2018.

[17] 张延斌. 品牌管理 [M]. 天津：南开大学出版社，2016.

[18] 王淑翠. 服务品牌管理 [M]. 北京：经济管理出版社，2012.

[19] 李鸿诚. 品牌管理大师 [M]. 北京：中国财富出版社，2013.

[20] 席佳蓓. 品牌管理 [M]. 南京：东南大学出版社，2017.

图书在版编目（CIP）数据

品牌管理/陈锋，袁玉玲主编．--北京：中国人民大学出版社，2020.1
21世纪高职高专规划教材．市场营销系列
ISBN 978-7-300-27771-4

Ⅰ.①品… Ⅱ.①陈… ②袁… Ⅲ.①品牌-企业管理-高等职业教育-教材 Ⅳ.①F273.2

中国版本图书馆CIP数据核字（2019）第281212号

21世纪高职高专规划教材·市场营销系列
品牌管理
主　编　陈　锋　袁玉玲
副主编　刘雪瑜　武　翠
Pinpai Guanli

出版发行　中国人民大学出版社
社　　址　北京中关村大街31号　　**邮政编码**　100080
电　　话　010－62511242（总编室）　010－62511770（质管部）
010－82501766（邮购部）　010－62514148（门市部）
010－62515195（发行公司）　010－62515275（盗版举报）
网　　址　http://www.crup.com.cn
经　　销　新华书店
印　　刷　北京密兴印刷有限公司
规　　格　185 mm×260 mm　16开本　　**版　　次**　2020年1月第1版
印　　张　14.5　插页1　　**印　　次**　2022年11月第8次印刷
字　　数　308 000　　**定　　价**　30.00元

信息反馈表

尊敬的老师:

您好！为了更好地为您的教学、科研服务，我们希望通过这张反馈表来获取您更多的建议和意见，以进一步完善我们的工作。

请您填好下表后以电子邮件、信件或传真的形式反馈给我们，十分感谢！

一、您使用的我社教材情况

您使用的我社教材名称			
您所讲授的课程		学生人数	
您希望获得哪些相关教学资源			
您对本书有哪些建议			

二、您目前使用的教材及计划编写的教材

您目前使用的教材	书名	作者	出版社
您计划编写的教材	书名	预计交稿时间	本校开课学生数量

三、请留下您的联系方式，以便我们为您赠送样书（限1本）

您的通信地址			
您的姓名		联系电话	
电子邮箱（必填）			

我们的联系方式:

地　址：苏州工业园区仁爱路158号中国人民大学苏州校区修远楼

电　话：0512-68839320　　传　真：0512-68839316

E-mail：huadong@crup.com.cn　　邮　编：215123

网　址：www.crup.com.cn